LE PRINCIPE DE RÉPÉTITION

Littérature et modernité

Collection Sémantiques
dirigée par Marc Arabyan

Pierre Anglade, *Inventaire étymologique des termes créoles des Caraïbes d'origine africaine.*
Marc Arabyan, Le *paragraphe narratif : étude typographique et linguistique de la ponctuation textuelle dans les récits classiques.*
Michelle Auzanneau, *La parole vive du Poitou : Une étude sociolinguistique en milieu rural.*
Elisabeth Bautier, *Pratiques langagières, pratiques sociales : de la sociolinguistique à la sociologie du langage.*
Anne-Marie Christin (éd.), *L'écriture du nom propre.*
Fabienne Cuzin-Berche, *Le management par les mots : Etude sociolinguistique de la néologie.*
Jacqueline Dahlem, *Nouvelle-Calédonie, Pays kanak : un récit, deux histoires.*
Jean-Paul Desgouttes (éd.), *Les figures du sujet en sciences humaines.*
Nathalie Dubleumortier, Glossolalie : discours de la croyance dans un culte pentecôtiste.
Claude Fintz (dir.), *La didactique du français dans l'enseignement supérieur : Bricolage ou rénovation ?*
Frédéric François, *Le discours et ses entours : Essai sur l'"interprétation.*
Thierry Gallèpe, *Didascalies : Les mots de la mise en scène.*
Bruno Garnier, *Pour une poétique de la trduction.*
Pierre Garrigues, *Chutes et perfection : Eloge du parfait.*
Roselyne Koren, *Les enjeux ethiques de l'écriture de presse et la miqse en mots du terrorisme.*
Robert Lafont, *Schèmes et motivation : le lexique du latin classique.*
Daniel Laumesfeld, *La Lorraine francique : mosaïque culturelle et dissidence linguistique.*
Fabienne Leconte, *La famille et les langues : Une étude sociolinguistique de la deuxième génération de l'immigration africaine dans l'agglomération rouennaise.*
Danielle Leeman et Annie Boone (éds.), *Du percevoir au dire : Hommage à André Joly .*
Vincent Lucci (dir.), *Des écrits dans la ville : Sociolinguitique d'écrits urbains (l'exemple de Grenoble).*
Wang Lunyue, *Approche sémiotique de Maurice Blanchot .*
Christian March, *Le discours des mères martiniquaises : diglossie et créolité, un point de vue sociolinguistique.*
AnneMéténier, *Le Black American English : Etude lexicologique et sémantique.*
Pius Ngandu Nkashama, *Sémantique et morphologie du verbe en* Cilubà.
Violaine de Nuchèze, *Sous les discours, l'interaction.*
Pascal Singy, *L'image du français en Suisse romande : une étude sociolinguistique en Pays de Vaud.*
Francis Tollis, *La description du castillan au XVe siècle : Villena et Nebrija : Sept études d'historiographie linguistique.*
André Wlodarczyk, *Politesse et personne : le japonais face aux langues occidentales.*

ISBN : 2-7384-8705-X

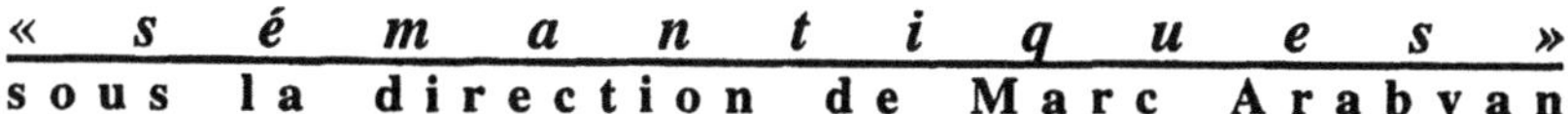

sous la direction de Marc Arabyan

Marie-Laure Bardèche

LE PRINCIPE DE RÉPÉTITION

Littérature et modernité

L'Harmattan
5-7, rue de l'École-Polytechnique
75005 Paris — FRANCE

L'Harmattan Inc.
55, rue Saint-Jacques
Montréal (Qc) - CANADA H2Y 1K9

DU MÊME AUTEUR

Francis Ponge ou la fabrique de la répétition. Lausanne, Delachaux et Niestlé, coll. « Science des discours », 1999.

TABLE DES MATIÈRES

CHAPITRE 3

L'INÉNARRABLE : LA RÉPÉTITION DANS LE TEMPS

RÉPÉTITION

Commençons maintenant à répéter, et voyons comment cela ira.

Molière, *Impromptu de Versailles*

Présenter, dans un titre, la répétition comme un « principe », c'est la pourvoir *ex abrupto* d'une puissance inaugurale. Or l'usage désigne sous ce nom un phénomène dont la caractéristique est d'advenir après coup. Dans l'ensemble des cas où elle se manifeste, la répétition serait censée apparaître en un second temps, à la suite de ce qu'elle reproduit. Entre un item et sa reprise, un écart minimal est ainsi supposé, qui constitue la condition nécessaire de leur identification respective. Discerner une répétition présupposerait donc que l'on pût isoler des unités distinctes, ordonnées selon une successivité repérable. Dans cette optique, le premier terme d'une série échappe à la répétition, qui ne commence qu'après lui. Il en est toutefois le préalable obligé puisqu'elle ne peut se produire sans sa manifestation. Mais, si son origine la précède nécessairement, où commence donc la répétition ? Au seuil d'un discours qui la prend pour objet, cette question servira de prélude.

Présenter, à ce titre, la répétition comme un principe de production littéraire, c'est estimer qu'elle peut être l'origine d'un discours, et la placer au fondement de sa constitution, non sans risque pour l'ordre, chronologique et hiérarchique, où la tradition a fixé sa place : seconde et, généralement, mineure. De fait, il est au moins un domaine où, indépendamment de toute théorie, on doit constater que la répétition a lieu avant ce qu'il est convenu d'appeler « la première » : au théâtre, la représentation publique survient généralement à la suite d'une ou de plusieurs « répétitions ». La tradition fait même précéder la séance initiale d'une « avant-première », elle-même consécutive à une « répétition générale ». Qu'un dramaturge s'avise de jouer de cette mécanique est somme toute assez rare. On ne s'étonnera pas que Molière s'y soit essayé :

l'*Impromptu de Versailles* expose aux yeux du spectateur les règles délicates et compliquées du rituel théâtral. Tout au long de la pièce, des comédiens vont tenter un exercice impossible : préparer la représentation d'un divertissement improvisé, commandé par le Roi. Dans ce compte à rebours, la répétition tient la première place. Il faut en effet qu'elle ait eu lieu, afin que la troupe puisse obéir à l'ordre de « commencer ». Mais, constamment différée par les interruptions des fâcheux, par les remontrances des comédiens — qui déclarent ne pouvoir tenir leur rôle qu'à la condition de l'avoir répété « tout entier » —, elle nécessiterait, pour se poursuivre et s'achever, un surplus de temps. Voilà bien une requête dont Molière, malgré les supplications de ses acteurs, ne saurait se faire l'écho puisque, pour les rois, « les choses ne sont bonnes que dans le temps qu'ils les souhaitent ». Absolu, le désir du Roi ne concède aucun délai.

Comment commencer ? Comment, privée de son indispensable prémisse, donner la représentation ? Sans doute est-ce parce que le problème demeure insoluble que Molière l'élude habilement. C'est « par une bonté toute particulière » que le Roi, in fine, dispense les comédiens de leur tâche et « remet » la « nouvelle comédie à une autre fois ». Ainsi le monarque fait-il « la plus grande grâce du monde » : « donner du temps pour ce qu'il avait souhaité ». Il se contentera pour l'heure d'une pièce ancienne, la première que les comédiens pourront donner. Conçue comme un événement inaugural, au cours duquel le spectateur assiste à la « création » d'une œuvre, la première représentation n'a donc rien ici d'une fondation ex nihilo, car elle présuppose l'enchaînement des répétitions. Une fois celles-ci achevées, et alors seulement, les comédiens pourront dire : « Commençons ! ». Mais, là encore, où situer ce commencement, qui est déjà répétition ?

INTRODUCTION

1. La répétition sous d'autres noms

Associer répétition et production littéraire, voilà sans doute qui n'est pas nouveau. Comme figure de style, la répétition trouve en effet sa place dans les traités de rhétorique les plus anciens. Mais ce n'est pas à un *procédé* que nous nous intéresserons ici. Les catalogues des rhétoriciens livrent une série de modalités éparses qui ne se manifestent pas au-delà de la phrase et dont les effets respectifs sont dûment répertoriés. À l'occasion, ils en prescrivent en outre le bon usage et jettent le discrédit sur certaines formes de répétition. Tel fut notamment le cas au XVIIe siècle, où Vaugelas interdisait les répétitions « vicieuses », pratiquées sans nécessité. La figure de répétition n'est en ce sens qu'un instrument dont l'application reste restreinte et mécanique et dont les buts sont bien connus.

La répétition est aussi un fait de discours, qui a sollicité l'attention des linguistes et des critiques littéraires. Sous les notions d'*intertextualité* ou de *réécriture* élaborées depuis une trentaine d'années, se regroupent les outils nécessaires au repérage, à l'échelle d'un texte ou d'un ensemble de textes, d'un rapport de similitude, qu'il s'agisse de l'identifier dans un corpus constitué d'œuvres d'auteurs distincts, ou à travers des textes relevant d'une même signature. Ce contexte critique est suffisamment riche d'enseignement pour qu'on en rappelle les constituants essentiels, avant d'en venir à l'objet de la présente étude. De fait, les difficultés et les acquis théoriques de la critique intertextuelle nous concernent directement, puisque notre travail portera sur un domaine très particulier de ce qu'on a pu appeler l'intertextualité *restreinte*. C'est aux phénomènes de répétition textuelle repérables dans l'œuvre d'un écrivain que nous nous intéresserons, car nous savons, avec d'autres, à quel point n'a jamais écrit quiconque n'a point récrit, de même que n'a jamais lu quiconque n'a point relu.

1.1. Limites de l'intertextualité

C'est en se référant aux travaux de Mikhaïl Bakhtine que Julia Kristeva définit l'intertextualité dans *Σημειωτικὴ. Recherches pour une sémanalyse* : « Tout texte se construit comme mosaïque de citations, tout texte est absorption et transformation d'un autre texte » (1969 : 146).

Les analyses du poéticien russe portaient sur le statut du mot, opposant l'énoncé « direct », qui a pour seule fonction de désigner, exprimer, communiquer, représenter quelque chose, et l'énoncé « stylisé », où le mot reflète « le caractère ou le type d'un individu déterminé, d'une situation sociale déterminée, d'une manière littéraire » (1963 : 245). Dans le premier cas, le mot n'a qu'une fonction dénotative, dans le second, il devient ambivalent car chargé d'une valeur que l'on pourrait dire connotative. Parce qu'il passe « d'un locuteur à un autre, d'un contexte à un autre, d'une collectivité sociale, d'une génération à une autre », le mot n'est jamais « neutre ». Aussi un locuteur ne rencontre-t-il que « des mots habités par des voix autres », des mots « déjà occupés ». Rabelais, Swift, Dostoïevski jouent de ces phénomènes d'interaction entre les diverses « perceptions » et « orientations » du mot. À cette dynamique d'échange, Bakhtine a donné le nom de « dialogisme ».

Alors que le roman monologique — celui, selon Bakhtine, de Tolstoï, Tourguéniev ou Balzac — n'utilise le « mot d'autrui » que pour le soumettre à cette voix unique et prédominante qu'est le « mot de l'auteur », le roman polyphonique se caractérise par l'absence de hiérarchie instituée entre les multiples « voix » qui le composent : l'écrivain n'y apparaît pas comme une conscience supérieure qui viendrait unifier et ordonner la pluralité des discours. Cette écriture « où on lit l'autre », dans laquelle le discours n'est jamais assumé par un sujet unique, et qui se présente à la fois « comme subjectivité et comme communicativité », Kristeva proposait de la désigner « pour mieux dire », sous le nom d'« intertextualité » (1969 : 149).

Les concepts bakhtiniens — *dialogisme, polyphonie, ambivalence* — sont ainsi repris sous une appellation commune, dont la définition connaîtra par la suite une fortune variable, selon les limites qui lui seront assignées. Comprise dans sa plus large extension, l'intertextualité est, pour Kristeva, « l'indice de la façon dont un texte lit l'histoire et s'insère en elle ». Les éléments soumis au remploi peuvent avoir des origines diverses : une œuvre particulière ou un genre littéraire que l'écriture, conçue comme « la lecture du corpus littéraire antérieur », s'approprie et modifie. Dans cette perspective, tout texte est un intertexte, « absorption de et réplique à un autre texte », poursuivant un constant dialogue avec « l'écriture précédente ». C'est dès lors l'ensemble de la production littéraire écrite qui constitue l'arrière-plan d'un texte. De la compétence culturelle du lecteur dépend le repérage de tel liens, dont la reconstitution *a posteriori* peut fort bien transgresser l'ordre chronologique. Certains n'hésitent pas en effet à reconnaître dans un texte antérieur les traces par anticipation d'un texte postérieur. Cherchant à définir la notion même de « texte », Roland Barthes invitait ainsi à lire l'*Œdipe* de Sophocle en y reversant l'Œdipe de Freud, ou Flaubert *à partir* de Proust (1973 : 1016). Plus récemment, Pierre Bayard proposait une autre lecture paradoxale et restituait au texte freudien un intertexte virtuel — l'œuvre de Maupassant — pour en imaginer l'impact sur une théorie aujourd'hui fixée dans le firmament psychanalytique.

Perméables, les frontières de l'intertextualité semblent vouées à d'incessantes révisions. On sait en effet que pour Kristeva, comme pour Barthes, les éléments mis en relation ne sont pas nécessairement de nature textuelle. En ce « qui fait pression sur le travail d'écriture et frappe à la porte pour entrer », selon l'expression de Barthes (1971 *a* : 97), il faut reconnaître non pas seulement l'ensemble indéfini des lectures du scripteur, mais, de façon plus générale, l'histoire, la culture, le champ social dans lesquels un texte s'insère :

> Épistémologiquement, le concept d'intertexte est ce qui apporte à la théorie du texte le volume de la socialité : c'est tout le langage, antérieur et contemporain, qui vient au texte, non selon la voie d'une filiation repérable, d'une imitation volontaire, mais selon celle d'une dissémination — image qui assure au texte le statut, non d'une *reproduction*, mais d'une *productivité*. (1973 : 1015)

Conçue comme une relation interactive, la notion d'intertextualité conduit à une nouvelle définition des deux pôles mis en présence. L'arrière-plan du texte — « le volume de la socialité », « tout le langage », « l'histoire » —, fait l'objet d'une « lecture » et s'apparente de fait à un texte. Ainsi Kristeva est-elle amenée à considérer comme un ensemble textuel des contenus culturels, des genres ou des codes littéraires qui ne se manifestent pas nécessairement sous une forme écrite, modifiant par là même l'extension du concept de « texte », appelé à recouvrir certains aspects non seulement des productions dites « littéraires », mais aussi des productions « historiques », « politiques », « religieuses », etc. Eu égard à cette production perpétuelle, à ce travail infini du signifiant sur lui-même, le « texte » s'oppose à l'« œuvre » close, unité finie, partie d'un ensemble nombrable.

Parce que l'extension progressive du concept d'intertextualité pouvait entraîner une réduction de son efficacité opératoire, certains critiques ont été amenés à en proposer une définition restrictive, ou, du moins, à en préciser les contours et les enjeux.

L'appartenance à un genre littéraire suffit-elle à inscrire un texte dans une relation d'intertextualité avec l'ensemble des autres textes relevant du même genre ? Pour Riffaterre, si un texte contient des éléments reconnaissables comme marques de genre, ceux-ci invitent nécessairement à la comparaison avec d'autres représentants du genre. Plus encore, certains textes n'existeraient qu'à condition d'être comparés : « c'est le cas des genres comme le haïku japonais, [*et*] de toutes les littératures “classiques” » (1971 : 151). Ainsi, *les Liaisons dangereuses* auraient pour intertexte non seulement une œuvre particulière (*la Nouvelle Héloïse*), mais encore une forme littéraire (le roman épistolaire) et l'ensemble des textes manifestant la reprise de cette forme codée. De même, le remploi d'une forme fixe, telle celle du sonnet, déterminerait la mise en relation de la totalité des textes qui le pratiquent.

Souhaitant circonscrire plus précisément le champ de manifestation des relations intertextuelles, Greimas considère à l'inverse que la présence dans plusieurs textes de structures sémantiques et / ou syntaxiques communes à un type (ou à un “genre” de discours) ne constitue nullement un indice d'intertextualité. Prétendre le contraire revient, selon lui, à nier l'existence des « discours sociaux » et des sémiotiques « transcendant la communication interindividuelle » (1979, article INTERTEXTUALITÉ). De même qu'on ne parlera pas d'intertextualité quand deux locuteurs utilisent la même langue, sous le prétexte qu'ils se servent d'un même système, de même l'exploitation d'un ensemble de structures communes signale simplement l'appartenance de différents discours à un même genre. Pour définir l'intertextualité, Greimas met au contraire l'accent sur la nécessité d'une transformation du modèle commun.

Dès son introduction dans la théorie littéraire, la notion d'intertexte a suscité de la part des critiques qui l'utilisaient une succession d'avertissements précautionneux. Il importait de bien distinguer ce nouveau concept de la traditionnelle étude des « sources » et « influences ». Sourcilleuses et récurrentes, les mises en garde de Barthes à ce sujet ressemblent fort à une dénégation : « L'intertextualité, condition de tout texte, quel qu'il soit, ne se réduit évidemment pas à un problème de sources ou d'influences » (1973 : 1015), l'intertexte « n'est nullement, il faut le répéter, le banc des "influences", des "sources", des "origines", auquel on ferait comparaître une œuvre, un auteur » (1971 *a* : 101). À son tour, Greimas a manifesté des réticences similaires. Évoquant le « vif intérêt » provoqué par le concept d'intertextualité, Greimas l'explique avant tout par le fait que « les procédures qu'il impliquait semblaient pouvoir servir de rechange méthodologique à la théorie des "influences" » (*ibid.*). À ses yeux, « l'imprécision » du concept a permis des « extrapolations diverses », conduisant par exemple à habiller « d'un vocabulaire renouvelé » l'étude des « sources » et des « origines », notamment celle des citations « avec ou sans guillemets ». On sait que Barthes lui-même a pu définir l'intertexte comme « un champ général de formules anonymes, dont l'origine est rarement repérable, de citations inconscientes ou automatiques, données sans guillemets » (1973). Où situer dès lors, si elle existe, la différence affichée entre les deux méthodes ?

Il semble que la critique intertextuelle se caractérise, pour Barthes, par l'attention portée à la masse des références inconscientes qui traversent le texte, malgré ou contre la volonté du scripteur. Elle se distinguerait en cela de la critique des sources, bornée au repérage des influences consenties ou revendiquées, généralement marquées par le recours aux guillemets. Pourtant, les critères de cette distinction paraissent bien ténus : l'objet, qu'on le nomme « influence » ou « relation intertextuelle », ne semble pas varier sensiblement. Il s'agit toujours d'étudier la trace, dans un texte, d'un autre texte. Quant à la méthode, qui fait appel à la compétence culturelle du lecteur, elle s'apparente dans l'un et l'autre cas à une herméneutique aléatoire. Quelles sont en effet les conditions de possibilité d'une étude dont l'objet consiste, selon les formules de Barthes, en « morceaux de codes », « formules anonymes », « modèles rythmiques », « fragments de langage sociaux » qu'aucune marque (référence explicite, guillemets ou autre indice typographique) ne permet d'identifier et qui « traversent » le texte à l'insu de l'écrivain lui-même ?

Les restrictions greimassiennes portent sur deux points. Elles mettent en évidence l'existence d'une relation de discours à modèle et la nécessité d'une transformation. L'intertextualité implique « l'existence de sémiotiques (ou de "discours") autonomes à l'intérieur desquelles se poursuivent des processus de construction, de reproduction ou de transformation de modèles, plus ou moins implicites ». Il s'agit bien d'identifier une influence, et la définition greimassienne est d'ailleurs elle-même articulée à une référence qui la situe dans cette perspective : « l'affirmation d'A. Malraux selon laquelle l'œuvre d'art n'est pas créée à partir de la vision de l'artiste, mais à partir d'autres œuvres » autorise, selon Greimas, une meilleure saisie du phénomène de l'intertextualité. Mais l'étude de ce phénomène ne se limite pas au repérage de corrélations formelles pouvant exister entre plusieurs textes. Il ne s'agit pas seulement d'établir une relation de texte à texte, manifestée par la présence des mêmes thèmes, par une allusion de T_2 à T_1, ou une citation explicite. Alors que, comme l'observe également Arrivé, les recherches liées à l'étude des sources « se contentent de nommer les textes qui entrent en relations », le concept d'intertextualité nécessite que l'on s'intéresse à « l'impact transformatif » que ces textes « exercent les uns sur les autres » (1978 : 6046). Dans cette perspective, la pratique de la citation relève véritablement de l'intertextualité si l'on cesse de la considérer comme une simple trace ponctuelle d'un texte T_1 avec lequel T_2 entrerait en relation de façon superficielle et fugitive, par le biais d'une référence nécessairement explicite et littérale.

Si la définition de l'intertextualité a pu faire l'objet d'une extension maximale quant à la nature des termes mis en relation, il semble qu'au moment de discerner les lieux précis où elle s'opère, un renversement s'accomplisse. Conduits à distinguer deux types de relations intertextuelles, selon qu'elles se manifestent par une répétition formelle, ou par une reprise de contenu, certains critiques assignent à l'une et à l'autre une extension différente. C'est à une échelle réduite que se produirait la première, la seconde nécessitant au contraire de plus amples prolongements. Partisan déterminé d'une telle partition, Genette restreint délibérément le concept d'intertextualité, en le définissant, dans *Palimpsestes*, par « une relation de coprésence entre deux ou plusieurs textes, c'est-à-dire, éidétiquement et le plus souvent, par la présence effective d'un texte dans un autre » (1982 : 8). Relève donc de l'intertextualité toute corrélation formelle entre deux textes. Les trois exemples qui en sont donnés semblent contredire cependant quelque peu la rigueur première de la définition. La *citation* obéit-elle toujours à l'impératif de reprise « explicite et littérale » ? Pourquoi devrait-elle, pour entrer dans l'intertexte, se présenter « avec ou sans référence précise », mais nécessairement « avec guillemets » — comme si l'absence de ceux-ci annulait la présence effective du texte repris. Citations explicite ou implicite, littérale ou altérée, assortie ou non, ou faussement, d'une référence : autant de cas qui ne réalisent pas de la même façon le principe de coprésence. Critère de l'intertextualité, la coprésence exigée par Genette paraît de fait bien évanescente, puisqu'y souscrivent à ses yeux, non seulement « sous une forme moins explicite », le *plagiat*, mais aussi, « sous forme encore moins explicite et moins littérale », l'*allusion*. Comme si la littéralité n'avait été élevée au rang de caractéristique de l'intertextualité que pour être aussitôt contournée.

Comment justifier ces glissements progressifs ? Sans doute faut-il chercher ailleurs le principe de la distinction opérée par Genette entre l'intertextualité, qui n'est pas son objet, et l'hypertextualité, définie comme la « relation unissant un texte B » (l'hypertexte) à un « texte antérieur A » (l'hypotexte). Le texte B, précise Genette, ne pourrait « exister tel quel » sans le texte A, sur lequel il « se greffe » et « dont il résulte ». Cette opération, qualifiée de « transformation », se caractérise en ceci que B « évoque » A, « plus ou moins manifestement, sans nécessairement parler de lui et le citer » (*ibid.* : 12). Cette relation « plus ou moins » manifeste n'emprunte pas les voies de la reprise littérale. Elle touche « l'œuvre considérée dans sa structure d'ensemble » : par une transformation « simple », Joyce transpose l'action de l'*Odyssée* dans le Dublin du vingtième siècle, par une transformation « indirecte » Virgile s'inspire pour l'*Énéide* du « type (générique, c'est-à-dire à la fois formel et thématique) » construit par Homère. Opérations qui consistent, dans le premier cas à « dire la même chose autrement », dans le second à « dire autre chose semblablement ». L'hypertextualité se caractériserait donc par le large champ ouvert à la transformation de A par B, les relations intertextuelles ne pouvant se manifester, pour leur part, qu'au niveau d'unités réduites, du fait qu'elles consistent en la reprise littérale d'un énoncé antérieur.

Dans cette optique, l'étude d'un intertexte porte nécessairement sur des ensembles restreints. Ainsi, selon Genette, c'est parce qu'elles ont pour objet la présence « effective » d'un texte dans un autre texte, que les analyses de Riffaterre ne peuvent toucher que des « microstructures sémantico-stylistiques », et ne sauraient excéder l'échelle de la phrase, du fragment, ou du texte bref. La similitude formelle (citation, plagiat, allusion) serait uniquement de l'ordre de la « figure ponctuelle » et du « détail », au contraire de la similitude de contenu (parodie, travestissement), plus facilement « massive » et pouvant toucher « toute une œuvre B », dérivée de « toute une œuvre A ».

1.2. Redites sur la répétition

Quelle que soit l'étendue donnée à la notion d'intertextualité, l'étude de ses manifestations, formelles ou non, soulève toujours les mêmes interrogations. Présentée comme une gageure par les critiques qui l'entreprennent, elle rencontrerait selon eux une série d'obstacles qui en menacent la poursuite. Amorcée avec inquiétude, interrompue parce qu'impossible, reprise dans la déploration, elle prend alors l'allure d'une quête inachevée, toujours déçue. Trois motifs de lamentation reviennent avec une particulière insistance.

1.2.1. L'obsession de l'origine

L'analyse des rapports intertextuels pouvant exister entre deux textes rencontre un premier problème : comment identifier l'origine des éléments repris ? En l'absence d'une indication explicite de l'auteur, ce sont les capacités du lecteur qui conditionnent le décryptement et transforment celui-ci en une enquête policière où l'intuition, le doute, le soupçon et la déception ont leur part. Riffaterre est d'ailleurs conduit à définir une intertextualité « aléatoire », directement dépendante des compétences culturelles de chaque lecteur. Mais la somme des corrélations aléatoires et « obligatoires » n'est jamais définitive, et on s'accorde généralement à regretter que l'identification ne puisse en être exhaustive et incontestable. Louis Marin évoque à ce titre le « jeu peut-être interminable des renvois textuels » (1971 : 49).

La récurrence du reproche témoigne-t-elle de la difficulté de la tâche, ou ne l'évoque-t-elle que pour mieux imposer la continuation indéfinie d'une recherche dont elle diffère sans cesse l'aboutissement ? De fait, la quête de l'« hypotexte » ou du « texte-source » s'apparente, le cas échéant, à la recherche impossible et fantasmatique d'une mythique *première fois*. Ainsi Marin forge-t-il le terme d'« architexte » pour désigner « le texte d'origine de tout discours possible, son “origine” et son milieu d’instauration » (1974 : 167). Ainsi Lafon note-t-il l’allégresse de la critique à poursuivre dans l’intertexte borgésien le « Graal hypotextuel » (1990 : 118), le texte originel dont tout serait parti (*ibid.* : 240). Quant à l’intertexte, en l’absence d’une délimitation précise et de ses composantes et des modes de manifestation, il tend à prendre la figure mythique du « livre unique », ce texte détaché de tout lieu, de toute époque et de tout scripteur, puisqu’il est censé tous les comprendre.

1.2.2. L’obsession de l’identique

Le repérage des corrélations formelles manifestées entre deux textes repose sur un critère qui n’est pas toutours explicite. Dans le domaine de l’intertextualité telle que la comprend Genette, n’entrent que les répétitions littérales, caractérisées par l’identité du terme originel et de sa reprise. Étudiant les diverses modalités de la « réécriture » dans l’intertexte borgésien, Lafon fonde son analyse sur une discrimination dont les présupposés demeurent en revanche parfois obscurs. Que l’unité d’emprunt soit un mot, un syntagme ou une phrase, la répétition se doit d’être « précise », « exacte », « fidèle ». Le moindre écart la rendrait « imparfaite », lui ôtant curieusement tout intérêt. Aussi Lafon choisit-il de ne considérer que les cas où la similitude est « indiscutable » (1990 : 111), quand la « matérialité de l’hypotexte » est sauvegardée. Cette reprise idéale ne saurait dépasser les dimensions de la « séquence » — terme qui ne fait pas l’objet d’une définition plus détaillée — sous peine de voir son « importance quantitative » déterminer, à mesure qu’elle croît, un affaiblissement proportionnel de « sa qualité ». Toute répétition littérale serait de l’ordre du fragment et ne pourrait s’étendre « à l’ensemble d’un texte » sans altération. Pour mesurer celle-ci, un seul critère : le degré de sa « précision ». On voit se dessiner ainsi la figure idéale d’une répétition « absolue », dont la vertu consiste en une « textuelle reproduction » des éléments empruntés.

Cette fascination de l’identique détermine la recherche inlassable d’un texte qui manifesterait enfin une « absolue fidélité » (*op. cit.* : 130) à son modèle. Mais le miracle désiré ne s’accomplit jamais et le discours analytique se borne à ressasser ses échecs successifs. Évoquant par exemple les études menées par Sylvia Roubaud ou Rodolfo Borello sur la réutilisation par Borges de la Bible et d’un conte de Grimm dans *El Testigo*, Lafon constate la « minceur » des résultats obtenus, qui se réduisent en « résonances », « réminiscences » et « affinités ». Il ne s'agit donc là que d'hypertextualité, jamais d'une « textuelle reproduction ». Déplorant le recours des glossateurs à cette « terminologie de l'approximation », qui marque leur impuissance à déceler une répétition enfin littérale, Lafon en vient à se demander si de tels décryptements ne sont pas « vains » : l'œuvre borgésien ne « résiste » pas à cette recherche, « tôt ou tard » il doit la « décevoir ». L'herméneute dépité bute alors sur cette question dramatique : « Faut-il renoncer une fois pour toutes à trouver un texte borgésien qui soit dans son entier la scrupuleuse [1] réécriture de l'intégralité d'un hypotexte ? » (*ibid.* : 122). Renoncement bien difficile, puisque après l'avoir envisagé l'auteur se livre au recensement des hypothèses les plus improbables, comme pour en conjurer l'invraisemblance, ou s'en délecter. Ainsi rappelle-t-il « l'excitant rapprochement » proposé par Caillois entre un texte de Borges (*le Teinturier masqué : Hakim de Merv*, in *Histoire universelle de l'infamie*) et le premier essai littéraire de Napoléon Bonaparte, intitulé *le Masque prophète*. Hélas, ajoute aussitôt Lafon, Caillois lui-même « s'empresse de briser ce rêve fou d'un Borges réécrivant Bonaparte [2] ». S'il envisage ensuite que *le Sorcier ajourné* puisse constituer la réécriture textuelle d'un écrit espagnol du XIVe siècle, dû à don Juan Manuel, c'est pour démontrer l'inanité de son hypothèse. Cette fois-ci pourtant, Lafon a pu constater « l'absolue fidélité de la majorité des séquences » du texte borgésien à leur hypotexte manuélin. Mais cette reprise n'est jamais que « globalement littérale » et s'accompagne de transfor-

1. « Scrupuleuse », « précise », « exacte », « fidèle », « absolue », « directe » : pour qualifier cette répétition idéale, Lafon utilise rarement l'adjectif *littérale* — pourtant plus explicite — et choisit des termes témoignant de la valeur qu'il attache au procédé. Valeur qui tient sans doute à sa rareté, mais aussi à son incongruité : chaque piste aboutit à une impasse, comme s'il était par trop gênant de découvrir un Borges s'adonnant sans vergogne aux plaisirs d'un Ménard.

2. Dans son étonnante « Postface du traducteur » (1951), Caillois déploie une érudition semblable à celle de Borges, qui lui permet de mesurer la part de la « tradition » et celle de « l'apport personnel » dans *le Teinturier masqué*. Signalant que les sources citées ne sont connues que de l'auteur, qui ne rapporte aucun des épisodes attestés par les chroniqueurs dont Sadighi a établi la recension, Caillois ne propose à aucun moment de voir dans le « conte » de Napoléon Bonaparte l'origine hypotextuelle du *Teinturier masqué*.

mations (modernisation du texte médiéval, condensation, fragmentation). « Aussi incroyable que cela puisse paraître », *le Sorcier ajourné* n'est donc pas « la directe réécriture [3] » du *Libro de los Exiemplos*.

Ainsi définie, une répétition « absolue » ne saurait guère s'accomplir que sous la forme du plagiat, ou de la copie. La déception de Lafon, échouant à présenter une répétition « exacte » qui s'étende au-delà d'une brève « séquence », est à vrai dire surprenante. Borges lui-même a en effet montré qu'une répétition littérale déterminait une nouvelle lecture, toute différente, de l'œuvre plagiée : si le texte de Ménard est « verbalement identique » à celui de Cervantès, il n'en est pas moins « infiniment plus riche » (1956 : 71). La différence tient dans l'identité auctoriale, qui modifie la lecture de l'œuvre : alors que le style de Cervantès témoigne d'un maniement aisé de « l'espagnol courant de son époque », celui de Ménard est nécessairement « archaïsant » et « pèche par quelque affectation » aux yeux d'un lecteur du XXe siècle. Relire le *Quichotte* dans cette perspective, tout entière orientée par une attribution différente ou « erronée », c'est ainsi renouveler le texte lui-même.

1.2.3. Statut de la différence

Si l'on s'accorde ainsi à déplorer la difficulté de cerner une répétition « exacte », on ne manque pas cependant d'en fustiger à l'occasion l'inutilité. Dans la pratique de la réécriture, on voit souvent l'indice d'un tarissement de l'inspiration, ou de la décadence d'une époque. Pour échapper à la condamnation, la répétition doit introduire une différence. Mais le statut de celle-ci demeure mystérieux, de même que le rapport entretenu entre répétition et différence. Conçue comme le résultat d'une répétition judicieusement maniée, la différence semble de l'ordre de l'effet, du supplément. Elle intervient à titre d'ajout ornemental et miraculeux, gage de l'originalité créatrice. C'est pourquoi la

3. On peut regretter l'emploi assez lâche de ce terme, qui sous la plume de Lafon (voir *op. cit.* : 10) désigne tantôt, comme ici, une reproduction littérale, dépourvue de toute variation (c'est-à-dire, pour lui, « la citation », d'un autre ou de soi), tantôt la reprise par un écrivain des textes d'autrui ou des siens, assortie de transformations d'ordre et de degré divers (autrement dit, pour lui, « la répétition »).

répétition ne saurait se manifester qu'à l'échelle du fragment, à moins de scandaliser, par sa fastidieuse monotonie, ou d'inquiéter, parce qu'elle met en péril l'autorité du discours. Qu'il s'agisse de la figure de rhétorique communément désignée sous ce nom, ou de phénomènes de reprise textuelle de plus large ampleur, observables dans les œuvres d'écrivains différents, comme dans celles d'un unique auteur, la même réticence semble prévaloir.

2. La répétition, principe de production littéraire

2.1. La production en question

Bien que la répétition ne soit qu'un principe de production du discours parmi d'autres, certains — rhétoriciens, écrivains ou philosophes — lui ont néanmoins conféré un statut privilégié, croyant déceler en elle une « puissance » particulière. C'est pourquoi nous préférons conserver le terme générique de « répétition », d'un emploi moins rigoureusement spécialisé que celui d'« intertextualité », et plus apte à recueillir, à conjoindre sous son apparente neutralité, les acceptions que ses zélateurs, d'horizons différents, ont pu lui donner.

Si cette étude restreint d'emblée son domaine de recherche, en limitant l'examen de la répétition à ses manifestations dans un corpus dit « littéraire », on n'y verra pas pour autant la volonté d'ériger celle-ci en pierre de touche nécessaire à l'identification du « texte littéraire », ou de la « littérarité [4]». Fréquemment repérable dans les productions « non littéraires » (journalistiques, publicitaires, pédagogiques, etc.), ce phénomène ne saurait pas davantage être tenu pour trait spécifique de l'un de ces discours. En revanche, la fonction et les effets de la répétition varient nécessairement selon son contexte d'emploi. La littérature en présente-t-elle une forme particulière ? Quel rôle y joue le recours massif à la reprise textuelle ?

Nous n'entrerons pas dans le détail des polémiques suscitées,

4. Comme le signalait Arrivé (1978 : 6046), « l'expérience a montré qu'aucun des traits qui caractérisent le fonctionnement des textes littéraires n'est absent des textes non littéraires ». Il serait vain par exemple de vouloir saisir un « indice de littérarité » dans les phénomènes de connotation, qui se manifestent « dans tout discours, littéraire ou non littéraire ». Il en va de même pour l'intertextualité, qu'on peut difficilement identifier avec la littérarité, comme le proposait Riffaterre.

depuis une vingtaine d'années, par les notions de « texte » et de « littérature », ou par la délimitation, toujours problématique, du « littéraire » et du « non littéraire », dans la mesure où les textes qui seront soumis à l'analyse ont rarement vu leur « littérarité » contestée [5]. On peut en revanche rappeler certains présupposés liés à la représentation de la littérature comme « production ».

Il n'est pas dans notre intention de retracer ici la genèse d'un concept. Mais l'expression est suffisamment porteuse de connotations pour que son emploi appelle quelques éclaircissements.

C'est en deux temps que furent développées les implications théoriques et méthodologiques de cette notion. Élaboré par l'équipe de la revue LEF [6] dans les années 1920, le concept de « production littéraire » doit cependant beaucoup à l'apport théorique des Formalistes russes : focalisation sur le « fonctionnement » de l'œuvre, présentation de l'écriture comme un « travail » appliqué à un « matériau verbal » (les structures phoniques, syntaxiques et lexico-sémantiques de la langue), intrduction des notions de « procédé », de « technique » et de « construction ». Le LEF vit là un outil utile à la critique de l'idéologie de la « création », comprise comme expression du génie inhérent à l'écrivain. Ses membres reprochèrent cependant aux Formalistes de ne pas avoir poursuivi le rapprochement esquissé entre la production littéraire et les autres types de production [7].

Si les théories formalistes ont pu contribuer à une redéfinition du statut de l'écrivain, tout en autorisant une autre approche de l'œuvre, dont elles ont relativisé la visée référentielle, elles abordent le texte comme un produit achevé, sans mettre en question

---

5. Encore qu'une telle justification n'aille pas de soi : faut-il voir par exemple un gage de littérarité dans l'attribution à Claude Simon du prix Nobel de Littérature ? Si l'on admet l'impossibilité d'isoler un trait caractéristique du discours littéraire, il faut bien attribuer à cette notion, alors vide de sens, un simple statut de connotation sociale : un texte reconnu comme « religieux » au moyen âge peut être reçu aujourd'hui, rappelle Greimas, comme « littéraire » (1979 : art. LITTÉRARITÉ). Le prix littéraire ne fait qu'attester cette reconnaissance sociale.

6. Le *Front gauche de l'art* (*Levyj Front iskusstva* de 1923 à 1925, *Nova LEF* de 1926 à 1929), revue et mouvement, a réuni autour de Maïakovski, puis d'Ossip Brik après le suicide du poète, des artistes de l'avant-garde russe, proches des formalistes et des futuristes et soucieux de définir les principes d'un art nouveau que représentaient, parmi d'autres, Pasternak, Meyerhold, Eisenstein, Dziga Vertov.

7. Sur cette question, voir l'article de N. Gueunier (1974).

sa clôture, ni l'universalité abstraite de son destinataire. C'est à l'exploration de ces deux voies que la critique post-structuraliste s'est attachée depuis la fin des années soixante. On doit à Julia Kristeva l'essentiel de l'arsenal notionnel développé à cette fin. De cet ensemble complexe rappelons simplement, dans la mesure où nous aurons à y revenir, les points touchant à la présentation du texte comme résultante de l'interaction auteur-lecteur et comme transformation d'un ou plusieurs autres textes .

La définition du texte comme « productivité » (1969 : 208-245) implique l'idée d'un procès en cours, là où les structuralistes voyaient un objet clos, un résultat, un effet. Dans ce travail, le lecteur est appelé à jouer un rôle actif : la communication auteur-lecteur n'est plus un don du premier au second, ni une simple opération de décodage limitant l'intervention du lecteur à la réception « d'un (ou de plusieurs sens) objectivement présent(s) ». Ainsi circonscrite, l'activité du lecteur se borne à l'identification d'un message dépourvu de toute ambiguïté (consciente ou inconsciente) et dont les interprétations légitimes sont en nombre fini. Comme le signalait Arrivé (1978), cela suppose que la communication s'établit de manière idéale, sans obstacle ni perte d'information. Autorisé au contraire à prêter au texte une multiplicité de sens « ludiques », le lecteur participe à sa production, et voit de ce fait son statut modifié. Or concevoir la répétition comme un « principe de production littéraire », c'est, nécessairement, s'interroger sur les conditions de sa réception, les modalités de sa lecture.

La notion de productivité est en outre liée à celle de « signifiance », grâce à laquelle Kristeva (à la suite des travaux de Benveniste et de Lacan) a développé sa conception du texte comme « objet dynamisé », issu d'un travail de « différenciation, stratification et confrontation » toujours poursuivi. Ce travail qui se pratique dans la langue, Kristeva invitait à le reconnaître dans le texte (1969 : 9). C'est aussi par une série de transformations (« absorption », « croisement », « éclatement ») appliquées à une multiplicité d'autres textes que le texte se construit. Baptisée « paragrammatisme » (par référence à la notion de paragramme développée par Saussure), cette opération introduit entre les textes un rapport de « négation », dont Kristeva donnait dans *Σημειωτικὴ* (*op. cit.* : 256) quelques exemples empruntés à Lautréamont. Trois types de « connexions », fondées sur une négation « totale », « partielle » ou « symétrique », relient en effet certains fragments des *Poésies* aux textes « presque cités » de Pascal et La Rochefoucauld. Soit pour la négation totale : « En écrivant ma pensée elle m'échappe quelque fois ; mais cela me fait souvenir de ma faiblesse, que j'oublie à toute heure ; ce qui m'instruit autant de ma faiblesse oubliée, car je ne tends qu'à connaître mon néant » (La Rochefoucauld) et « Lorsque j'écris ma pensée, elle ne m'échappe pas. Cette action me fait souvenir de ma force que j'oublie à toute heure. Je m'instruis à proportion de ma pensée enchaînée. Je ne tends qu'à connaître la contradiction de mon esprit avec le néant » (Lautréamont) ; pour la négation symétrique : « C'est une preuve de peu d'amitié de ne s'apercevoir pas du refroidissement de celle de nos amis » (La Rochefoucauld) et « C'est une preuve d'amitié de s'apercevoir de l'augmentation de celle de nos amis » (Lautréamont) ; pour la négation partielle : « Nous perdons la vie avec joie, pourvu qu'on en parle » (Pascal) et « Nous perdons la vie avec joie, pourvu qu'on n'en parle point » (Lautréamont).

Ce « mouvement complexe d'une affirmation et d'une négation simultanées » par lequel un texte se construit, « en absorbant et détruisant en même temps les autres textes de l'espace intertextuel » est, comme le note Kristeva, un phénomène constamment observable au cours de l'histoire littéraire. L'acte même de citer peut s'accompagner d'un travail de la négation, qui modifie le texte repris, par une altération de la lettre mais aussi par la simple variation de l'énonciation. Cette observation rarement faite [8] permet d'aborder autrement la notion de répétition, sans limiter celle-ci à la reprise fidèle de l'identique. Répéter, ou, on le verra, se répéter, ce n'est pas nécessairement exclure la variation.

C'est à la suite de cet examen que Kristeva formule ce postulat : « certaines lois logiques, valables pour le langage non poétique, n'ont pas cours dans le langage poétique » (1969 : 258). Le premier exemple qui en est donné concerne le non-respect de la loi d'*idempotence* :

> Si dans la langue courante la répétition d'une unité sémantique ne change pas la signification du message et contient plutôt un effet fâcheux de tautologie ou d'agrammaticalité (mais en tout cas l'unité répétée n'ajoute pas un sens supplémentaire à l'énoncé), il n'en est pas de même dans le lan-

8. L'usage restreint habituellement l'emploi du terme *citation* aux cas de reprise explicite et littérale et Compagnon lui-même relègue les citations altérées au rang des « perversions », rapidement évoquées et délaissées dans *la Seconde Main ou le travail de la citation* (1979).

> gage poétique. Ici les unités sont non répétables ou, autrement dit, l'unité répétée n'est plus la même, de sorte qu'on peut soutenir qu'une fois reprise elle est déjà une autre. La répétition XX n'équivaut pas à X. (*ibid.*)

Cette description du fonctionnement de la répétition dans le langage poétique ne va pas sans poser plusieurs problèmes. La stricte bi-partition opérée entre langage « ordinaire » et langage « poétique » se révèle vite gênante, et Kristeva elle-même est conduite à la contourner : si, dans le discours ordinaire, une unité sémantique répétée se charge d'une signification nouvelle, c'est là l'indice d'une perte de « pureté », le langage ordinaire fonctionnant alors de manière « poétique ». On le voit, le bouleversement des catégories logiques demeure l'apanage du texte littéraire, par l'effet d'une nouvelle fétichisation de ce dernier.

En outre, la distinction établie entre les deux formes de la répétition amène à s'interroger sur la nature du « répétable ». Si l'on s'en tient à la définition rapide qui en est proposée, l'unité « répétable » est ce qui, répété, ne change pas. Réservée au langage ordinaire, cette répétition de l'identique est fautive (indice d'« agrammaticalité ») ou redondante (« tautologique »). À l'inverse, le « non-répétable » est ce qui, répété, n'est plus le même. Génératrice d'une différence, ce type de répétition ne serait observable qu'au sein du langage poétique (*i.e.* le texte littéraire, prose ou poésie indifféremment pour Kristeva), où elle s'exerce à l'encontre des « lois logiques » (ici, la loi d'*idempotence*, selon laquelle XX=X). Qu'en est-il précisément de cette distinction, sur laquelle Kristeva reste peu explicite ?

Enfin, reste en suspens l'analyse de « l'effet de sens » produit par cette répétition du « non-répétable » : quelles peuvent en être les modalités ? Discerner « une répétition apparente XX », qui ne soit pas équivalente à X, suppose que l'on puisse « lire dans la séquence (répétée) elle-même *et* autre chose ». L'imprécision de la formule (un *je ne sais quoi* d'« autre », « presque » identique) est certes légitimée par la nature du phénomène, qualifié d'« inobservable » : « au niveau phonétique », affirme Kristeva, rien ne distingue le premier vers du *Balcon* (« Mère des souvenirs, maîtresse des maîtresses ») de sa reprise en fin de strophe.

Il faudrait cependant préciser que, si la répétition du vers induit un isomorphisme phonologique, puisque la chaîne des unités pertinentes (comprises comme segments abstraits) est la même, en revanche la manifestation proprement « phonétique » demeure éminemment variable : les phénomènes supra-segmentaux (accent d'intensité, intonation, durée, etc.) sont toujours susceptibles d'une modulation. Du point de vue articulatoire, c'est justement l'identité de la séquence qui est improbable.

Quant à l'effet observable, il tient selon Kristeva à ce que « jamais la séquence "répétée" n'apparaît avec le même sens ». Identifié comme « effet de connotation », le phénomène n'est toutefois pas décrit plus avant. Dans les poèmes de Baudelaire pris pour exemples, si la répétition du vers initial donne lieu à une variation, la linguiste n'en relève que deux indices : leur place, et leur ponctuation. C'est donc ces seuls critères formels qui différencient les occurrences ; présentés comme conditions d'émergence d'un nouveau sens, ils ne permettent pas néanmoins d'en établir la valeur. Quel est donc ce contenu connoté ?

L'attention de la critique intertextuelle s'est portée massivement sur les interactions perceptibles entre des textes produits par des écrivains distincts. Sommairement défini, ce domaine recouvre l'ensemble des pratiques imitatives par lesquelles un auteur s'inscrit dans une tradition, qu'il revendique ouvertement une filiation ou qu'il donne à lire une influence travestie, sollicitant alors la perspicacité de son lecteur. La source hypotextuelle peut faire l'objet d'une référence explicite. Maquillée (dépourvue de guillemets ou d'italiques), altérée (incomplète ou non littérale), la citation peut aussi se prêter à un travail d'effacement, mais n'en demeure pas moins l'indice ostentatoire d'une présence étrangère, livrée au déchiffrement. L'exhibition d'une influence peut excéder la limite de l'expression, ou de la phrase, et s'étendre à la reprise d'un thème, d'un *topos,* ou d'une séquence narrative complexe. La chanson de geste, les mythes, les contes populaires, la littérature de tradition orale en général, reposent ainsi sur l'exploitation de motifs et de structures transmis par la tradition. Leur reprise peut être l'occasion d'un hommage mais aussi d'une dégradation, selon qu'elle s'accomplit sous la forme de la continuation, de la transposition, du pastiche, de la parodie, voire du plagiat. On sait que Genette a fait de ces pratiques un examen détaillé, auquel nous renvoyons (1982).

De tels phénomènes n'entrent pas *a priori* dans notre champ de recherche. Dans un cas comme dans l'autre, il s'agit néanmoins d'examiner les modalités d'une *relation,* que ce soit de X à Y (deux auteurs différents), ou de X à X (un même auteur). Toutefois, une différence majeure persiste, déterminée par l'identité de l'auteur. Il semble difficile par exemple de tenir pour strictement équivalentes des pratiques telles que la citation et l'auto-citation [9] : si l'absence de guillemets ou d'une référence explicite peut faire tomber sur l'auteur de la première l'accusation de plagiat, la loi ne reconnaît aucun délit dans le second cas. En outre, un écrivain tenté par l'auto-parodie ou l'auto-pastiche n'utilisera la répétition textuelle qu'avec mesure. Celle-ci ne joue qu'un rôle mineur dans la réécriture que constitue toute parodie.

2.2. La répétition dans le récit de fiction

La très riche étude de Madeleine Frédéric (*la Répétition, étude linguistique et rhétorique*, 1985) était menée dans une optique proprement linguistique qui lui a permis de distinguer avec précision différents types de répétition : répétition formelle (graphique, phonique, lexicale, syntaxique, suprasegmentale), sémantique (par synonymie, par superposition de sens, par reprise thématique), morpho-sémantique (reprise combinée d'un élément formel et d'un contenu signifié). De son analyse étaient exclus des phénomènes tels que la redondance — la réapparition de la marque du genre ou du nombre dans le groupe nominal ou le groupe verbal est une contrainte de langue qui n'est pas perçue par le locuteur, à la différence de la répétition, qui peut être volontaire et ne passe pas inaperçue — et la production d'énoncés coréférentiels du type « je *le lui* ai donné, *ce livre*, à *Marie* » — bien que deux unités lexicales de même fonction soient reprises dans la même proposition, la répétition n'est là qu'un « épiphénomène », dans ce qui constitue avant tout un cas de dislocation phrastique. Une partie de son investigation portait sur des phénomènes rencontrés dans le langage non littéraire et passés sous silence dans la rhétorique traditionnelle : répétitions pathologiques (écholalie, palilalie, bégaiement, etc.) ou involontaires (indices d'une hésitation ou d'une émotion violente), mais aussi faits de répétition habituellement dédaignés (pléonasme et tautologie).

Par ailleurs, le versant littéraire du corpus se limitait pour l'essentiel au langage poétique. C'est dans l'œuvre de Saint-John Perse que la linguiste a observé les manifestations de la

---

9. Dans cette « répétition du déjà dit » qu'est la citation, Compagnon a vu le principe d'une écriture conçue comme glose et entreglose indéfinie (*op. cit.*). Mais son attention ne s'est guère portée sur le cas un peu particulier de l'autocitation.

répétition [10]. Quelques incursions dans le domaine romanesque l'ont cependant conduite à affirmer que la répétition y avait ses formes propres. De celles-ci elle ne donnait qu'un exemple, sommairement présenté sous le nom de *mise en abyme*. On sait que ces effets de spécularité ont été mis en évidence par la critique narratologique. Ils concernent, de façon générale, toute reprise d'un aspect du texte (structure du récit, fil principal de l'histoire, mode de narration dominant, vision d'un des protagonistes) par un élément qui le signifie « au moyen d'une ressemblance, une fois ou plusieurs fois [11] ». La mise en abyme détermine ainsi un retour de l'œuvre sur elle-même, par le moyen d'une réduplication dont Dällenbach (1977) a proposé un examen particulièrement détaillé.

Malgré le caractère séduisant de l'analogie entre mise en abyme et répétition, il y aura lieu de se demander si ces deux formes de représentation peuvent être conçues comme équivalentes. Toute spécularité peut-elle être dite répétitive, la répétition est-elle une forme spécifique — voire *à part* — de la spécularité ? La répétition joue-t-elle dans ces phénomènes d'analogie, de symétrie, de ressemblance ? Ou bien s'agit-il là d'un processus différent, dont la fonction dans l'œuvre littéraire n'est pas exclusivement réflexive et autoréférentielle ? C'est à travers les textes de romanciers français du XXe siècle qu'on observera la pratique systématique de la répétition littérale pour la distinguer des techniques de dédoublement fondées sur une simple similitude et en cerner les effets sur les composantes du récit de fiction. La répétition a tout d'abord des conséquences notables sur le statut du personnage. Attribuer, par exemple, des traits incompatibles ou des noms différents à une même entité, ou les mêmes traits et le même nom à des entités par ailleurs distinctes, c'est nécessairement mettre en question la représentation de l'être dans le récit.

Affectant la construction et le contenu du récit, la répétition contrevient en outre au principe selon lequel tout récit devrait présenter successivement des événements suffisamment distincts.

---

10. Voir *la Répétition et ses structures dans l'œuvre de Saint-John Perse* (1984).

11. D'après la définition que Mieke Bal a donnée de la mise en abyme (1978 : 125). Ainsi la page blanche du *Voyeur*, de Robbe-Grillet, peut-elle être considérée comme « une mise en abyme du blanc dans la conscience de Matthias » par relation entre un signe (la page vierge) et un référent (le refoulement du personnage).

Pratiquée avec outrance et de manière délibérée, elle n'a pas le même rôle que les traditionnelles anachronies (anticipations et rétrospections qui se traduisent d'ailleurs rarement par une reprise textuelle). Elle peut s'exercer au niveau de la narration, quand les reprises d'énoncés s'accompagnent d'une variation des points de vue ou des voix narratives — variation complexe, qui rend à l'occasion difficile l'identification même de ces voix. Indice et incarnation d'une réflexion qui prend pour objet le temps et l'histoire, elle pose la question de la clôture du récit.

Nous n'aurons pas la prétention de proposer un appareil théorique capable de rendre compte de la totalité des formes prises par la répétition, quels que soient le genre et l'époque du texte considéré. Observer les différentes mises en œuvre d'une pratique fort simple dans son principe — se répéter, quoi de plus banal ? — mais aussi fort complexe dans son effectuation et ses effets, nous semble suffisant. Ce souci n'exclut pas une volonté de systématisation : le choix du corpus se justifie ainsi par le désir de présenter un certain nombre de cas extrêmes, qui révèlent avec une particulière netteté l'impact de la répétition sur la constitution du texte littéraire. Si le corpus soumis à l'analyse est constitué de textes d'auteurs de langue française du vingtième siècle, on peut à la rigueur y voir un principe d'homogénéité. Mais il n'est pas nécessaire d'en induire que la répétition serait une figure particulièrement chère aux écrivains dont la production est postérieure à 1914. Pour Marguerite Duras, l'événement majeur de ce siècle est l'Holocauste : il est impossible d'écrire de la même façon avant et après Auschwitz. Cet aveu permet sans doute d'interpréter l'usage compulsif de la répétition manifesté dans son œuvre (ressassement, lutte contre l'oubli, tentatives de représentation de l'irreprésentable). Il serait toutefois abusif d'en faire un argument pour justifier le choix du corpus et prétendre que la répétition est caractéristique d'une époque ou d'un genre donnés [12].

---

12. C'est pourtant là une tentation fréquente : Couégnas voit dans l'emploi de la répétition le critère de reconnaissance des littératures populaires (1992), tandis que, pour Lafon, la répétition est l'indice d'une « décadence » qui se manifeste dans les derniers textes de Borges. Le mythe et le conte de transmission orale, mais encore les discours politique, publicitaire, journalistique, scientifique, pédagogique, critique ou enfantin témoignent de l'importance et de la polyvalence de ce procédé. Cultures « primitives » et « décadentes » y recourent. On s'abstiendra donc de telles restrictions. On peut cependant rappeler la distinction faite par Genette entre le discours musical classique où la répétition prend une place

Les critères présidant à la sélection des textes étudiés permettent en revanche de définir quelques points communs. Ces critères sont les mêmes que ceux choisis, on l'a vu, par Madeleine Frédéric pour délimiter le phénomène *répétition*. Volontaire et consciente, telle doit être la répétition dans les œuvres littéraires ici soumises à l'analyse. Si la raison de cette pratique peut demeurer mystérieuse aux yeux de l'auteur lui-même, son exploitation systématique s'assortit d'une revendication déterminée, non dénuée de provocation. Au rang des écrivains ouvertement favorables à cette pratique, on trouvera bien sûr Duras et Robbe-Grillet mais aussi Queneau, Simon, Leiris, Beckett, Butor et, dans une moindre mesure, Perec, Ollier. Le goût de la reprise textuelle ne caractérise pas uniquement, on le voit, les représentants du Nouvau Roman. Si Dällenbach a pu signaler, dans son travail sur *le Récit spéculaire* (1977), l'abandon relatif de la mise en abyme et le recours plus fréquent à la répétition perceptible dans les années soixante-dix chez les tenants du « nouveau Nouveau Roman », il convient donc d'élargir ce constat à un ensemble plus vaste de productions.

Loin d'être dans ces œuvres un simple épiphénomène, la répétition provoque la mise à l'épreuve de leurs composantes, qu'elle fait jouer de manière inhabituelle et souvent contradictoire. Le lecteur se trouve ainsi amené à redéfinir le statut du « personnage » de roman (Duras) ou les modalités de la narration (Robbe-Grillet). Chez ces auteurs qui pratiquent la répétition jusqu'au ressassement et qui n'ont pas craint d'en assumer l'aspect notoirement scandaleux, le plaisir pervers qu'on peut prendre à susciter le *fastidium similitudinis* s'accompagne d'une invitation à lire autrement, à relire différemment, à lire une différence. De plus, cette pratique obsessionnelle cristallise sans crainte de l'obscénité, et comme le ferait un corps malade, une pluralité de symptômes dont on ne retrouve ni l'entrelacement ni la complexité quand la répétition, plus sporadique, se manifeste de façon topographiquement limitée.

« capitale » et la littérature, où elle se réduit à « presque rien, au moins jusqu'à Robbe-Grillet » (1982 : 444). De fait, c'est dans le domaine romanesque moderne que se manifestent plus particulièrement les phénomènes de reprise textuelle systématique (intentionnelle) et de quelque ampleur (transphrastique).

3. La répétition dans le temps

On a vu que la répétition posait l'énigme de la première fois. Soutenir que *dans la première fois,* la répétition a commencé, c'est définir la répétition elle-même comme *originaire.* Commentant, dans *l'Écriture et la différence*, l'analyse freudienne des mécanismes de la mémoire, qui fait de la superposition de strates toujours susceptibles d'une restructuration et d'une transcription, le mode de constitution de l'appareil psychique, Derrida postulait que le texte inconscient « est déjà tissé de traces pures, de différences où s'unissent le sens et la force, texte nulle part présent, constitué d'archives qui sont toujours déjà des transcriptions » (1967 : 314).

Pour rendre compte de ce processus, force est de supposer une configuration du temps qui n'inscrive pas entre passé, présent et futur une relation de pure successivité. Ainsi Derrida a-t-il proposé d'appeler « archi-écriture, archi-trace, ou différance » un présent conçu comme la synthèse de traces, de marques, de rétentions et de protentions (1972 : 14). On peut retenir cette définition pour appréhender une production littéraire vouée à la répétition, et construite par elle. Dans la mise en œuvre de la répétition se révèle en effet une représentation particulière du temps, qui n'est pas sans incidence sur le mouvement même de la signification.

Revenant sur la philosophie hégélienne du temps, Ricœur estime qu'elle « dissout, plus qu'elle ne résout, le problème de la relation du passé historique au présent » (*Temps et récit III*, 1985 : 292). Selon lui, la relève du passé dans le présent, et de l'Autre dans le Même, ne saurait aboutir qu'à « la victoire finale du Même ». Ricœur oppose alors à la médiation hégélienne une médiation inachevée, imparfaite, utilisant pour la décrire la métaphore du « déploiement arborescent », où la différence ne cesse de prévaloir sur l'identité, et celle de la « structure feuilletée », qui fait échapper la reprise du passé à la linéarité chronologique.

À l'instar de Ricœur, Italo Calvino a recours à l'image de l'arborescence végétale pour saisir « le secret de la durée ». Observant les édifices multiséculaires de Kyoto, Calvino constate que la caducité des parties met précisément en relief l'ancienneté de l'ensemble. Ce qui subsiste, « c'est la forme idéale de l'édifice », « la dimension du temps continu, unique, infini », qui ont besoin de leur contraire pour persister. Le temple de bois de Kyoto demeure à travers la destruction et le renouvellement continus d'éléments périssables, et c'est parce qu'il répète d'innombrables fois son message que l'arbre impose et perpétue « sa structure essentielle », grâce à la redondance foisonnante de ses éléments (1984 : 92 et 121). Ainsi la répétition apparaît-elle comme la condition du devenir d'une forme et de sa transmission.

« Un événement n'est pas seulement capable de se produire : il peut aussi se reproduire, ou se répéter : le soleil se lève tous les jours. » Ce constat a conduit Genette à examiner les formes que peut prendre la répétition dans un texte narratif. On ne cherchera pas à déterminer ici s'il est de la nature de l'*événement*, ou de celle du *fait*, de se répéter. Genette rend cette distinction inutile en postulant que la répétition n'est qu'une « construction de l'esprit, qui élimine de chaque occurrence tout ce qui lui appartient en propre pour n'en conserver que ce qu'elle partage avec toutes les autres de la même classe » (1972 : 145). Aussi nous invite-t-il à considérer « l'identité et donc la répétition » comme des « faits d'abstraction » : des « événements identiques » ne le sont que parce qu'ils sont « considérés dans leur seule ressemblance ».

D'une façon similaire, un énoncé narratif peut être reproduit, répété une ou plusieurs fois dans le même texte : « rien ne m'empêche de dire ou d'écrire : Pierre est venu hier soir, Pierre est venu hier soir, Pierre est venu hier soir ». Comme le note Genette (*op. cit.* : 146), aucune de ces trois occurrences ne peut être tenue pour identique aux autres : elles diffèrent « matériellement (phoniquement et graphiquement ») et « idéalement », du seul fait « de leur co-présence et de leur succession qui diversifie ces trois énoncés en un premier, un suivant et un dernier ».

Entre la répétition « des événements narrés (de l'histoire) » et celle « des énoncés narratifs (du récit) » s'établit un système de relations que Genette a ramené à quatre types possibles : raconter une fois ce qui s'est passé une fois (récit singulatif), raconter *n* fois ce qui s'est passé *n* fois (récit anaphorique), raconter *n* fois ce qui s'est passé une fois (récit répétitif), raconter une fois ce qui s'est passé *n* fois (récit itératif). Parmi ces types, seuls les récits anaphorique et répétitif déterminent une répétition textuelle. Quelles sont donc les réalisations concrètes de ces catégories virtuelles ? Pour la première, Genette ne proposait aucun exemple littéraire, signalant simplement son rattachement au type singulatif, puisque les répétitions du récit y correspondent à des « répétitions de l'histoire » (*ibid.*). De la seconde, il rappelait que les textes modernes l'utilisent parfois, avec des variantes stylistiques (variations de point de vue dans *le Bruit et la fureur*) ou en multipliant les répétitions littérales (récurrences d'épisodes dans *la Jalousie*). Efficaces, les distinctions genettiennes ouvrent toutefois une série d'interrogations. En quoi consistent les « répétitions de l'histoire » ? Comment les répétitions littérales manifestent-elles la récurrence des événements narrés ? Quel est le rôle de répétitions textuelles qui ne correspondent ni à une récurrence d'événement ni à une variation du point de vue ou de la voix ? Quelle représentation de l'Histoire ces répétitions mettent-elles en jeu ? C'est à l'organisation de ces reprises textuelles dans le récit que sera consacrée la dernière partie de notre étude.

CHAPITRE 1

La répétition, puissance du langage

Quand Deleuze affirme, dans *Différence et répétition* (1968 : 373), « la répétition est la puissance du langage », qu'entend-il par le terme de « langage » ? S'agit-il de l'aptitude à communiquer au moyen d'un système de signes vocaux, capacité habituellement reconnue comme spécifique à l'espèce humaine ? Englobe-t-il sous ce nom les différentes réalisations, par une communauté linguistique aussi bien que par un locuteur particulier, de ce système abstrait qu'est la langue ? Sous sa plume, le mot est employé pour désigner des activités multiples : la production littéraire dans son ensemble (et plus particulièrement « la Poésie », ou « la manière romanesque », avec les exemples privilégiés de Mallarmé, de Péguy ou de Roussel), la création picturale (Warhol), la musique moderne (Berg) — domaines divers, reliés par leur appartenance commune à une même pratique, que Deleuze nomme « l'art ».

De fait, son analyse s'applique à un objet complexe et polymorphe. Ce ne sont pas seulement les systèmes de signes linguistiques (vocaux ou graphiques) qui manifestent la répétition, mais l'ensemble des systèmes de représentation. La répétition est donc bien du domaine du langage, et non de la langue, qu'elle soit conçue comme modèle universel et abstrait, ou à travers ses manifestations particulières et concrètes.

1. La différence dans la langue

La répétition ne fait pas partie, *a priori*, des notions ou des faits qu'un linguiste se donne à étudier [1], puisque dans son objet de

1. Dubois (1973), Mounin (1974), Ducrot et Todorov (1972) puis Ducrot et Schaeffer (1995) n'ont pas offert d'entrée à ce terme dans leurs dictionnaires de linguistique.

prédilection, la langue, « il n'y a que des différences », ainsi que l'a observé Saussure (1916 : 166). Pour Saussure, en effet, la différence est précisément ce qui constitue la langue en système. Servant de relais entre la pensée et le son, la langue permet leur union et implique, ce faisant, la délimitation d'unités. Idées et sons ne sont pas des « entités circonscrites d'avance ». Au dire du linguiste genevois, la pensée n'est, avant l'apparition de la langue, qu'une « masse amorphe et indistincte », « une nébuleuse où rien n'est nécessairement délimité ». Dans ce « royaume flottant », il est impossible de distinguer deux idées « d'une façon claire et constante », puisqu'il n'existe précisément pas d'idées préétablies. Il en va de même pour les sons : la substance phonique n'a rien d'un « moule » dont la pensée épouserait les formes, elle est comparable à une « matière plastique », que la langue divise en parties distinctes « pour fournir les signifiants dont la pensée a besoin ».

Aussi la langue agit-elle comme un principe différentiel : elle réunit deux objets distincts qui ont en commun leur caractère « amorphe », « chaotique », indifférencié, dans lesquels elle introduit des « divisions ». Ce sont les phonèmes et les concepts, entités « purement différentielles », qui appartiennent à un système « dont tous les termes sont solidaires ». Celui-ci fonctionne de telle façon que la valeur de l'une de ces unités ne peut être définie isolément, et ne résulte que de la présence simultanée des autres, auxquelles elle s'oppose. C'est par leur rapport avec l'ensemble des termes du système que les sons, les concepts, puis les signes, sont définis, ce qui leur confère comme principale caractéristique « d'être ce que les autres ne sont pas ». Pour Saussure, la valeur d'une unité se définit toujours selon cette logique combinatoire, et « même en dehors de la langue », toutes les valeurs sont constituées :

> 1° par une chose *dissemblable* susceptible d'être *échangée* contre celle dont la valeur est à déterminer ;
> 2° par des choses *similaires* qu'on peut *comparer* avec celle dont la valeur est en cause. (*op. cit.* : 159)

Ainsi, selon Saussure, un mot peut être échangé contre quelque chose de dissemblable (une idée), et il peut être comparé à quelque chose de même nature (un autre mot). La valeur d'un mot n'équivaut pas à un contenu donné, à une charge sémantique stable. Dans une série de parasynonymes, par exemple, un terme tire sa valeur de l'opposition significative qu'il entretient avec les autres :

connotations, associations paradigmatiques, distributions syntaxiques spécifiques, etc. L'identité d'un élément ne se saisit donc que dans son rapport au système tout entier. Elle se conçoit nécessairement sur fond de ressemblance (entre unités de même nature) et de dissemblance (entre unités d'un ordre différent).

1.1. La différence sur fond de ressemblance

Dans la langue, la différence est première, mais elle est indissociable de la ressemblance. C'est l'articulation de ces deux principes qui permet, par réciprocité, de définir les unités constitutives de la langue. Greimas insiste sur la nécessité de concevoir la différence en relation avec la ressemblance. De cette façon seulement peut être comprise la structure de la *signification*, entendue comme la production (et la saisie) du sens :

> La saisie intuitive de la différence [...] constitue, pour la tradition sémiotique depuis Saussure, la première condition de l'apparition du sens. Toutefois, la différence ne peut être reconnue que sur un fond de ressemblance qui lui sert de support. Ainsi, c'est en postulant que différence et ressemblance sont des relations [...] susceptibles d'être réunies et formulées en une catégorie propre, celle de *altérité / identité,* qu'on peut construire, comme un modèle logique, la structure élémentaire de la signification [2].

L'apparition du sens dépend de la saisie préalable d'une différence et d'une ressemblance entre plusieurs termes. La *distinction* établit la différence, tandis que dans le processus d'*identification* seront reconnus le trait ou l'ensemble de traits qu'ont en commun deux ou plusieurs éléments. Ces opérations ne s'appliquent donc qu'à des entités préalablement distinctes, et qui le demeurent une fois l'opération effectuée.

On voit bien que la ressemblance et la différence, pensées l'une par rapport à l'autre, sont ici toujours rapportées à l'identique. La ressemblance présuppose la différence comme la différence présuppose la ressemblance. Si l'on peut dire de deux objets qu'ils se ressemblent en quelque chose, c'est parce qu'ils diffèrent en quelque autre chose. Réciproquement, une différence ne sera repérée qu'entre des êtres ou des objets qui se ressemblent à un

2. 1979 : art. DIFFÉRENCE. Voir aussi l'article RESSEMBLANCE, où l'altérité est posée comme préexistante. C'est la saisie concomitante de l'une et de l'autre qui est la condition de l'apparition du sens.

autre égard. C'est en se référant explicitement à la catégorie aristotélicienne de l'identique que Greimas définit ces deux notions.

Nous verrons que la différence peut être pensée selon un autre modèle, qui ne lui donne pas l'identique pour unique horizon. Il convient simplement de constater, dans un premier temps, que la différence et la ressemblance fonctionnent, au niveau de la langue, comme des principes constitutifs qui, lui donnant sa cohérence, permettent l'émergence et la perception d'un sens.

Pour ce qui est de la *répétition*, les dictionnaires de linguistique (par exemple Dubois, 1973) en discernent, dans le domaine de la langue toujours, des manifestations de divers types, qui s'appliquent au signifiant — *redondance, réduplication*, *redoublement*, *récursivité* — comme au signifié — valeur aspectuelle de l'*itératif*. Le *redoublement* affecte, à des fins expressives, soit un mot entier soit un ou plusieurs de ses éléments, par exemple dans les intensifs (« très, très petit ») ou dans les hypocoristiques (« mémère », « pépère »). Il ne s'agit pas là d'une figure du discours mais d'un processus de répétition fonctionnant dans la langue : le terme obtenu par redoublement devient une unité lexicalisée, inscrite dans le vocabulaire, et, comme telle, partie des données linguistiques que le discours utilise. Il en va de même pour la *réduplication*, qui forme un nouveau mot par le redoublement complet d'un autre (en latin, *jamjam* et *quisquis*). On nomme enfin *récursivité* cette propriété inhérente à certaines règles de la grammaire générative qui, susceptibles de se répéter indéfiniment, autorisent ainsi l'engendrement d'une quantité indéfinie de phrases : par exemple, l'enchâssement de propositions subordonnées relatives, ou la construction en chaîne de groupes prépositionnels.

Ces formes de répétition sont repérables dans la langue, et par conséquent dans le langage (dont la langue n'est qu'une des représentations possibles). Il en va autrement des multiples manifestations de la répétition telles que la rhétorique les recense. Elles agissent alors au niveau, non point du système linguistique, mais de la seule « parole » ou du discours (compris comme actualisation particulière des structures de langue). La notion de *redondance* occupe dans ce schéma une place originale, dans la mesure où elle a été conçue tantôt comme un phénomène propre à la langue, tantôt comme une figure du discours.

1.2. Entre langue et langage : la redondance

Ce terme a d'abord appartenu au vocabulaire de la rhétorique. Dans cet environnement, il désigne aujourd'hui une figure de style qui consiste en la répétition, dans la même phrase ou dans deux phrases proches, d'une idée à laquelle on souhaite conférer plus de force. La redondance peut s'accomplir dans les mêmes termes (*homéologie*) ou dans des termes différents (*macrologie*). Elle est justifiée par la nécessité d'insister sur une idée, par exemple pour en souligner l'étrangeté. Les rhétoriciens furent parfois plus sévères à l'égard de ce qu'ils considéraient comme un excès d'ornement, assimilé à la grandiloquence, au baroquisme ou au verbiage. Pour Fontanier, « redondance, pléonasme vicieux ou périssologie, c'est tout la même chose » (1830 : 302).

Dans la théorie de la communication, ce nom désigne le surplus d'information : tout signe inutile à la compréhension d'un message est dit redondant. N'apportant pas d'information, il affaiblit l'efficacité du processus de transfert d'un message en augmentant l'écart entre la quantité d'information effectivement donnée et celle, maximale, qui pouvait l'être. Il nuit donc à l'économie de ce transfert. Dans un système de signes (sonores, gestuels, graphiques...) permettant la construction d'un message, chaque signe doit avoir une probabilité d'occurrence égale à celle des autres pour que la capacité totale de ce système soit réalisée. Au contraire, si la fréquence des signes est inégale, non-équiprobable, l'efficacité du système est réduite, sa capacité théorique (c'est-à-dire la quantité d'information qu'il peut transmettre), n'est pas réalisée. Il y a perte d'information. La diminution de la quantité d'information transmise résulte directement de la répétition de certains signes.

Pourtant, cette redondance permet l'émission d'une information supplémentaire, et compense la perte d'information dans la mesure où elle aide à la perception du message transmis. Le processus de transmission peut en effet être troublé par des causes extérieures au code lui-même. La redondance est alors indispensable pour reconstituer le message altéré par un « bruit » (par exemple, dans la communication linguistique : canal de transmission défectueux, inattention, colère, bruit au sens propre, etc.). La redondance peut donc être un élément positif dans la transmission d'un message.

De plus, cette redondance dépend de contraintes inhérentes au code : le nombre de signes peut être restreint, et les règles de leur combinaison peuvent augmenter la probabilité d'apparition de tel signe ou diminuer celle de tel autre. Dans un système non redondant, tel que le système de numération, tous les signes ont la même probabilité d'apparition, parce que le code utilise toutes les combinaisons possibles des dix chiffres qui le composent. Tous les signes du code numérique ont donc un maximum d'imprévisibilité. Aussi sera-t-il impossible de restituer, dans un nombre, le chiffre altéré. Dans un système redondant, au contraire, tel que le code linguistique, on peut fréquemment rétablir la lettre ou le phonème absents. La *lectio difficilior* des clercs médiévaux utilisait ce principe pour effectuer l'établissement des manuscrits incertains.

La redondance linguistique dépend essentiellement des structures phonétiques, morphologiques, syntaxiques. De même que les phonèmes n'ont pas tous la même fréquence et qu'ils apparaissent en des séquences contraintes, de même, au niveau morpho-syntaxique, et particulièrement dans le code écrit, les marques du nombre et du genre se distribuent selon un principe de redondance qui permet, le cas échéant, la reconstitution d'un message altéré.

Mais il faut peut-être reconnaître à la redondance une autre fonction. Guiraud a vu en elle « la condition du style » (1967 : 164). C'est parce qu'elle introduit dans un système la prévision et le calcul, aussi bien que le superflu et l'inutile, qu'elle le rend capable d'évolution et de variation. L'utilisateur de ce code est libre de préférer la redondance (par exemple, dans un télégramme, *nous arriverons demain*, plutôt que *arriverons demain*), grâce à laquelle il existe plusieurs façons de « dire la même chose ». Un code non redondant ne permet pas cette « variation individuelle ». De manière surprenante, c'est donc le choix d'une répétition *a priori* gratuite, non nécessaire, qui se trouve selon Guiraud à l'origine même du « style », et qui permet cet écart délibéré, cette affirmation de la différence constitutive de la liberté de l'individu.

Alors qu'un système non redondant demeure « figé et immuable », à moins qu'on lui ajoute de nouveaux signes, le code linguistique permet au locuteur de faire face à des situations non prévues, grâce aux « latitudes d'emplois du système ». La redondance « est l'espace d'une liberté qui engendre les nouveaux signes, qui instaure les nouvelles conventions et permet l'adaptation de la langue et son évolution » (Guiraud, *ibid.*). Loin d'en tenter une fixation définitive et immuable, la répétition est au contraire orientée vers le devenir du code, dont elle assure la survie parce qu'elle le rend apte au changement. De plus, elle apparaît comme la condition de l'acte créateur individuel, puisqu'elle est à l'origine de la naissance du « style » au sein du système abstrait et collectif qu'est la langue. Ainsi retournée, la répétition devient la condition même de son contraire.

Cependant, pour Guiraud, elle demeure malgré tout une menace. Plus une langue est redondante, plus les variations et les écarts seront nombreux. Ainsi, une langue internationale, fortement exposée à toutes sortes de bruits qui font obstacle à l'information (par exemple les « habitudes » articulatoires, lexicales, syntaxiques des locuteurs qui l'utilisent), aura besoin d'un grande redondance pour compenser cette perte d'information. Mais c'est précisément cette redondance qui intervient comme un facteur d'altération, dans la mesure où elle permet la constitution et l'action de « styles particuliers » sous la « pression » desquels la langue se « diversifie ».

Au total, l'appréhension de ce phénomène semble donc fort fluctuante. D'abord perçue comme un principe non nécessaire, qui réduit la capacité théorique du code linguistique, puisqu'il implique la répétition d'une information et fait obstacle à la transmission maximale autorisée par le code, la redondance est dans un second temps saluée comme ce qui permet la conservation du message en dépit des aléas du transfert. Mais la réhabilitation est de courte durée. *In fine*, la portée négative l'emporte et la redondance redevient menace : gage du bon fonctionnement du code, elle n'en est pas moins la cause probable de sa ruine. Guiraud clôt son analyse par une évocation quasi apocalyptique des méfaits de la redondance, comme s'il cédait à la charge négative de ce principe, témoignant par là même de son statut ambigu. Capable d'agir à deux niveaux différents, elle est aussi bien un principe interne à la langue que la condition de son utilisation, accomplie dans le discours. Surprenant détour, peut-être autorisé par la double appartenance du terme technique à deux lexiques différents, celui de la rhétorique et celui de la théorie de l'information, qui le lui doit. Double valeur également de ce principe, positive et enrichissante, mais aussi négative et destructrice.

2. LA RÉPÉTITION DANS LE LANGAGE

Bien qu'il s'achève sur une conclusion sinistre, ce portrait ambivalent n'en accorde pas moins à la redondance une place éminente, et un pouvoir complexe. Une égale fascination semble marquer les analyses deleuziennes, qui présentent d'emblée la répétition comme le trait prédominant du langage, dont elle serait « la puissance ». C'est dire l'importance, et le mystère, de son rôle.

Le terme même de « puissance », qui ne fait pas l'objet d'une définition plus précise (*op. cit.* : 373), autorise de ce fait la libre résonance, dans l'esprit du lecteur à tout le moins, de ses multiples acceptions. Il connote force et énergie, et peut désigner un pouvoir souverain propre au langage, qui s'exercerait sur ses utilisateurs (contraints à la répétition) aussi bien que dans ses manifestations (où la répétition serait toujours lisible). Mais ce pouvoir existe plutôt à l'état de pure disposition, en tant que possibilité inhérente au langage et qui attend son développement. Occupant une position prévalente dans la hiérarchie des traits du langage (toute autre caractéristique est d'ailleurs purement omise), il en est cette capacité originaire et interne qui doit être mise en action. C'est ici que « l'art » intervient : c'est à lui qu'il incombe de sélectionner cette « puissance » comme étant son objet « le plus haut » (*ibid.*).

Dans quel type de langage « l'art » doit-il mettre en œuvre la répétition ? Le lecteur de Deleuze est nécessairement amené à se poser cette question, bien que le terme soit pris, apparemment, dans un sens générique. La radicalité de l'affirmation fait que le postulat semble en effet concerner la totalité des manifestations langagières, qu'elles soient écrites ou orales, limitées à la simple transmission de messages ou relevant de la production esthétique. Mais c'est à l'art qu'est attribuée la faculté de faire jouer cette puissance « du langage » qui se nomme répétition. Le champ d'application est donc restreint : il est constitué de ces différents langages que sont la production littéraire, la musique ou la peinture, mais n'inclut pas les langages « ordinaires ». La délimitation délicate de ces deux domaines s'opère à l'aide de ce critère : la production artistique est le lieu de toutes les répétitions, le langage ordinaire ne l'est pas. Voici la répétition élevée à la dignité de pierre de touche : véritable preuve épistémologique, elle atteste de la qualité esthétique qu'elle a elle-même contribué à produire.

Célébrée comme un agent de la transmutation du langage, la répétition ne semble pouvoir être saisie qu'au prix de définitions successives, où elle circule à la façon d'un fil rouge ou d'un furet. Qu'est-ce que l'art, demande Deleuze ? L'art est ce qui fait jouer les répétitions. Qu'est-ce que la répétition ? La répétition est la puissance du langage. Qu'est-ce que le langage ? Le langage ordinaire est ce qui ne met pas la répétition en acte. Et le circuit des définitions se boucle sur son origine : le propre de l'art est d'activer la répétition dans le langage, qui devient figuratif.

2.1. Rhétorique

La répétition est l'une des plus odoriférantes fleurs de la rhétorique.

Queneau, *les Fleurs bleues*

ces fleurs dont nulle ne se fane...

Mallarmé

Battologie, datisme, doublon, litanie, périssologie, pléonasme, psittacisme, rabâcherie, radotage, redite, refrain, rengaine, ressassement, routine, scie, tautologie... Ces noms qui, dans des contextes variés, servent à désigner un même phénomène, témoignent tous de la connotation péjorative qui lui est le plus souvent associée. De toutes les figures de rhétorique, la répétition est peut-être celle qui suscite le plus de critiques et de recommandations. On s'accorde à saluer la puissance du procédé, mais on en fustige l'usage inconsidéré parce qu'il engendre la monotonie. C'est pourquoi la rhétorique latine définit strictement les règles d'emploi d'une répétition efficace. Cicéron préconise d'introduire, au sein même du procédé, la « variété » et la « diversité », qui préviennent l'ennui profond inspiré par la reprise maladroitement insistante de mots et d'idées identiques. Face à la répétition du même, la lassitude peut aller jusqu'au dégoût : *fastidium similitudinis* [3]. C'est donc en lui adjoignant son contraire que, paradoxalement, on préserve l'effet de la répétition.

Pour juger de la validité du procédé, l'âge classique retient le critère de « nécessité » et fait dépendre la qualité de la figure de son degré d'« utilité ». Vaugelas prescrit l'usage des répétitions « nécessaires » et met en garde contre « une autre sorte de répétition », celle qui se pratique « sans nécessité » (1647 : 414). Ce serait une « grande faute » que de ne pas user de la première, mais on ne cède à la seconde que « par pure négligence » : voilà bien ce qui la rend « vicieuse ». Toute répétition inutile est donc

3. La langue latine autorise la pratique simultanée de la répétition et de la variation : Cicéron recommande d'en utiliser toutes les ressources, comme, par exemple, la reprise d'un même terme modifié par les formes de sa flexion (*De l'orateur*, livre III, éd. « Les Belles-Lettres », pp. 193, 206, et 224).

« fautive », et c'est un véritable péché que de tomber dans cette pratique. Un tel procédé contredit en effet la belle ordonnance du discours, où sa contingence fait l'effet d'un lapsus choquant, d'un bégaiement incongru.

Il ne s'agit pas ici d'examiner la pertinence de cette opposition entre répétition nécessaire et répétition contingente, ni d'en multiplier les exemples. Remarquons simplement que l'« utilité » de la répétition s'évalue à ce qu'elle ajoute ou ôte à l'objet répété, à la différence qu'elle introduit. À l'itération fastidieuse de l'identique la répétition doit substituer une infidélité nécessaire. C'est dans l'écart instauré entre l'objet et ses nouvelles occurrences qu'elle trouve sa légitimité. La réduplication n'est pas imitation, mais transformation.

À vrai dire, les définitions de la rhétorique tendent à situer cette modification dans l'effet produit plutôt que dans la nature intrinsèque du procédé. Pour Fontanier, la *répétition* consiste à « employer plusieurs fois les mêmes termes ou le même tour, soit pour le simple ornement du discours, soit pour une expression plus forte et plus énergique de la passion » (1830 : 329-332). La figure procède bien par réitération de l'identique : les mots ou les expressions répétés ne subissent aucune transformation. Mais la valeur de la répétition se mesure à la qualité de la modification qu'elle fait porter sur l'« expression », dont elle doit accroître l'intensité. La répétition des mots sert ainsi la manifestation des idées et des sentiments, grâce au surplus de charge émotive produit par l'insistance sonore, le matériau sensible des sons constituant un relais nécessaire à la traduction de la pensée. À l'horizon de ces définitions se reconnaît la bi-partition entre langage et pensée, qui fait du premier le support concret d'idées préexistantes.

Ainsi la rhétorique soumet-elle la répétition à une expertise minutieuse, qui mesure la « nécessité » de la figure à la qualité des modifications apportées. Fontanier situe cette différence dans l'« énergie » plus grande conférée au mot (« d'un intérêt plus marqué ») ou à l'idée qui, sinon, « eût été moins saillante ». Dumarsais utilisait le même principe pour distinguer lui aussi deux types de répétition. La *figure de mots* ne retient pas son attention, car elle n'est que réitération : les mots y conservent « leur signification propre » (1730 : 329 et 68). En revanche, il concède quelque intérêt (et consacre quelques lignes) à la répétition quand elle devient *figure de pensée*. Elle doit pour cela permettre le passage « comme par degrés d'une idée à une autre [4] ». Dans les deux cas, la répétition n'est pas un trope puisque le sens du mot demeure inchangé. La figure se voit cependant investie d'une haute tâche : aux yeux de Dumarsais, le passage d'une idée à une autre est une véritable « élévation ».

On sait quelle polémique suscita la classification des figures et des tropes. En 1730, Dumarsais répartit les figures en deux catégories distinctes, les tropes et les non-tropes. Les tropes retiendront seuls son attention. Ils concernent l'unité réduite qu'est le mot, et se caractérisent par le changement de sens qu'ils lui font subir. Les non-tropes sont aussi des figures mais leur champ d'application s'étend à la phrase et au discours, sans impliquer aucune altération du signifié. Telle est la répétition, que Dumarsais exclut pour elle-même de son domaine d'étude. Or, quand il publie en 1818 son *Commentaire* des *Tropes* de Dumarsais, Fontanier entend substituer à la position du lexicologue sémanticien celle du stylisticien, dont l'objet est l'ensemble des figures du discours. À ses yeux, la répétition est également un non-trope, qui n'apporte pas de modification au sens des mots. Mais il en élargit l'application, la repérant aussi bien au niveau du mot qu'à l'échelle d'un énoncé complet. Il s'agit là d'une figure du discours, en ce qu'elle procède par *substitution* d'éléments : dans la progression linéaire de l'énoncé, la répétition remplace l'unité attendue par la reprise d'une unité antécédente. Contrevenant à la règle de successivité progressive d'une série *a, b, c, d,* etc., elle substitue par exemple à l'élément *e* l'élément *b* ou *c*, interrompant la progrédience naturelle (ou supposée telle) du discours. On se rappelle les réticences de Vaugelas face à toute répétition inutile. C'est bien parce qu'elle rompt l'ordre naturel du discours que la répétition peut être qualifiée de « vicieuse », et que le datisme, qui consiste en un abus de la synonymie, doit être évité. Piétinement indu, non-mouvement, la répétition mal employée est une atteinte à la logique naturelle du discours.

Quoi qu'il en soit de leurs divergences, Dumarsais et Fontanier s'accordent cependant sur un point. C'est bien la transformation qu'elle accomplit, qui donne à la répétition son intérêt, en la

4. Un seul exemple en est fourni : « *aux discours il ajoutait les prières, aux prières les soumissions, aux soumissions les promesses,* etc. ». (*ibid.*).

sauvant du ressassement inutile. Voltaire lui-même se fondait sur ce principe pour déconseiller le recours à toute répétition qui « n'enchérit pas ». En effet, cette répétition-là, qui n'apporte rien, « affaiblit l'idée » qu'elle réitère au lieu d'en accroître la puissance. Elle se réduit à une simple redite, à la plate reprise de l'identique. Voilà, selon lui, une bonne raison de regretter dans l'œuvre homérique « cette répétition continuelle de combats qui se ressemblent tous » (*Candide,* chap. 25). Ainsi, quand elle n'ajoute rien, la répétition enlève. Elle doit enrichir, augmenter, modifier, sous peine d'appauvrir, d'affaiblir ou d'annuler. C'est toujours à l'aune des modifications accomplies que la répétition est appréciée. Pourtant, si on lui reconnaît le pouvoir de provoquer la métamorphose, le procédé n'en est pas moins défini comme la reprise du même. La différence n'est pas inhérente au processus de la répétition. Elle n'advient pas dans l'acte, mais dans son effet, qu'il s'agisse de l'intensité de l'expression ou de l'enchaînement des idées.

La puissance différenciante de cette figure est ainsi valorisée, puisqu'elle la légitime en la rendant nécessaire. Mais elle se voit en même temps reléguée au rang de supplément, d'ajout survenant lorsque la figure est bien employée. En son principe, la répétition n'est pas supposée contenir ni exercer ce pouvoir. La différence est célébrée comme un *terminus ad quem,* une finalité heureuse, que seul autorise un *bon usage* des figures, tout aussi savant que providentiel. L'étrange statut de cette figure, toujours conçue sur fond de différence, toujours liée à ce qui dans le même temps la contredit, la menace et la permet en la justifiant, nous incite à considérer de plus près la manière selon laquelle ces deux procès opposés peuvent se concilier et jouer ensemble. Souvent saluée comme la plus puissante de toutes les figures de rhétorique, la *répétition* se pratique sous tant d'« aspects différents » qu'un Fontanier avouait renoncer d'emblée à en dresser l'ennuyeux catalogue (*op. cit.* : 329). Nous ne connaîtrons pas de tels vertiges, puisque ce n'est pas sur l'art oratoire ni sur ses outils ou ornements que se porte notre attention [5].

---

5. Dans son ouvrage sur *la Répétition, étude linguistique et rhétorique* (1985), Madeleine Frédéric a fait l'examen d'un ensemble de traités, de l'Antiquité au XIXe siècle. Elle a constaté que la figure de répétition, auréolée d'un certain prestige jusqu'au XVIe siècle, suscitait ensuite les réserves des auteurs de l'âge classique (par un effet du discrédit dans lequel les figures en général furent alors parfois

2.2. Discours

Dans le champ du discours, la répétition peut naturellement intervenir à titre de procédé incident. On y rencontrera des répétitions de formes, de contenus, de structures : lettre, syllabe, mot, syntagme, phrase, paragraphe ou séquence plus étendue, même thème pouvant faire l'objet d'une reprise de type macrostructural [6], etc. Mais, à la différence d'une figure de répétition telle que l'anaphore par exemple, la répétition littérale d'un énoncé discursif doit s'entendre comme le redoublement d'un acte énonciatif. Quand Claude Simon reprend à la fin de *l'Acacia* (1989) le début d'un roman écrit plus de vingt ans auparavant, *Histoire* (1967), il ne poursuit pas le même acte d'énonciation, il le reproduit. Ce nouvel acte n'engendre pas seulement du répété, il sous-entend un « déjà dit ». Il en va de même quand Robbe-Grillet réécrit à l'identique un paragraphe de *la Maison de rendez-vous* à quelques pages d'intervalle. On fera difficilement correspondre, au contraire, les multiples segments d'une anaphore à de multiples actes d'énonciation [7]. Ce sont ces modalités du *redire* qui, sous certaines conditions, font de la répétition un instrument favorisant la réception d'une forme et sa perpétuation. Avant d'en aborder l'étude dans les œuvres des quelques écrivains français du XXe

---

tenues) puis de ceux du XIXe siècle. En outre, un interdit a été jeté sur certaines formes de répétition telles que la tautologie ou le pléonasme, considérées par presque tous comme des défauts de style. Pour une analyse du classement des figures de répétition par la rhétorique traditionnelle (place occupée dans l'énoncé, modalités, étendue, nature des éléments concernés), nous renvoyons à la première partie de cet ouvrage (*op. cit.* : 3-80).

6. Au sens où l'entend Molinié, qui distingue trois sortes de répétition dans son *Dictionnaire de rhétorique* (1992). La figure microstructurale se présente sous deux formes : reprise d'un « ensemble expressif » référant au même objet (*ma tête ! ma tête !*) et n'indiquant « qu'une fois le même sens » ; ou reprise créant un effet de sens « qui n'équivaut à aucune des occurrences particulières » du segment répété (procédé que Molinié nomme *refrain*). La troisième classe déborde le cadre originairement microstructural de la figure et consiste en la reprise d'éléments thématiques.

7. En ce sens, il s'agira plutôt pour nous d'étudier un acte de répétition et non une simple récurrence d'énoncés. Cet acte n'est guère différent de celui qu'accomplit le conférencier imaginé par Saussure : la répétition à plusieurs reprises du mot « Messieurs ! » est à chaque fois « un nouvel acte phonique et un nouvel acte psychologique » (*Cours de linguistique générale*, *op. cit.* : 152). La réécriture s'apparente à ce recommencement ; tout comme l'interpellatif saussurien, elle suppose d'ailleurs un destinataire à chaque fois sollicité, le lecteur.

siècle qui lui ont fait une place exceptionnelle, rappelons à quels enjeux théoriques se confronte cette pratique.

2.2.1. Tradition et transmission

« Quand nous disons tradition, nous pensons identité sans différence » : Lyotard (1979 : 66) nous invite à modifier ce point de vue. Le rapport de la tradition au temps n'est pas un rapport de conservation, qui se fonderait sur une transmission figée et monotone, réduite à la réitération de stéréotypes. Prenant l'exemple de récits indiens du Brésil ou du Pérou — étudiés par André Marcel D'Ans dans le *Dit des vrais hommes* —, Lyotard s'attache au fait que la transmission orale transforme le narrateur en relais d'un récit dont il a d'abord été le narrataire. Le narrateur s'inscrit dans la chaîne de ses prédécesseurs en abdiquant d'abord toute autonomie, effaçant son propre nom ainsi que celui du conteur qui l'a précédé dans l'acte de transmission. Mais, si la trame narrative demeure, des modifications interviennent (épisodes nouveaux, jeux de mots, mimes, inventions rhétoriques, etc.) de telle sorte que « les récits se répètent mais ne sont jamais identiques ». Cette part laissée à l'invention est spécifique aux récits « profanes », alors que les récits « sacrés » sont marqués par la fixité de leur transmission.

Répétition et variation

L'importance des variations dans la transmission orale des récits populaires n'est pas à proprement parler une découverte, et l'on peut s'étonner que Lyotard reproche à l'anthropologie structuraliste en général, et à Lévi-Strauss en particulier, d'avoir « éludé » cette question. Posant comme principe qu'un mythe « se compose de l'ensemble de ses variantes » (1958 : 240), Lévi-Strauss exige précisément de l'analyse structurale qu'elle les prenne toutes en considération. Recenser les versions connues du mythe d'Œdipe sera le premier travail de l'anthropologue. On sait que, pour Lévi-Strauss, les commentaires de Freud sur le complexe d'Œdipe font partie intégrante du mythe et que l'anthropologue ne saurait décider de l'exclusion d'une variante ou en privilégier une autre en invoquant un prétendu degré d'authenticité, puisqu'il « n'existe pas de version "vraie" dont toutes les autres seraient des copies ou des échos déformés » (*op. cit.* : 240). Dans la mesure où toutes les versions appartiennent au mythe, et où, réciproquement, le mythe est constitué de la totalité de ses variantes, il devient inutile d'en rechercher la version « authentique » ou « primitive ».

Il est vrai que cette recherche de l'origine se voit rapidement congédiée, Lévi-Strauss se réjouissant de constater que la méthode structurale « débarrasse » les études mythologiques d'un de leurs principaux obstacles. De plus, la recension exhaustive des variantes d'un mythe se heurte au problème de leur identification, toutes les versions n'étant pas forcément connues. Lévi-Strauss évoque cette difficulté, mais pour la réduire aussitôt, laissant à « l'expérience » le soin d'établir l'ordre de grandeur approximatif du nombre de versions, lequel, fort heureusement, « ne saurait être très élevé ». Une démonstration analogique vient clore la question : si nous devions connaître le mobilier d'une chambre par le seul moyen de miroirs obliques disposés sur les murs, il nous suffirait de quatre ou cinq images pour, sinon « nous procurer une information totale », du moins « nous assurer qu'aucun meuble important n'a pu rester inaperçu ». Puisque l'exhaustivité est impossible, elle ne sera pas un impératif. Ce qui importe, c'est de recueillir l'ensemble des versions connues, parmi lesquelles figurent nécessairement les plus éminentes [8].

Voilà donc un deuxième obstacle supprimé. L'anthropologie structurale n'a pas pour tâche d'isoler un hypothétique état originel du mythe, elle n'est pas davantage concernée par l'identification de ses différentes reprises. Existe-t-il une *première fois,* une occurrence *n* unique et originelle, que l'analyse pourrait isoler comme le *terminus a quo* de la répétition ? Comment distinguer et quantifier les réitérations *n', n''*... de cet objet primitif ? La méconnaissance d'une réitération invalide-t-elle l'analyse de

8. À Raymond Bellour, qui situe l'un des problèmes intrinsèques à l'analyse extensive du mythe dans le fait qu'il « s'invente en se racontant et se transforme en croyant se répéter », Lévi-Strauss rétorque qu'un mythe « suffisamment long contient souvent l'ensemble de ses variantes, sous forme de segments donnés en succession, mais en fait superposables à la manière de la forme musicale dite : thème et variations ». Dans le domaine musical en effet, l'analyse du thème, si elle s'appuie sur celle des diverses variations, n'implique pas que lesdites variations soient saisies dans leur intégralité : par exemple, le troisième acte de *Parsifal* étant une variante du même acte des *Maîtres chanteurs,* l'analyse de cet opéra « eût dû attendre que *Parsifal* fût écrit, et celle de *Parsifal* restera à jamais incomplète du fait que nous ne connaîtrons jamais l'opéra que Wagner aurait écrit ensuite ». Cette limite obligée autorise Lévi-Strauss à balayer ces difficultés, qui sont « moins grandes » qu'il ne semble (1972 : 168).

l'ensemble des occurrences connues ? Autant de questions auxquelles il importe peu de donner une réponse. La raison d'être des variantes, qui préoccupe tant Lyotard, n'est pas l'objet de l'analyse structurale. C'est le « progrès » des études mythologiques qu'il faut assurer, fût-ce au prix d'une contradiction. Alors qu'il insistait sur la nécessité de prendre en compte « au même titre » chacune des versions du mythe, Lévi-Strauss en est ainsi réduit à affirmer que les plus importantes se trouvent nécessairement parmi celles que nous connaissons, car elles n'ont pu demeurer inaperçues. Providentielle présence, qui se déduit de leur simple identification. C'est parce qu'elles sont manifestes que ces variantes sont les plus « importantes » (et inversement), comme si leur seule perception permettait d'induire leur qualité. Après avoir proscrit le classement des variantes au nom du critère d'« authenticité », Lévi-Strauss rend donc à nouveau possible leur hiérarchisation, puisque certaines versions se voient opportunément dotées d'une qualité supérieure.

On comprend mieux l'insatisfaction de Lyotard. Ce qu'il perçoit comme « le problème des variantes » n'en est assurément jamais un pour la méthode structurale, dont on sait d'ailleurs qu'elle privilégie l'étude des correspondances plutôt que le pourquoi des différences. Comme l'écrit Lévi-Strauss,

> l'expérience prouve que les écarts différentiels, qu'on ne manquera pas d'observer, offrent entre eux des corrélations significatives qui permettent de soumettre leur ensemble à des opérations logiques, par simplifications successives, et d'aboutir finalement à la loi structurale du mythe considéré. (*ibid.*)

Il s'agit bien là, avant tout, de repérer les invariants structuraux constitutifs du mythe. Aussi l'absence d'un motif dans certaines versions (par exemple, le suicide de Jocaste, non manifesté dans les variantes homériques du mythe d'Œdipe) ne constitue-t-il pas en soi un « problème », dans la mesure où cette absence n'altère pas la structure profonde. Inversement, la reprise des motifs aura pour fonction principale de faire apparaître ladite structure. Dans la littérature orale en général, la répétition d'une même séquence se voit investie d'une tâche propre : « rendre manifeste la structure du mythe ». Variantes et redites sont donc rapportées à une identité commune et unique dont elles assurent la conservation et la transmission.

C'est sur ce point peut-être que, pour Lyotard, le différend intervient. Son attention se porte sur ce qui, dans la répétition, s'oublie. Alors que, d'après lui, la tradition est conçue en Occident comme une conservation, une acquisition, une accumulation de contenus, la technique de transmission des récits indiens lui paraît procéder d'un principe inverse. Cette tradition-là n'accumule rien. Elle ne recherche pas la conservation des contenus ni l'oubli du temps. Elle atteste au contraire du phénomène suivant : c'est « parce qu'on les oublie tout le temps » qu'il faut « tout le temps répéter les récits » (*op. cit.* : 68). Ce qui se manifeste dans la répétition, c'est avant tout la récurrence de l'oubli, et la forme du temps. Un même principe est à l'œuvre dans les mythes, les récits populaires, la littérature orale ou les musiques « répétitives » de compositeurs contemporains tels que Cage. La force de ces différentes pratiques réside en ceci qu'elles

> font oublier ce qui se répète, et elles permettent de ne pas oublier le temps comme battement sur place. [...] ce qu'on n'oublie pas, c'est précisément ce battement temporel qui ne cesse d'expédier ces récits à l'oubli. (*op. cit.* : 67-68)

Le changement d'optique est perceptible. Au coeur de la transmission Lyotard discerne la perte et la disparition. Si la répétition est une forme de l'éternel retour celui-ci ne saurait consister en l'univoque et paisible reprise de l'identique. Ce qui revient dans la répétition, c'est précisément son défaut. L'origine y est exhibée comme un manque. Nous retrouvons ici l'analyse deleuzienne, selon laquelle l'essence de la répétition est d'être toujours « manquée », dans la mesure où elle n'accomplit jamais la reprise de l'identique et du semblable, mais en *simule* le retour. Ainsi permet-elle à l'art de s'écarter de l'imitation pour devenir simulacre et représentation.

Fiction du commencement

L'approche de la répétition se fait toujours, on l'a vu, sur le mode de la déception. L'essence de la répétition est d'être « manquée », nous répète-t-on, parce qu'entre celle-ci et son objet s'institue un rapport d'infidélité nécessaire. Mais si l'on peut dire que la répétition manque son objet, c'est parce que ce qui est répété est toujours déjà une réitération. L'origine échappe à la répétition. Ce qui manque, c'est bien ce premier terme, non l'ipséité dégradée d'un objet altéré par sa réplique.

À propos des contes « païens », ou des récits homériques, Lyotard postule qu'ils « n'ont pas d'origine » et qu'ils « traitent les origines en termes d'histoires, qui à leur tour présupposent d'autres histoires, lesquelles présupposent les premières » (*op. cit.* : 77). Un tel circuit ne connaît pas de terme. Voué à la transmission continuée de ce qui se perd sans cesse, il construit son propre commencement à travers la reproduction fantasmée d'un premier terme absent. Pour Lyotard, la reprise de la parole a lieu parce que celle-ci est « d'une certaine façon, inaudible ». Dans l'acte de la transmission, le sujet joue le rôle de relais « par rapport à quelque chose qui lui est dit et qu'il n'a jamais fini d'entendre » (*ibid.*). Si la répétition signale une faille dans la réception du sens, qu'elle rejoue et représente indéfiniment, elle est aussi la modalité et la condition même du passage et de l'échange.

À ce titre, elle se voit douée d'une puissance comparable à celle du fantasme. Comme lui elle reproduit une origine perdue, dont il importe peu qu'elle soit mythique ou réelle. Si l'on admet, avec Freud, que l'illusion peut fort bien être la vérité du fantasme, l'identification de son origine n'a plus à prendre en compte le critère de réalité. Que les événements de la vie infantile soient un produit du fantasme ou de la réalité, les effets, dans la réalité psychique, seront les mêmes. Quelle que soit son origine, le propre du fantasme est d'être originaire : en tant que tel, il constitue le véritable *terminus* de la répétition, qu'il inaugure et perpétue.

Comment s'institue un ordre politique ? Les hommes se dotent-ils eux-mêmes de leurs propres institutions ? Est-il possible d'identifier l'instant de la fondation ? Il n'est pas dans notre intention d'apporter une réponse à ces questions : entre un corps politique et un corpus de textes littéraires, le rapport ne peut être que très approximativement analogique. Rappelons simplement que l'édification d'un ordre politique peut être référée à une institution perdue, qui en constitue le modèle mythique et fondateur : l'Atlantide du *Critias*, le règne de Chronos du *Politique.* Dans ce cas, l'ordre politique sera présenté comme la reproduction imparfaite, la *ré-pétition* de ce modèle idéal. C'est encore selon la modalité de la répétition que se pense la fondation, comme réminiscence et reprise, toujours susceptible d'une réitération. La fondation s'accomplit en quelque sorte *après coup*, comme si le délai et la médiation étaient indispensables à sa représentation et à sa légitimité.

2.2.2. *Conscience de la répétition*

La constitution d'un *corps* littéraire (une « œuvre », un « auteur ») par et pour la « postérité » implique de la part du destinataire (lecteurs, critiques, éditeurs) une visée rétrospective, qui définit et identifie *a posteriori* les conditions de possibilité de cette émergence et les modalités de sa réception. Celles-ci ne sont pas nécessairement inhérentes à l'objet, et la postérité d'un texte peut dépendre du travail rétrospectif qui lui impose sa forme et sa valeur. On connaît les difficultés soulevées par le recueil, l'établissement et l'ordonnance de certains textes, dont les différentes éditions procurent une version à chaque fois nouvelle, en accord avec les présupposés politiques, religieux, esthétiques ou moraux qui sous-tendent la méthode choisie [9].

Mais la transmission s'accomplit aussi sur le mode de la prescription, imposée par le destinateur, qui notifie l'obligation de transmettre. Reprenant l'exemple des contes oraux des indiens Cashinahua, Lyotard souligne le fait qu'un conteur qui a entendu un récit est tenu de le « re-raconter », sous peine d'être soupçonné de ne pas vouloir « partager ». L'impératif de transmission se traduit ainsi : « du moment qu'on me parle, et que j'ai été parlé [*puisqu'un nom propre m'a été attribué*], j'ai à parler » (*op. cit.* : 69), et, plus précisément, « je suis obligé comme un relais qui ne peut pas garder sa charge, qui aura à la transmettre ». Cette prescription concerne chacun des énonciateurs inscrits dans la chaîne de la transmission, dont elle permet la poursuite. Que la diffusion des récits soit orale ou écrite, l'obligation de transmettre doit être assurée par l'auteur-relais, qui la signifie explicitement ou implicitement. Elle peut s'énoncer par dénégation, au moyen d'indices offerts au déchiffrement du lecteur / auditeur. Il incombe au destinataire de savoir les décrypter.

Cette prescription par dénégation concerne au premier chef le destinataire, dont elle détermine par avance l'identification. Au moment même où il affecte de l'effacer, l'auteur choisit son lecteur, lui déniant toute réalité pour aussitôt en tracer la figure exacte. Une telle pratique est habituelle à Kierkegaard, qui place à la fin de *la Répétition* une adresse au lecteur. « À Monsieur X. véritable lecteur

---

9. Alain Cantillon (1991 : 29-37) évoque par exemple l'établissement du texte des *Pensées,* dont les multiples éditions livrent des états fort différents. La postérité de Pascal dépend de ce travail rétroactif qui modifie la figure originelle.

de ce livre » prend la forme d'une lettre, datée (« Copenhague, août 1843 »), signée (« ton dévoué *Constantin Constantius* »), et qui nomme son destinataire (« *Mon cher lecteur !* »). Elle est partie intégrante de l'ouvrage intitulé *la Répétition*, comme l'indiquent sa position, et sa signature, celle de Constantin, confident du personnage anonyme (le « jeune homme ») dont il guide et commente l'expérience. C'est donc dans la fiction, et comme fiction, que s'élabore le portrait du lecteur, à travers la relation qu'établit avec lui un personnage du livre dont il est le destinataire.

Le choix de la forme épistolaire implique nécessairement l'existence (même fictive) d'un allocutaire, et convoque de ce fait la figure encore indistincte du lecteur imaginaire, auquel Constantin va prêter peu à peu des traits qui se révéleront contradictoires. Approuvant le fait qu'un auteur choisisse d'écrire comme Clément d'Alexandrie, « de manière à être incompris des hérétiques », il reconnaît que l'art et le temps sont nécessaires pour acquérir la qualité de « bon lecteur » et que ce travail n'est plus de mise « de nos jours ». Vient alors la liste détaillée de quelques destinataires éventuels qui ont en commun la particularité de n'être pas « des lecteurs au sens propre ». Constantin congédie ces lecteurs possibles parce que leur jugement, à chaque fois différent, demeure inadéquat. De ce fait, leur réalité se trouve niée : puisqu'ils ne savent pas lire, « le livre n'aura guère de lecteurs » et, conclut Constantin, « je ne pense pas que tous ces jugements soient portés en réalité ». C'est l'incompétence du lecteur qui détermine son irréalité. Mais, après avoir postulé leur irréalité, Constantin reprend l'évocation des lecteurs potentiels, qui sont clairement identifiés (un Révérend, une faiseuse de mariages, un père de famille, ou « le commun des critiques »), tandis que le « véritable » lecteur demeure indistinct, dépourvu de traits identificatoires.

L'identification du lecteur véritable ne se fait en effet qu'*a contrario*, par opposition à ceux qui ne le sont pas. Il semble bénéficier d'une indistinction maximale, dans la mesure où Constantin lui reconnaît le statut de « personne poétique » sans le pourvoir de caractéristiques qui en permettrait la reconnaissance. Aussi devrait-il se prêter à toutes les incarnations. Silhouette à peine esquissée, il est apte, de ce fait, à supporter la multiplicité des figures potentielles qui traduisent le désir de l'auteur. Pourtant, ajoute Constantin à l'intention de ce lecteur fictif, « tu n'es en aucune façon plusieurs êtres pour moi, mais un seul » (*op. cit.* : 169). C'est sous la forme de l'unicité et de l'exception que

Constantin pose son lecteur. Or on sait que pour Kierkegaard, si l'exception s'oppose au général et le combat, cette lutte est aussi le moyen pour l'exception de penser le général et de se penser elle-même, afin d'être « réconciliée dans le général ». Le lecteur est saisi sous les formes du général (« M. X ») et du particulier (« mon cher lecteur »), sous celles de la diversité (tous les faux lecteurs sont inclus dans la fiction du lecteur « véritable ») et de l'unique (« un seul »). En tant que « personne poétique », le lecteur est le double du « jeune homme », dont on se rappelle qu'il est devenu « poète » grâce à l'expérience de la répétition. Double de Kierkegaard lui-même, il est cependant, aussi, la figure de tout lecteur possible. Lecteur virtuel posé par dénégation et exclusion, il se présente comme une somme de qualités contradictoires : unique / multiple, exceptionnel / « commun », transcendant / réel.

En dessinant cette figure contradictoire d'un lecteur virtuel et nécessaire, l'auteur programme la réception de ses écrits et rend possible la répétition. L'itérabilité de l'œuvre dépend de cette prescription, qui établit par avance la relation entre auteur et lecteur, œuvre et spectateur, production et réception. Ce double travail de dénégation / affirmation se lit aussi dans la signature de l'œuvre. La disparition du nom caractérise la transmission orale des mythes et des contes populaires, dont les énonciateurs successifs revendiquent l'anonymat pour mieux s'afficher comme pur relais. Mais cet effacement affecté n'interdit pas l'insistant retour d'indices contraires, qui sollicitent et autorisent la lecture du nom sous les voiles divers du pseudonyme, du surnom totémique, ou de l'énonciation subjective. Niée ou altérée, l'instance auctoriale se donne à déchiffrer dans ses masques.

Aussi s'agit-il toujours de *signifier* la répétition au moment même de son accomplissement. La « vraie » répétition ne peut être ignorée : manifestée par son déni, elle suppose un destinataire capable de la repérer, et de garantir son effectuation. On ne peut répéter, en effet, que si l'on dit ou si l'on fait entendre qu'on répète. Kierkegaard fait de ce caractère explicite le critère de reconnaissance de la répétition véritable. Pour distinguer la « vraie » répétition de la « fausse », il oppose un professeur et un pasteur dans l'exercice de leurs fonctions. Le professeur prononce devant une assemblée un discours qui déplaît à celle-ci. Loin de manifester un quelconque découragement, il se montre alors « brutalement résolu » et frappe sur la table « en disant : "je répète!" ». Il pensait donc, commente Kierkegaard, que ce qu'il disait gagnait à être répété. Le pasteur, quant à lui, tint en deux occasions « exactement le même discours », mais s'abstint de le signaler à l'assistance. Il omit de dire, en frappant sur la tribune : « je répète ce que j'ai déjà dit, dimanche dernier » et ne laissa « absolument rien paraître », prouvant par là que son discours ne valait pas, à ses yeux, une répétition [10].

À la différence du pasteur, le professeur, pratique la « vraie » répétition, précisément parce qu'il la désigne comme telle à son auditoire. C'est en portant sa propre parole à la seconde puissance, qu'il lui donne autorité, prouvant sa valeur à double titre. La volonté explicite de répétition révèle en effet cette valeur en soi du discours, mais elle fait plus encore, puisqu'elle la lui octroie en vue de la persuasion. Si le discours « gagne » à être répété, comme le précise Kierkegaard, c'est aussi parce qu'il acquiert les suppléments que lui offre la répétition : supplément d'insistance, supplément de puissance qui le rendent apte à persuader un auditoire récalcitrant, supplément de la différence elle-même. Tandis que le pasteur pratique la « fausse » répétition, qui est répétition non explicite de l'identique, le professeur ne se borne pas à la reprise du même. En reproduisant son discours, il intime l'ordre de le recevoir.

Il ne s'agit donc pas de signaler après coup que l'on a répété *n* fois ce qui avait été dit une première fois, en opérant la somme récapitulative des itérations. Se précédant elle-même, la répétition se désigne comme une opération critique, qui sélectionne son objet pour une transmission réussie. Loin de marquer par un redoublement intempestif un arrêt de la communication, elle en garantit la vivacité. Qu'on se rappelle l'exemple du ministre sourd, adepte de la « fausse » répétition : sollicitant la grâce de succéder à la reine, qui venait de divertir l'assemblée des courtisans par une histoire plaisante, il se leva et « raconta la même » (*op. cit.* : 89). Alors que la simple *redite* fige la circulation du sens, la répétition bien comprise (comme un *redire*) assure l'échange de la parole vive.

10. Tel n'est pas le cas du locuteur qui profère un énoncé du type « Je te répète que Pierre n'est pas là ». *Répéter* signifie ici « faire (ou dire) quelque chose qu'on a déjà fait (ou dit) » : il s'agit là d'un acte « bien particulier », que Ducrot définit comme le fait de « présenter une énonciation comme la réactivation d'une affirmation précédente dont on déclare qu'on continue à en assumer la responsabilité » (1984 : 145). Cette réactivation peut aussi se faire entendre sans le secours du discours rapporté (direct ou indirect).

3. La répétition pour elle-même

On sait que pour certains la différence constitua l'*impensé* de la tradition philosophique. Pour que la « différence comme telle », la « différence en tant que différence », puisse se laisser penser, il convenait de ne plus la retenir du côté de l'identique, dans la catégorie de l'identité / altérité où l'histoire de la philosophie l'a toujours relevée.

Greimas s'appuie sur cette tradition lorsqu'il définit la différence et la ressemblance en tant que relations relevables dans cette catégorie. Non définissables en eux-mêmes, les concepts d'identité et d'altérité ne peuvent être saisis que par leur relation de présupposition réciproque. Dans cette optique, identité et altérité s'opposent l'un à l'autre, « comme *même* à *autre* », ajoute Greimas (1979 : art. IDENTITÉ). La composante figurative du discours — qu'il soit ou non dit « littéraire » — présuppose cette catégorie, quand bien même le brouillage devrait en être opéré. La construction et l'identification d'un « personnage », par exemple, impliquent l'existence de traits différentiels et identificatoires qui en permettent la saisie. Aussi le *Dictionnaire raisonné de la théorie du langage* définit-il l'identité comme

> le principe de permanence qui permet à l'individu de rester le « même », de « persister dans son être », tout au long de son existence narrative, malgré les changements qu'il provoque ou subit.

Dans ces définitions, deux notions finissent par se recouvrir : le *même* et l'*identique* y sont en effet strictement équivalents. Or, si l'on veut saisir la différence « en tant que différence », il convient justement de procéder à la déconstruction de cette équivalence, pour opposer l'*identique*, qui est « uniformité vide », au *même*, qui est « l'appartenance mutuelle du différent à partir du rassemblement opéré par la différence ». Pour Heidegger, en effet,

> on ne peut dire « le même » que lorsque la différence est pensée. Dans la conciliation des choses différentes, l'être rassemblant du même apparaît en lumière. Le même écarte tout empressement à résoudre les différences dans l'égal : à toujours égaler et rien d'autre. Le même rassemble le différent dans une union originelle. (1950 : 231)

Si le *même* « rassemble » les différences, ce n'est pas au prix de leur disparition. Il ne s'agit pas de saisir en elles une ressemblance cachée qui les rendrait équivalentes et permettrait leur annulation au profit d'une unité supérieure, celle de l'*égal*, ou de l'*identique*. L'*union* des différences dans le *même* n'est pas un processus d'identification mais une *conciliation* : les différences ne sont pas dissoutes, elles persistent tout en s'accordant. Ainsi en va-t-il par exemple de la poésie et de la pensée, qui « ne se rencontrent dans "le même" que lorsqu'elles demeurent résolument dans la différence de leur être et aussi longtemps qu'elles y demeurent » (*ibid.*).

Cependant, cette distinction entre le *même* et l'*identique* ne satisfait pas Deleuze, qui y voit une opposition de termes plutôt qu'une véritable distinction opératoire. Cherchant à penser, cette fois, la *répétition* pour elle-même, Deleuze postule qu'elle est répétition de la différence et non réitération de l'identique. S'il reprenait la distinction heideggerienne, il préciserait que la répétition répète le *même*, dans la mesure où celui-ci recueille le différent. Mais il préfère déplacer cette distinction et la repérer, non plus entre le *même* et l'*identique*, mais entre l'identique, le même ou le semblable « posés comme premiers » et l'identique, le même ou le semblable « exposés comme seconde puissance » et « se disant de la différence en elle-même ».

Il faut comprendre par là que le même et l'identique ne sont pas originaires (« premiers »), ne préexistent pas à la répétition et ne sont pas la condition de son effectuation. Si la répétition est un retour, ce qui revient en elle, ce n'est pas l'identique, le semblable, l'analogue. L'éternel retour ne se résout pas en la mise en œuvre de quelque principe d'identité ou de permanence qui accomplirait la sélection du même et l'exclusion du différent, du dissemblable, du négatif. Il n'équivaut pas davantage à une relève synthétique du différent, qui produirait l'identique comme son image renversée, et sa véritable fin. D'après Deleuze :

> *Ce n'est pas le même qui revient, ce n'est pas le semblable qui revient,* mais le Même est le revenir de ce qui revient, *c'est-à-dire du Différent,* le semblable est le revenir de ce qui revient, *c'est-à-dire du Dissimilaire.* La répétition dans l'éternel retour est le même, mais en tant qu'il se dit uniquement de la différence et du différent.(*op. cit.* : 384)

CHAPITRE 2

L'innommable : répétition et représentation de l'être dans le récit

Outre son impact sur la représentation qu'un lecteur occidental moderne peut se faire du texte dit littéraire, la répétition à l'identique d'énoncés de plus ou moins grande ampleur peut affecter de façon non négligeable certains éléments de l'œuvre de fiction. Ce n'est pas seulement aux notions de clôture ou d'œuvre *originale* — dans tous les sens du terme — que s'oppose cette tactique d'écriture. Utilisée dans le récit, elle exploite et perturbe les modalités habituelles de la narration (sur ce point, voir *infra*, chap. 3) ainsi que les règles qui régissent la construction des personnages.

Si, pendant les années soixante et soixante-dix, la notion même de personnage est apparue comme éminemment contestable parce qu'elle semblait par trop liée à celle de « moi psychologique », les théoriciens qui en ont opéré la critique soulignaient déjà, parallèlement à leur refus d'une identification entre personnage et personne, qu'aucune conception du personnage ne peut être coupée d'une conception de la personne, du sujet, de l'individu (Hamon, *Pour un statut sémiologique du personnage*, 1972 : 116). Effet de texte, le personnage n'en est pas moins construit et reçu *comme* une personne, et c'est en fonction des représentations de la personne dominantes à une époque et dans une culture données que se crée et se comprend cette quasi-personne.

Support de qualités et de rôles, engagé avec les autres personnages dans un réseau de relations et d'interactions, instrument privilégié de l'orientation axiologique du récit de fiction, le personnage en est un puissant facteur de cohésion. Le récit moderne a pourtant fortement ébranlé cette figure, au point qu'on a souvent parlé d'une « dissolution » du personnage — par exemple dans les romans de Claude Simon. En quoi la répétition intervient-elle dans la construction (ou la déconstruction) de ce « signe » ? Quelle influence a-t-elle sur la place et le mode de fonctionnement du personnage dans une œuvre de fiction ? Enfin, de quel type de représentation de l'être est-elle révélatrice ?

1. Préliminaires

1.1. Que la répétition n'est pas...

1.1.1. Remploi, retour

On prendra garde à ne pas confondre la répétition avec le simple *retour*, dans l'œuvre de fiction, d'un personnel imaginaire. Largement utilisé au XIXe siècle par les romanciers, ce procédé suppose que le lecteur puisse reconnaître, à travers ses diverses apparitions, une même individualité fictive. Dans ce cadre, le remploi d'un personnage d'une séquence à l'autre ou d'une œuvre à l'autre s'accompagne d'une relative fixité. L'auteur peut certes modifier les traits d'un personnage, il ne saurait les altérer au point de le rendre définitivement méconnaissable. Les modalités de la reconnaissance sont multiples mais celle-ci dépend en tout état de cause du degré de stabilité conféré au personnage. C'est en lui imposant un nom propre, certaines caractéristiques morales et physiques, un statut digne de l'état civil que Stendhal, Balzac, Zola, Proust, Flaubert, Maupassant — pour s'en tenir aux écrivains les plus cités dans les études consacrées à cette question — assurent l'identification d'une figure romanesque. La permanence de traits distinctifs garantit la réception du personnage par delà les éventuels effets de brouillage : même s'il varie et se transforme, son évolution n'introduit aucune contradiction, aucune incompatibilité qui ne soit à terme levée ou justifiée. Outre les différents effets qu'il peut viser, le retour du personnage a toujours une valeur identificatoire.

Ainsi la réapparition d'un personnage tel que Vautrin dans *la Comédie humaine* ne constitue-t-elle pas un « procédé de répétition », comme le pense Madeleine Frédéric (1985 : 217). D'une part, la présence de Vautrin dans trois romans — *le Père Goriot*, *les Illusions perdues*, *Splendeurs et misères des courtisanes* — et dans le drame qui porte son nom n'implique aucune reprise textuelle, hormis celle du nom propre : ni répétition d'énoncé, ni énonciation répétante. Or, pour s'accomplir, la répétition nécessite un sujet qui l'assume, la narre, l'énonce — un sujet qui soit capable de reconnaître cette répétition et qui puisse dire ou se dire : « je répète ».

Voilà pourquoi, d'autre part, les « réapparitions » d'un personnage ne sauraient être considérées comme des réitérations. D'un ouvrage à l'autre, Balzac se contente de relater les différentes étapes d'un parcours biographique qui, bien que mouvementé, n'en est pas moins linéaire, du simple fait de son inscription dans le temps. On ne saurait en effet tenir pour équivalents l'acte de la répétition et le fait de *revenir* dans un même lieu ou de rencontrer les mêmes personnages. Les « retours » de Vautrin ne reçoivent aucune valeur répétitive. Ils ne sont conscientisés comme tels ni par l'auteur ni par le personnage et relèvent, à ce titre, de la « fausse répétition » définie par Kierkegaard (cf. chap. 3). Sous ses multiples pseudonymes (Jacques Colin, Trompe-la-mort, l'abbé Carlos Herrera, etc.), Vautrin recommence toujours la même expérience du mal — jusqu'à sa « conversion » finale comme Chef de la Sûreté. La « vraie » répétition se distingue de ce plat retour de l'identique.

On ne verra donc nulle répétition dans le remploi d'un personnage, pas plus que dans le déploiement d'un thème (comme celui du feu dans l'œuvre de Zola) ou le remploi d'une structure narrative (telle que le modèle /situation initiale-transformation-résolution/ des contes), à moins que ces pratiques ne soient prises en charge par un énonciateur, qu'il s'agisse de l'auteur, du narrateur ou d'un personnage du récit.

À la différence de cette pratique courante du remploi, la répétition, qui joue d'ailleurs à de tout autres niveaux, aura précisément pour conséquence de troubler l'identité de cet être fictif. Phénomène dont la théorie littéraire a assez peu rendu compte, quand bien même elle tentait de s'éloigner de la conception classique du personnage-personne. Même s'il refuse de considérer le personnage comme une *donnée* stable qu'il s'agirait simplement de *reconnaître*, insistant au contraire sur la nécessité d'une *construction* progressivement effectuée au cours de la lecture, Hamon ne le définit pas moins comme un support permanent de traits distinctifs aussi bien que de transformations narratives, ce qui fait de lui un facteur indispensable à la « cohérence » et à la « lisibilité » d'un texte. Cette analyse le conduit à distinguer trois catégories [1] de personnages, puis à privilégier la dernière, celle des *personnages-anaphores*, investis d'une fonction « organisatrice » et « cohésive » : personnages de prédicateurs, individus qui sèment ou interprètent des indices, qui exposent des rêves prémonitoires et dont les interventions caratéristiques sont de l'ordre de la confidence, du souvenir, du projet, de la citation d'ancêtres, etc. Ces personnages établissent un « réseau d'appels et de rappels » entre des énoncés disjoints et de longueur variable : mot, syntagme, phrase. Partant du principe que tout énoncé doit afficher une « forte cohésion interne », assurée par la redondance de l'information, Hamon en déduit que le texte littéraire fonctionne de même. Il se caractérisera donc par une « hypertrophie » du réseau anaphorique, justifiée par la nécessité

> d'assurer l'organisation discursive, la cohérence des schémas narratifs, le balisage mnémotechnique d'énoncés parfois longs. Par leur récurrence, par leur renvoi perpétuel à une information déjà dite, par le réseau d'oppositions et de ressemblances qui les lie, tous les personnages d'un énoncé auront donc en permanence cette fonction anaphorique (économique, substitutive, cohésive, mnémotechnique). (*Pour un statut sémiologique du personnage*, 1972 : 124)

On voit bien comment, en dépit des dénégations du sémiologue, le personnage, comme d'ailleurs le texte littéraire, demeurent l'objet d'une représentation stéréotypée. De fait, peut-on postuler que tout énoncé, littéraire ou non, se caractérise par une nécessaire cohérence ou cohésion, sans occulter délibérément l'existence de messages qui ne respectent pas ces principes ? Certes, la redondance sert la transmission de l'énoncé, mais l'énonciateur conserve à tout moment la liberté de n'en pas jouer. Libre à lui également de vouloir même *déjouer* sciemment les règles de la communication. Quant au personnage, le présenter comme l'un des vecteurs de cette continuité psychologique, sémantique et narrative, c'est encore le

---

1. Sous la rubrique *personnages-référentiels*, on trouvera les personnages historiques (tels Napoléon III dans les *Rougon-Macquart*, ou Richelieu chez A. Dumas), mythologiques ou sociaux (l'ouvrier de Zola, le chevalier de Chrétien de Troyes) dont la fonction serait d'assurer l'« effet de réel » défini par Barthes. Quant aux *personnages-embrayeurs*, ils sont censés signaler la présence dans le texte de l'auteur ou du lecteur, dont ils sont les porte-parole (chœur des tragédies antiques, personnages d'écrivains, d'artistes, de conteurs, ou encore « Watson à côté de Sherlock Holmes »).

douer *a priori* d'une identité stable, dont la représentation ne sèmerait jamais le doute ni la confusion dans l'esprit du lecteur.

Pourtant, nombreuses sont les atteintes que l'on peut porter à cette figure : personnages différents pourvus des mêmes traits distinctifs, même personnage doté de caractéristiques contradictoires, personnage héritant d'un nom différent selon ses actes ou ses interlocuteurs, personnage assumant dans la narration des emplois logiquement incompatibles ou cumulant des fonctions actantielles opposées, etc. Autant de travestissements qui n'ont pas précisément pour dessein d'assurer l'intelligibilité de l'énoncé, et qui perturbent le « système d'équivalences réglées » (*op. cit.* : 144) qu'est censé constituer le personnage. Loin de garantir la « lisibilité du texte », celui-ci y introduit aussi bien désordre et opacité. La « fonction anaphorique » elle-même peut être source d'ambiguïté.

De façon étonnante, les études consacrées à la figure du personnage font rarement état de ces questions — dans son riche article, Hamon les évoque sans s'y attarder. Pourtant, ce type d'expérimentation perverse et trouble permettrait peut-être d'évaluer le statut et la fonction du personnage avec plus d'acuité que dans le cadre d'une représentation classique. Certains cas extrêmes, perçus comme des anomalies, des aberrations, comme les rares manifestations d'un dysfonctionnement exceptionnel du système des personnages, ne font au juste qu'en éprouver les limites. Centrées sur la production littéraire du XIXe siècle, les analyses les plus récentes et les mieux informées ne font que de rares et rapides incursions parmi les œuvres contemporaines. Le personnage classique, perçu à tort ou à raison comme une figure fortement structurée, rendrait-il plus aisée la construction d'un modèle théorique efficace, capable d'analyser cet aspect de l'œuvre littéraire, quelles qu'en soient les manifestations ? Ou bien un tel modèle n'est-il destiné qu'à rendre compte du mode de fonctionnement d'un système bien réglé, à décrire des figures somme toute relativement simples, parce qu'il repose sur une conception elle-même stéréotypée du personnage [2] ?

2. Dans son étude des « profils » du personnage chez Claude Simon, Andrès justifie ses réticences à utiliser l'arsenal théorique des structuralistes par cette omniprésence du XIXe siècle dans leurs grilles : indice de l'inaptitude de ces dernières à décrire des personnages qui ne soient pas « bien campés » (1992 : 30). Loin de se construire au fil de la lecture, pour passer de l'état de « signe » ou de « morphème vide », dépourvu de toute référence autre que contextuelle, à celui de

Or l'analyse des phénomènes de déconstruction et de dissolution qui peuvent affecter celui-ci permettrait tout aussi bien d'induire les principes mis en œuvre dans sa construction. Aussi peut-on regretter que l'attention de Hamon se soit portée prioritairement sur le personnel du roman zolien[3] ; et que, dans l'article ancien déjà cité — dont la portée synthétique est loin d'être périmée — il ne consacre qu'une remarque incidente à Beckett et Robbe-Grillet (*op. cit.* : 143). Évoquant les hésitations de Zola au moment de choisir un nom pour l'héroïne d'*Au bonheur des dames*, Hamon note que cette « instabilité » du nom propre, reléguée par les écrivains du XIXe siècle à la phase préparatoire du roman (brouillons, manuscrits, textes inachevés), fait l'objet d'un traitement tout à fait différent dans la production plus récente. Nommés à titre de représentants de cette modernité, Beckett et Robbe-Grillet déplacent au contraire systématiquement « dans le texte *achevé* » la variation du nom propre, elle-même indice de l'instabilité du personnage. Une note mentionne encore Ionesco, pour « les innombrables Bobby Watson » de *la Cantatrice chauve* et Faulkner pour les Quentin homonymes du *Bruit et la fureur.* Cette perméabilité soudaine d'une frontière traditionnellement respectée entre le texte achevé et le brouillon ou l'ébauche est l'un des effets de la répétition. Elle touche là au statut même du texte littéraire.

Facteur d'incertitude, l'hésitation décrite par Hamon semble le gagner à son tour puisqu'il l'a d'abord récusée pour ensuite lui accorder un statut en définitive marginal. En effet, voyant dans la récurrence et la redondance (qui sont pour lui des formes de répétition) comme dans la fixité (du nom propre, de ses substituts, des traits distinctifs et des emplois) un gage de lisibilité, le théoricien s'insurge à l'idée que Julien *Sorel* puisse devenir *Porel* ou *Rosel* « à quelques lignes de distance ». Une telle transformation introduit nécessairement un degré maximal d'aliénation au cœur du personnage, au point qu'on ne puisse plus décider s'il s'agit du « même personnage (?) ayant des noms différents », de « person-

---

signe plein, chargé des transformations accumulées au cours du récit, les personnages de Claude Simon lui paraissent au contraire se dissoudre progressivement, jusqu'à l'anéantissement. On pourrait néanmoins objecter qu'il s'agit là aussi d'un effet de lecture, que cette dissolution n'est jamais qu'une *construction* du personnage comme signe vide.

3. Voir *le Personnel du roman. Le système des personnages dans* les Rougon-Macquart *d'Émile Zola* (1983).

nages différents ayant le même nom », d'un « même personnage (?) successivement homme ou femme, blond ou brun », d'une « instabilité des permanences » ou d'une « permanence des transformations », puisque des personnages différents accomplissent les mêmes actions ou reçoivent les mêmes descriptions (*ibid.* : 144).

1.1.2. Mise en abyme, spécularité

Les phénomènes évoqués ci-dessus ont pour point commun la conjonction d'une répétition et d'une différence. C'est pourquoi on leur accordera une attention particulière. En ce domaine aussi, il nous paraît impossible de dissocier répétition et variation. Si la théorie moderne du personnage se caractérise par son refus d'assimiler personnage et personne et par sa récusation d'un modèle psychologique et dramatique jugé prédominant depuis Aristote jusqu'à Mauriac, en passant par Lukacs et Frye, elle n'en repose pas moins sur une idée elle-même fort ancienne de la personne humaine. La stabilité, la cohérence, la non-contradiction : tels seraient les facteurs constitutifs de l'identité.

En ce sens, Hamon n'est-il pas la victime d'une « conception survalorisée du sujet qui reste traditionnelle » (*ibid.* : 116), tout autant que la psychanalyse sauvage dont il contestait l'application aux textes littéraires ? Au juste, c'est bien la non-différenciation du même et de l'identique qui semble conduire à cette crispation théorique. Greimas s'appuie également sur cette tradition lorsqu'il définit la différence et la ressemblance en tant que relations relevables dans la catégorie de l'identité / altérité. Non définissables en eux-mêmes, les concepts d'identité et d'altérité ne peuvent être saisis que par leur relation de présupposition réciproque. Tout discours figuratif — qu'il soit ou non dit « littéraire » — présuppose cette catégorie, quand bien même le brouillage devrait en être opéré. Dans cette optique, la construction et l'identification d'un « personnage » impliquent l'existence de traits *différentiels* qui en permettent la saisie. Conçu sur le modèle du signe linguistique, le personnage est en effet doté d'une *valeur* : elle dépend des relations d'opposition qu'il entretient avec les autres personnages du récit, et qui permettent au lecteur de les distinguer. Mais le personnage se définit aussi traditionnellement par un équilibre des ressemblances et des différences entre les caractéristiques (nom, traits, actions) qui lui ont été attribuées. Dans l'article du *Dictionnaire encyclopédique des sciences du langage* consacré au « personnage », Todorov observe que cette règle détermine la réception du personnage par le lecteur, en ce qu'elle lui permet de croire que le personnage est une *personne* (1972 : 288).

Si elle peut varier selon les époques, cette règle n'en repose pas moins sur une conception courante de la personnalité, qui veut, par exemple, que les actions d'un même personnage soient « suffisamment différentes » pour être mentionnées et « suffisamment ressemblantes » pour que le personnage puisse être reconnu. Dans une brève clausule, Todorov signale cependant que ces principes peuvent faire l'objet d'une transgression. L'équilibre est rompu quand, par exemple, un Sindbad se révèle « toujours différent », ou tel personnage de Beckett « toujours ressemblant » (1972 : 289).

Avant d'explorer ces pratiques, on remarquera combien la catégorie de l'identité / altérité peut en entraver la saisie. Dans son *Dictionnaire raisonné de la théorie du langage*, Greimas, on l'a vu, définit l'identité comme :

> le principe de permanence qui permet à l'individu de rester le « même », de « persister dans son être », tout au long de son existence narrative, malgré les changements qu'il provoque ou subit. (1979 : art. IDENTITÉ)

Identité et altérité, précise Greimas, s'opposent l'un à l'autre, « comme *même* à *autre* » (*ibid.*). Léger glissement dans la définition, où deux termes et deux notions finissent par se recouvrir : de façon manifeste, le *même* et l'*identique* y sont en effet posés comme strictement équivalents. On peut regretter cette indistinction terminologique, dans la mesure où elle occulte précisément la place exacte de la différence dans la ressemblance et dans la répétition, et fait de l'identité et de l'altérité deux champs tout à la fois indissociables et nettement séparés.

Or une stricte bi-partition entre identité et altérité conduit à penser la répétition comme le retour d'un invariant. Qu'elle s'applique à un contenu, à une forme, ou à leur conjonction dans une unité morpho-sémantique, la répétition est traditionnellement conçue comme une reproduction de l'identique. À cet égard, la différence ne saurait être que seconde, extérieure. Pour saisir la différence « en tant que différence », il faut la découvrir au cœur même de la répétition : variation, différence, dissemblance sont inscrites dans ce processus. Constitutives de la répétition, elles le sont aussi de l'identité. C'est à l'aide des outils forgés, à la suite de Heidegger, par Deleuze que l'on a pu déconstruire cette équivalence pour opposer l'*identique* au *même* (voir *supra*, chap. 1), l'uniformité vide au rassemblement des différences. Rappelons que, dans cette perspective, si le *même* rassemble les différences, ce n'est pas au prix de leur disparition. Il ne s'agit pas de saisir en elles une ressemblance cachée qui les rendrait équivalentes et permettrait leur annulation au profit d'une unité supérieure, celle de l'*égal*, ou de l'*identique*. L'*union* des différences dans le *même* n'est pas un processus d'identification, mais une *conciliation* : les différences ne sont pas dissoutes, elles persistent tout en s'accordant.

Au lieu d'assimiler le même à l'identique, ainsi que le fait Greimas, on préférera emprunter à Ricœur la notion d'*ipséité* (cf. *infra*, 3.2) qui autorise une autre approche du personnage. Cette notion n'exclut pas du *Soi* la transformation, le bouleversement, l'altération. Elle ne réduit pas davantage ces phénomènes à l'état de manifestations superficielles et provisoires, dont le texte assurerait *in fine* la disparition, au prix d'une interprétation garantissant une quelconque cohérence psychologique. Elle n'impose pas de recourir à un imaginaire hors-texte justifiant les incohérences du personnage. Les bouleversements dont il est question mettent à l'épreuve les catégories logiques et maintiennent en présence incompatibilités et contradictions, sans nécessairement chercher à les supprimer. Y introduire un ordre rassurant permet de supprimer, à peu de frais, l'interrogation levée par ces configurations complexes.

Distinguer le *même* et l'*identique*, ou l'*ipséité* et l'*identité*, c'est autoriser une autre approche de la notion d'identité, qu'on ne confondra pas non plus avec celle de *similitude*. Si la répétition introduit le trouble dans l'identité, ce n'est pas par un simple jeu de ressemblances. Aussi ne sera-t-il pas question sous ce nom de « mise en abyme » ou de « spécularité ». On ne saurait en effet tenir ces procédés pour équivalents, à l'instar de Hamon, selon qui

> Le texte peut *se répéter soi-même*, « en abyme », en insérant dans son parcours un fragment (paragraphe, scène, petit récit, histoire exemplaire plus ou moins autonome, etc.) qui, en une sorte de *réduplication* sémantique, fonctionnera comme une sorte de « maquette », de modèle réduit de l'œuvre tout entière, et où des personnages *reproduiront* à échelle réduite le système des personnages de l'œuvre dans son ensemble. Par là, l'œuvre *se cite elle-même*, se referme sur elle-même, et se rapproche de la *tautologie*, ou de la construction *anagrammatique*. (*op. cit* : 164) [*nous soulignons*]

Des procédés d'ordre tout à fait différent sont ici mis sur le même plan. Si la citation (conjonction d'un énoncé répété et d'une énonciation répétante), la tautologie (répétition sémantique) et l'anagramme (reprise manifeste de lettres ou reproduction d'un modèle sous-jacent) reposent sur un processus répétitif, il n'en va pas de même pour les phénomènes de mise en abyme, qui n'impliquent pas de reprise textuelle. La répétition se caractérise, on l'a vu, par l'association d'une reprise et d'une variation [4], d'une identité et d'une différence.

La mise en abyme, en revanche, ne requiert pas de reprise littérale. À la différence de la répétition, elle n'intervient pas nécessairement au niveau de l'énoncé. Elle institue une ressemblance entre l'œuvre et une partie de celle-ci, qui la reproduit par analogie, équivalence, duplication, effet de miroir. C'est la structure de l'œuvre — et non son texte — qui se trouve représentée par l'un de ses éléments.

Pour Gide, qui a, le premier, défini l'application littéraire du procédé, il ne s'agit pas de répéter mais de *transposer* le sujet de l'œuvre à l'échelle de ses personnages, à la manière des tableaux de Memling et de Quentin Metzys où « un petit miroir convexe et sombre reflète, à son tour, l'intérieur de la pièce où se joue la scène peinte [5] ». Dans *le Nouveau Roman* (1973 : 49), Ricardou a mis en parallèle cette définition célèbre avec un passage du *William Shakespeare*, où Hugo décrit des pratiques similaires, observables selon lui dans toutes les pièces de Shakespeare, à l'exception de *Macbeth* et de *Roméo et Juliette* :

> C'est une *double* action qui traverse le drame et qui le *reflète* en petit. À côté de la tempête dans l'Atlantique, la tempête dans le verre d'eau. Ainsi Hamlet fait au-dessous de lui un Hamlet ; il tue Polonius, père de Laërtes, et voilà Laërtes vis-à-vis de lui exactement dans la même situation que lui vis-à-vis de Claudius. Il y a *deux* pères à venger. Il pourrait y avoir *deux*

---

4. Énumérant quelques fonctions (dilatoire, hyperbolique, ornementale, démarcative) de la répétition d'une unité dans le récit, Hamon observe qu'il « peut souvent y avoir répétition + transformation (modulation, variation) du motif répété ». Il nous semble au contraire que la variation n'intervient jamais comme un supplément éventuel et gratuit. La citation, même littérale, s'accompagne d'une variation du contexte et du sujet de l'énonciation. Dans une proposition tautologique, le prédicat contient toujours plus de sèmes que le thème. Quant à l'anagramme, elle est créatrice de nouveaux signifiants et son principe, étendu à l'échelle d'un texte, en permettrait même, si l'on en croit Saussure, une lecture hypogrammatique.

5. *Journal 1889-1939*, Paris, Gallimard, « La Pléiade », 1948, p. 41.

> spectres. Ainsi, dans *le Roi Lear*, côte à côte et de front, Lear désespéré par ses filles Goneril et Regane, et consolé par sa fille Cordélia, est *répété* par Gloucester, trahi par son fils Edmond et aimé par son fils Edgar. L'idée *bifurquée*, l'idée *se faisant écho à elle-même*, un drame moindre *copiant* et *coudoyant* le drame principal, l'action traînant sa lune, une action plus petite sa pareille ; l'unité coupée en deux, c'est là assurément un fait étrange. Ces *doubles actions* ont été fort blâmées par les quelques commentateurs qui les ont signalées. [Elles] sont purement shakespeariennes. [...] Ces *actions doubles* sont en outre le signe du XVIe siècle. [...] L'esprit du XVIe siècle était aux *miroirs* [...]. (1969 : 265) [*nous soulignons*]

On le voit, les termes choisis par Hugo évoquent des procédés bien plus proches de la *duplication* et de la *réflexion* que de la répétition. Au juste, Gloucester ne « répète » pas Lear. Il en est en partie le double, dans la mesure où leurs situations sont semblables. Mais cette reproduction n'est qu'un effet de symétrie entre deux personnages par ailleurs parfaitement distincts. Elle s'exerce sur le plan de la structure de la pièce — de même que, par exemple, l'introduction du roman dans le roman (Édouard écrivant *les Faux-monnayeurs*) ou du théâtre dans le théâtre (la scène de la comédie dans *Hamlet*). C'est pourquoi Dällenbach a pu clairement définir la mise en abyme comme « une modalité de la réflexion ». Le « retour de l'œuvre sur elle-même » n'est pas de l'ordre de la répétition, mais du reflet et de la ressemblance : « est mise en abyme toute enclave entretenant une relation de similitude avec l'œuvre qui la contient ». Mettre en relief « l'intelligibilité et la structure formelle de l'œuvre », tel est l'objet de ces analogies de forme, de contenu et d'énonciation qui fondent le récit spéculaire (1977 : 16-18).

À la différence de Madeleine Frédéric, on ne considérera pas la mise en abyme comme un cas de « répétition transphrastique », au même titre que la répétition thématique (1985 : 216-17). Pour la linguiste — dont la brève évocation de ce procédé repose sur l'analyse qu'en a donnée Mieke Bal — la mise en abyme met en jeu un ensemble de « répétitions » caractéristiques du roman : « répétition de la structure d'un récit, du fil principal de l'histoire, du mode de narration dominant, de la vision — erronée ou correcte — de quelque protagoniste, etc. ». Pourtant, Bal aussi conçoit la mise en abyme comme une opération fondée sur un principe de similitude. Réécrivant la définition de Dällenbach, trop imprécise et trop métaphorique à son goût, elle en donne une formulation plus théorique et l'inscrit dans une perspective proprement sémiotique. À la proposition de Dällenbach :

> est mis en abyme tout miroir interne réfléchissant l'ensemble du récit par réduplication simple, répétée ou spécieuse (*op. cit.* : 52)

Mieke Bal substitue la formule suivante :

> est mis en abyme tout *signe* ayant pour *référent* un aspect pertinent et continu du texte, du récit ou de l'histoire qu'il *signifie*, au moyen d'une ressemblance, une fois ou plusieurs fois. (1978 : 123)

Le miroir institue entre l'objet et son reflet une relation de ressemblance, et non pas d'identité. Cette relation déformante — la *transposition* gidienne, le miroir *convexe* de Memling, l'idée *bifurquée* chère à Hugo s'inscrivent dans ce champ — a peu de rapport avec le processus de la répétition. Les exemples choisis par la narratologue en témoignent amplement : on ne saurait dire que la page blanche du *Voyeur* répète quoi que ce soit, non plus que celle de *l'Après-midi de Monsieur Andesmas*. Par cet élément, Robbe-Grillet et Duras signifient, représentent « un blanc dans la conscience » de leurs personnages. Au juste, que la page blanche, dans le texte de Duras, ne constitue pas une mise en abyme parce qu'elle ne concernerait qu'un aspect mineur et provisoire du récit, cela ne nous intéresse pas directement[6] ; pas plus que le classement établi entre les différents types d'icônes (topologiques, diagrammatiques, métaphoriques) susceptibles de représenter la structure de l'œuvre. On observera simplement que la page blanche du *Voyeur*, considérée par Bal comme une icône topologique parce qu'elle établit une relation spatiale entre le signe et le référent (l'espace vierge représente une place vide), pourrait être classée parmi les icônes métaphoriques (le blanc représente l'absence, la disparition).

Au vrai, Bal emprunte à Pierce la notion d'icône — et son statut de signe qui signifie par ressemblance — afin de sortir d'une impasse théorique. La mise en abyme ne peut reposer que sur des phénomènes de similitude et non sur une « *réduplication* qui, dans le sens littéral, consisterait à *copier le livre* » [nous soulignons]. Aberration à laquelle nous avons précisément choisi de porter quelque intérêt.

Reprochant à la terminologie de Dällenbach son ambiguïté, Bal précise, on l'a vu, que la mise en abyme porte à l'occasion sur un aspect du « texte » — sans toutefois en donner d'exemple. Dans *le*

6. Le sommeil de Monsieur Andesmas, s'il coïncide avec « un moment précis de la diégèse », n'en est cependant pas une péripétie mineure.

Nouveau Roman, Ricardou établit une relation directe entre mise en abyme et répétition. Si la première joue le rôle d'un « révélateur » — elle révèle « certains aspects majeurs de la fiction en laquelle elle figure » — c'est « de façon générale » grâce à la seconde :

> *Répétition* : toute mise en abyme multiplie ce qu'elle imite ou, si l'on préfère, le souligne en le redisant. (1973 : 50)

La répétition serait ainsi l'un des processus en jeu dans la mise en abyme. Là encore, toutefois, sont mis sur le même plan des notions distinctes : répétition, multiplication, imitation. Quant aux exemples de répétition, fort peu nombreux, ils ne présentent pas de mise en abyme *stricto sensu*. C'est bien par une série de reprises textuelles littérales que Claude Ollier souligne la gémellité de Jamila et Yamina, personnages de *la Mise en scène*. Mais la gémination ne constitue pas une mise en abyme. Comme le remarque Ricardou, ce premier roman se caractérise par une « profusion des doubles », toutes choses tendant à s'y offrir par deux. Il en va ainsi des rôles, des lieux, des noms, des actions, qui obéissent à un principe de symétrie. Cette duplication systématique repose sur la répétition, qui peut à l'occasion souligner une ressemblance entre des personnages distincts, mais dont la fonction ne se réduit pas à produire des dédoublements.

La répétition et la mise en abyme présentent cependant un point commun : elles peuvent exercer leur action au niveau des personnages du récit. Dällenbach a souligné l'ambiguïté, dans la formule de Gide, du mot « sujet », qui peut désigner le thème de l'œuvre aussi bien que l'instance narrative. Telle que la pratique Gide, la mise en abyme consiste à attribuer à un personnage du récit l'activité du narrateur de ce même récit. Transposer à l'échelle des personnages « le sujet même » de l'œuvre, ce serait donc créer une analogie entre le personnage et le narrateur, comme entre le contenu de l'œuvre et celui du récit qui y est enchâssé. Il s'agit là, selon Dällenbach, d'un « couplage » ou d'un « jumelage d'activités » qui établit un rapport homologique entre la relation du narrateur *N* à son récit *R* et celle du narrateur *n* à son récit *r* (*op. cit.* : 30). Ces jeux spéculaires ont pour effet une duplication du sujet, dont on sait qu'elle est l'un des soucis majeurs de Gide. *Les Cahiers et les poésies d'André Walter* et *les Faux-monnayeurs* reproduisent ainsi une situation obsessionnelle : celle de l'écrivain au miroir, abîmé dans la contemplation du soi écrivant. Mais cette mise en abyme achève de verrouiller l'espace déjà clos d'une spécularité narcissique. Dans son reflet Gide ne saisit aucune altérité :

> J'écris sur ce petit meuble d'Anna Shackleton qui, rue de Commailles, se trouvait dans ma chambre. C'était là que je travaillais. Je l'aimais parce que dans la double glace du secrétaire, au-dessus de la tablette où j'écrivais, je me voyais écrire ; entre chaque phrase je me regardais ; mon image me parlait, m'écoutait, me tenait compagnie, me maintenait en état de ferveur. (*Journal 1889-1939*, *op. cit.* : 252)

On prête parfois à la répétition le pouvoir de conforter le sujet dans le sentiment de son identité. C'est ainsi que Dällenbach interprète cette scène « d'essence itérative ». La valeur aspectuelle de l'imparfait marque la nature itérative de cette action passée, que le sujet tente de reproduire à nouveau. Mais la répétition est aussi la marque d'une perte, d'un oubli. Elle met alors en question l'identité en l'ouvrant sur la différence.

1.2. La répétition à sa place

1.2.1. Champ d'exercice

Une reprise textuelle indissociable d'une variation : ainsi se manifeste la répétition dans le discours littéraire. C'est à divers titres que ce phénomène affecte la constitution du personnage de récit.

• Il peut toucher le système de l'énonciation : investissement d'une même instance pronominale par des sujets distincts, glissement d'un même sujet d'une instance pronominale à l'autre, comme s'il pouvait occuper simultanément toutes les instances du discours.

• Il affecte également l'attribution des traits caractéristiques des personnages : traits contradictoires pour un même individu, mêmes traits pour des individus différents.

• Le nom propre n'échappe pas aux effets de la répétition. Loin d'en faire, par sa récurrence, le garant de la transparence du texte et de la stabilité du personnage, elle le rend illisible et sans objet : même personnage nommé différemment selon les circonstances et les partenaires, même nom donné à des individualités distinctes.

• Enfin, le procès peut s'appliquer aux emplois du personnage dans la narration, comme à ses fonctions actantielles.

Superposition des *incompatibilia* en une seule figure, ou diffraction d'une identité en des postures différentes : quand aucune de ces *anomalies* ne trouve de justification dans le récit, par le biais de l'interprétation d'un personnage ou d'un narrateur, quand aucun indice ne suggère une solution satisfaisant aux règles de la cohérence psychologique ou de la vraisemblance, la répétition met alors en péril l'unité et l'intégrité du personnage. C'est à la représentation de l'être qu'elle s'attaque, pour en contester et mettre à nu les conditions de possibilité aussi bien que les présupposés.

Déterminée par l'objet de ce travail, la restriction du corpus s'impose encore une fois. Si l'on se permet de faire fond sur l'apport théorique de la critique structuraliste et sémiologique, ce n'est pas dans le dessein de forger une grille qui puisse rendre compte de toutes les procédures par lesquelles le signe-personnage se construit et fonctionne. Il s'agit plus simplement d'analyser les modalités d'accomplissement de ce procès qu'est la répétition, d'en mesurer les effets spécifiques sur le statut du personnage et sur la représentation de l'être dans le récit.

Cet objectif nécessite qu'on privilégie un texte susceptible d'un examen précis : la multiplication d'exemples tirés de leur contexte ne livre à nos yeux qu'une série de manifestations aléatoires, dont une interprétation inadéquate peut aisément fausser l'analyse. À ce titre, les commentaires de Hamon touchant aux actions « itératives » ou aux actions « réitérées » non fonctionnelles, qui n'ont d'autre rôle que de caractériser le personnage, sont assurément éclairantes. Les illustrations imaginaires qu'il en propose ne sont néanmoins que de pauvres représentations : en l'absence de tout contexte, le fait qu'on dise d'un bûcheron qu'il allait tous les jours couper du bois dans la forêt, ou qu'un prêtre soit décrit plusieurs fois disant la messe peut certes n'avoir d'autre fonction que de les qualifier comme *bûcheron* ou *prêtre*. Mais ces exemples serviraient aussi bien une autre démonstration : en fonction de leur place dans le récit, les messes dites par le prêtre peuvent aussi mettre en relief une métamorphose progressive du personnage ou de son auditoire, et rythmer les étapes de l'action. Quant à la valeur itérative, elle permet aussi d'opposer un *avant* et un *après* en évoquant une situation initiale, inscrite dans une durée indéterminée, que viendra tout à coup modifier un événement particulier. Le conte populaire exploite une structure mise en évidence par la narratologie et dans laquelle la répétition tient une place indispensable : la transformation de l'état premier se résout toujours dans une situation nouvelle qui constitue le pendant de celui-ci, sa reprise altérée.

C'est donc dans des textes où la répétition est tout à la fois manifestée à l'excès et assumée ouvertement qu'on examinera les effets de cette pratique sur le statut du personnage. Marguerite Duras a ainsi maintes fois revendiqué une pratique systématique de la répétition, qu'elle présente comme un principe constitutif de son œuvre. De plus, ses livres sont traversés par quelques figures de nature et de fonction différentes (la mère, le frère aîné, la mendiante indienne, Anne-Marie Stretter, etc.) dont la récurrence ne fait pas que traduire une obsession. L'importance accordée à ces personnages marque aussi la volonté d'interroger la notion d'identité. Nous accorderons donc une attention particulière à trois textes auxquels Duras a choisi de donner pour titre un nom propre trois fois répété, signalant d'emblée la nature extra-ordinaire du « personnage » qui le porte.

Que l'œuvre de Duras forme un intertexte où se repèrent reproductions et transformations d'un texte à l'autre, nul ne l'ignore. On connaît bien l'un au moins des processus de répétition qui sous-tendent cet ensemble de corrélations formelles : Madeleine Borgomano a montré en quoi « l'histoire de la mendiante indienne » peut être considérée comme une « cellule génératrice » de l'œuvre (1981 : 479-493). Apparue, sous la forme d'un « micro-récit », dans *Un barrage contre le Pacifique*, cette histoire est ensuite soumise à des transformations — effacement puis reprise, expansion, déplacement — qui n'excluent pas un souterrain travail de sape et de multiples occurrences masquées.

Il est cependant assez rare de voir affichée cette volonté jusque dans le titre d'un texte. On sait que deux auteurs distincts ne peuvent d'ailleurs utiliser le même titre. La loi du 11 mars 1957 sur la propriété littéraire et artistique l'interdit. Comme l'œuvre elle-même, le titre est protégé « dès lors qu'il présente un caractère original » et nul ne peut s'en servir pour « individualiser une œuvre du même genre dans des conditions susceptibles de provoquer une confusion » (article 5). Duras n'a pas hésité à intituler trois textes différents de la même manière : *Aurélia Steiner, Aurélia Steiner, Aurélia Steiner*[7]. Si elle ne contrevient pas à la loi, elle brave cependant l'usage qui veut qu'un titre permette d'identifier le texte qu'il désigne, tout en attirant l'attention du lecteur potentiel par un

---

7. Mercure de France, 1979. Ces trois textes seront désignés respectivement par les abréviations *AS1, AS2, AS3*.

charme particulier. Ces trois récits constituent un intertexte restreint que délimite ainsi, clôture fragile mais visible, une triple éponymie. On y retrouve ce « mouvement de reprise et de répétition par lequel l'œuvre se récrit sans cesse elle-même, tout en s'abolissant jusqu'à l'anéantissement ». Mais, à la répétition telle qu'elle se manifeste dans les trois *Aurélia Steiner*, ni origine ni terme ne sont fixés : la quête d'un invariant semble échouer sur la découverte de la variation devenue motif. Le « point ultime de l'écriture [8] », que paraît dessiner et désirer la perpétuelle réitération d'éléments toujours différents, y est plus ouvertement exposé comme une chimère.

1.2.2. L'identité en question, à plus d'un titre

Six textes rassemblés et édités en un volume : ce nombre du moins se déduit de ce que six titres, que des tirets séparent, figurent sur la page de couverture. À trois titres différents — *le Navire Night, Césarée, les Mains négatives* — s'ajoutent trois titres identiques — *Aurélia Steiner*, trois fois — que l'œil cependant distingue car la typographie les dispose diversement. Une présentation de l'auteur explicite la nature et la fonction effectivement titulaires de ce nom répété, qui conserve cependant un statut particulier : si un titre a pour fonctions de désigner et de différencier un texte, qu'en est-il de celui qui, désignant trois textes, les confond sous une triple homonymie ? S'agit-il d'un même titre trois fois réutilisé pour désigner trois récits différents ? De trois titres, que leur occurrence suffit à distinguer, identifiant un texte chacun ? Voire d'un seul texte (triple) désigné trois fois à l'aide d'un même titre ?

Quelques lignes auctoriales définissent deux types de hiérarchie : « Le texte qui a pour titre Aurélia Steiner est suivi d'un autre texte du même titre, Aurélia Steiner. Un troisième texte suit qui porte également ce titre » (p. 17). Les trois occurrences du nom constituent dans ce cas un même titre — bien qu'aucune marque [9]

8. Le « ressassement permanent » des textes durassiens semble en représenter la quête sans fin, comme le note M. Borgomano dans « *L'Amant* : une hypertextualité illimitée » (1986 : 67).

9. Dans le paratexte auctorial, en effet, pas d'italique, de soulignement ni de guillemets pour signaler le statut titulaire de ce nom. Statut qui semble aller de soi, comme si le nom propre constituait, aux yeux de l'auteur, une unité suffisamment autonome dans la phrase.

ne le spécifie comme tel — qui désigne trois textes différents. Mais « on peut, pour plus de facilité, les désigner, dans l'ordre de l'édition, par les titres : Aurélia Melbourne, Aurélia Vancouver, Aurélia Paris » (*ibid.*). Un second type d'ordonnance s'établit ainsi, à chacun des textes étant attribués trois titres différents. Ces derniers sont formés selon un modèle paradigmatique qui conserve et répète le premier terme tout en substituant successivement au second deux autres termes. Ceux-ci participent aussi de la désignation onomastique, mais sont tous des toponymes, motivés par les dernières phrases de chacun des trois textes : « je vis à Melbourne »; « j'habite Vancouver », « j'habite Paris ». Le procédé assure donc bien la désignation et l'identification des textes, entre lesquels est établi un rapport de succession. Mais cet « ordre », qui est celui « de l'édition », est aussi celui du possible puisque l'auteur le pose comme une éventualité (« on peut, pour plus de facilité...»).

Ce double système d'intitulation annonce et implique de la sorte la relation de reproduction / transformation manifestée par les trois *Aurélia Steiner*. Dans le premier cas, un même titre vient subsumer l'« apparente fragmentation » (*AS1* : 118) des textes : la répétition aurait pour fonction de signaler cette unité profonde d'éléments apparemment disparates. Inversement, l'usage des trois titres différents unis par leur élément commun reproduit cette fragmentation en multipliant les identités susceptibles de porter un même prénom. Or, d'une voie à l'autre, le choix n'est jamais fait. À travers ces diverses manifestations, la répétition introduit d'emblée le trouble dans l'opposition catégorielle de l'identique et de l'altérité.

Impossible, en outre, d'induire un ordre de gestation à partir de l'ordre des publications successives. L'antériorité ou la postériorité de chacun des trois textes ne peut être décidée, pas plus que la précellence matricielle de l'un sur l'autre [10]. Le repérage des processus de répétition qui relient les trois *Aurélia Steiner* ne permet pas la découverte d'un état premier et autonome de l'histoire racontée, non plus que de l'un ou l'autre des éléments qui la constituent. Si la répétition implique une transformation narrative, elle ne s'accomplit pas sur une identité originaire. Difficile dès lors de décider de la place hypotextuelle de l'un des ces trois textes, l'auteur cherchant elle-même à brouiller toute

10. De l'avis même de l'auteur, in *le Navire night...*, p. 17.

opposition stricte entre un texte antérieur et un hypertexte postérieur [11].

On peut toujours tenir ces quelques détails pour anodins, ou n'y voir qu'une affectation inutile et ridicule de la part de l'auteur. Mais cet agacement est déjà l'indice d'un malaise. De fait, cette répétition inattendue constitue une gêne suffisante pour que certains éditeurs soient allés jusqu'à la supprimer. Gallimard réédite les six œuvres parues au Mercure de France sans même porter les titres *Aurélia Steiner* sur la première de couverture, où figurent les excipit, d'ailleurs considérablement modifiés, de ces trois textes (collection « Folio », 1986). En quatrième de couverture, l'éditeur fabrique trois nouveaux titres, par hybridation incomplète des deux séries qu'avait proposées Duras : *Aurélia Steiner de Melbourne, Aurélia Steiner de Vancouver, Aurélia Steiner.*

Peut-être convenait-il d'éviter au lecteur le trouble que provoquent la répétition pure d'un même titre, ou encore la transformation subite d'un toponyme en patronyme. La citation ornementale et altérée des phrases finales semble viser de même l'annulation d'une répétition irrationnelle au profit de différences rassurantes. Par un artifice habituel à la stratégie publicitaire et journalistique, le texte de l'auteur est réécrit (permutation de phrases, substitution de termes, ajouts) et présenté comme s'il s'agissait d'une citation fidèle. Dans ce nouveau montage, la première Aurélia Steiner affirme bizarrement : « mon père est professeur », tandis que la troisième invente, de concert avec l'éditeur : « mes parents ont disparu ». Différences qui suffisent sans doute à leur donner à chacune la dignité de personnages distincts, aux ressemblances limitées et compréhensibles. Le texte auctorial rend au contraire difficile cette distinction et multiplie les répétitions indifférenciantes, en reproduisant par trois fois les éléments suivants : « Je m'appelle Aurélia Steiner. [...] mes parents sont professeurs. J'ai dix-huit ans. J'écris » (voir *AS1* : 135, *AS2* : 165-6, *AS3* : 200).

Ce n'est qu'en page de titre, à couvert, que le système titulaire

11. Si cette opposition persiste, elle s'établit à un autre niveau, entre un stade préalable à l'écriture (celui du fantasme, de la rêverie, de la rumination de textes nourriciers ou de la parole des autres) et le moment de la transcription : des textes intitulés *Aurélia Steiner*, le troisième est présenté comme la réécriture d'un récit rapporté ; il en va de même pour *le Navire Night*, dont Duras avait en outre demandé à celui qui l'avait vécue d'enregistrer l'histoire sur bande magnétique, de crainte qu'elle ne se perde.

choisi par l'auteur retrouve sa forme simple et, manifestement, choquante. Entre-temps, les modifications apportées par l'éditeur (effacement du titre original, fabrication d'un nouveau titre, récriture) ont orienté la réception de l'œuvre. Pourtant, la répétition de cet anthroponyme n'est pas indifférente : elle s'attaque d'emblée à l'unicité du personnage dont, par contrat tacite, les textes qui portent ce titre sont censés exposer la vie et le caractère.

1.2.3. Œuvre à versions, œuvre à répliques ou œuvres en reprise ?

Une même œuvre peut, avec l'accord de l'auteur, changer de titre d'une publication à l'autre, en l'absence de toute altération significative du texte. C'est le cas, par exemple, d'*Albert Savarus* ou de *la Muse du département*, dont Balzac modifie le titre en *Rosalie* et *Dinah* pour une édition postérieure (cf. Genette, 1987 : 66). Un procédé inverse affecte les trois *Aurélia Steiner*, qui s'apparentent en cela aux œuvres dont les éditions successives proposent des versions différentes aux fonctions variables. Ces remaniements parfois considérables peuvent s'accompagner d'une substitution de titre : *le Dernier Chouan ou la Bretagne en 1800* (1829) et *les Chouans ou la Bretagne en 1799* (1834). Mais des textes profondément remaniés conservent aussi leur titre originel : Flaubert conserve le même pour les trois versions de *la Tentation de saint Antoine*.

Dans l'ensemble de ces « œuvres à versions », Genette distingue les adaptations, les traductions, les remaniements, ou encore les brouillons divers que les généticiens nomment des avant-textes. Que l'adaptation soit destinée à un public particulier (*Vendredi ou la Vie sauvage*, version pour enfants de *Vendredi ou les Limbes du Pacifique*) ou motivée par des circonstances « pratiques » (Claudel récrivant pour la scène une pièce comme *le Soulier de satin*), que la traduction soit ou non le fait de l'auteur, que les remaniements soient suffisamment importants pour constituer une nouvelle version ou non, un fait demeure : pour Genette, il s'agit là des manifestations plurielles d'une seule et même œuvre qui se réalise à travers des objets non identiques. En effet, à la différence de Goodman, auquel il reprend la distinction entre arts allographiques et arts autographiques — établie dans *Langages de l'art* (1968) —, Genette adopte dans *l'Œuvre de l'art* le point de vue de la scolastique médiévale qui considère « l'œuvre » comme une entité distincte de sa manifestation matérielle, qu'elle est parfois amenée à

« transcender ». C'est une intention auctoriale qui décide du statut de ces œuvres plurielles,

> comme lorsqu'un artiste, après avoir produit un tableau, un texte, une composition musicale, décide d'en produire une nouvelle version plus ou moins fortement différente, mais assez proche (et dérivée) de la première pour que la convention culturelle la considère plutôt comme une *autre version* de la même œuvre que comme une *autre œuvre*. (1994 : 188)

Il semble difficile d'appliquer ce postulat aux trois textes de Duras, à moins de considérer l'œuvre entier de celle-ci comme une entité aux manifestations plurielles. Selon Genette, le « consensus culturel » classe dans la catégorie des œuvres à versions *le Bénédicité* de Chardin, ou *la Tentation de saint Antoine*, dont les différents états (les quatre répliques du *Bénédicité*, les trois textes de Flaubert) ne peuvent être tenus pour un ensemble d'œuvres homonymes mais distinctes. L'usage n'y voit pas davantage une série d'étapes parmi lesquelles une seule constituerait l'œuvre véritable. En revanche, la « convention culturelle » considère les deux *Éducation sentimentale* ou les multiples représentations par Cézanne de la *Montagne Sainte-Victoire* comme des œuvres différentes.

Pour justifier cette classification, le poéticien propose trois critères permettant de relier à la même œuvre des objets différents : identité thématique, identité de mode, identité génétique (1994 : 231). Les deux *Éducation sentimentale* ne satisfont pas au premier de ces critères. S'il faut s'en tenir aux catalogues, comme y invite Genette, *l'Amante anglaise* (1967, *roman*, Gallimard) et *l'Amante anglaise* (1968, *théâtre*, Cahiers du théâtre national populaire) ne vérifient pas le second, non plus que *Détruire, dit-elle* (1969, Éd. de Minuit) et *Détruire, dit-elle* (1969, *film*, distr. Benoît-Jacob [12]). L'usage reconnaît ainsi les différences de genre et de medium, et leur rattache des œuvres distinctes et répertoriées comme telles. Cependant cet usage est fluctuant, et *Aurélia Steiner* (récit) ou *Aurélia Steiner* (film) connaissent dans ces répertoires une existence aléatoire puisque y sont retenues tantôt l'une, tantôt l'autre de ces œuvres [13]. Quant aux trois textes eux-mêmes, qui sont

12. Bibliographie des œuvres de Marguerite Duras présentée in *l'Amant de la Chine du Nord* (Gallimard, 1991 : 4 et 236-8).

13. Gallimard (voir note *supra*) ne mentionne aucun des *textes* qui composent le recueil initialement publié au Mercure de France et ne retient qu'une liste de *films* :

bien liés par une identité thématique, générique et génétique, rien n'interdit de les classer dans la catégorie des « œuvres en reprises » plutôt que dans celle des œuvres à versions.

À la différence des œuvres à versions, les œuvres en reprise sont des œuvres distinctes, dont les ressemblances ne compromettent pas l'autonomie. Genette n'en donne que quelques exemples picturaux, pour les opposer aux « œuvres à répliques », dont les différences, à l'inverse, n'empêchent pas qu'on puisse les rapporter à une œuvre unique à immanence plurielle (1994 : 195). Parmi les œuvres en reprise se rangent ainsi les *Montagne Sainte-Victoire* de Cézanne ou les *Meules* de Monet, les *Femmes* de De Kooning, les *Élégies* de Motherwell, etc.

La pratique de la « reprise en variation » peut procéder d'une intention délibérée : l'artiste organise alors la confrontation de ses œuvres dans une *série*, tel Monet exposant vingt *Cathédrales de Rouen* en mai 1892. Mais il peut aussi, comme Cézanne, se contenter de revenir de manière obsessionnelle sur « un motif de prédilection », sans rechercher la comparaison des différentes œuvres produites. Quels qu'en soient les motifs, c'est à ce type de pratique que se rattachent les textes de Duras. Les trois *Aurélia Steiner* constituent trois œuvres distinctes qu'unit une forte parenté formelle et thématique.

On peut à cet égard s'étonner de ce que Genette ne propose aucun exemple littéraire d'œuvres en reprise, non plus que d'œuvres à répliques. En ce qui concerne ces dernières, une raison en est donnée. Les œuvres à répliques relèvent de la catégorie de l'*autocopie* qui a pour but de fournir plusieurs exemplaires plus ou

---

le Navire night (1978, *film*, Films du Losange), *Césarée* (1979, *film*, Films du Losange), *les Mains négatives* (1979, *film*, Films du Losange), *Aurélia Steiner*, dit *Aurélia Melbourne* (1979, *film*, Films Paris-Audiovisuels), *Aurélia Steiner*, dit *Aurélia Vancouver* (1979, *film*, Films du Losange). Au contraire, P.O.L. (bibliographie in *le Monde extérieur*, 1993 : 284-6) indique le statut respectif de ces œuvres et respecte l'ordre chronologique de leur production. Entre le tournage du *Navire Night* et celui de *Césarée* s'intercale en effet la publication d'un recueil de textes (*op. cit.*, Mercure de France, 1979) dont Duras a signalé l'étroite relation qu'ils entretiennent avec les films du même nom : « deux films ont été faits à partir des deux premiers textes » intitulés *Aurélia Steiner* ; quant à *Césarée* et *les Mains négatives*, ils ont été « écrits à partir de plans non utilisés du Navire Night. Puis faits avec ces plans ». Selon le même principe, P.O.L. distingue *l'Homme atlantique* (1981, film, prod. Berthemont) et *l'Homme atlantique* (1982, récit, Éd. de Minuit), là où Gallimard ne retient que le second.

moins identiques de la même œuvre. Ainsi en va-t-il des quatre versions du *Bénédicité* de Chardin. Or les arts allographiques ont précisément pour caractéristique d'autoriser la reproduction indéfinie des objets de manifestation d'une même œuvre. Dans cette optique, « le procédé de l'autocopie n'y produit, relativement à cet objet, rien d'autre qu'un exemplaire de plus » (*op. cit.* : 200).

Il arrive pourtant qu'un écrivain joue de ce procédé théoriquement insignifiant, que ce soit à l'intérieur d'une seule œuvre, ou par la *répétition* de celle-ci. Dans *la Vie mode d'emploi*, Perec reproduit sans aucune variation le « Préambule » (Hachette, 1978 *a* : 15-18) au début du « Chapitre XLIV. Winckler, 2 » (*ibid.* : 248-51). Dira-t-on pour autant qu'il s'agit simplement d'un exemplaire de plus des pages considérées ? De l'aveu de Genette, l'autocopie, appliquée aux arts autographiques, ne saurait aboutir à la reproduction d'exemplaires rigoureusement identiques. C'est à ce titre que nous y voyons un processus de répétition, parfaitement exploitable dans le domaine littéraire, et distinct de la simple reproductibilité technique.

Quant aux œuvres en reprise, comment les distinguer nettement des œuvres à répliques ? Comment opposer clairement les *Montagne Sainte-Victoire* de Cézanne ou les *Cathédrales de Rouen* de Monet aux versions du *Bénédicité* de Chardin ? Les critères proposés par Genette ne paraissent pas toujours suffisants. Classant *le Bénédicité* parmi les autocopies, Genette y voit la garantie auctoriale de l'unicité de l'œuvre, sans que l'on sache très bien sur quoi repose cette garantie. L'identité génétique préside en effet de la même manière à la production des œuvres en reprise. En outre, elle ne garantit nullement un degré supérieur de fidélité à la *répétition* : comme le signale lui-même le théoricien, les versions du *Bénédicité* sont fort différentes les unes des autres. Le statut de ces œuvres dépend somme toute de « l'intention » de leur auteur. C'est la volonté de reproduire une même œuvre qui distingue l'autocopie de la reprise (p. 232). Mais on a vu que cette volonté n'excluait pas la variation, ce qui rend ce dernier critère bien fragile, et la distinction peu opératoire.

2. Personnage et répétition

2.1. Énonciation et répétition

L'ambivalence du système titulaire emblématise la diffraction du (ou des) sujet(s), dont la mobilité des instances d'énonciation est à la fois l'indice et l'opérateur. Le nom et la figure d'« Aurélia Steiner » constituent en effet une identité fugace compliquée d'un glissement entre divers statuts, qui en établissent la démultiplication. L'éponymie s'épuise à recueillir un objet ondoyant dont les avatars, d'ailleurs disséminés à travers tout l'œuvre durassien, se recouvrent pour se disjoindre, se résolvant *in fine* en un non-sujet ou une désignation vide. De manière toujours relative et provisoire, un nom propre diversement décliné (voir *infra*, 2.6) ou un pronom fort ambigu viennent subsumer cette multiplicité.

2.1.1. L'instance pronominale : un foyer de contradictions

> *... c'est la faute des pronoms, il n'y a pas de nom pour moi, pas de pronom pour moi, tout vient de là, on dit ça, c'est une sorte de pronom, ce n'est pas ça non plus, je ne suis pas ça non plus...*
>
> S. Beckett, *l'Innommable*

Cette mobilité se traduit d'abord par le fait que le sujet de l'énonciation peut investir, comme le remarquait Kristeva, « tous les postes subjectifs possibles », et que l'unité du sujet « se divise et se multiplie, de sorte qu'il peut occuper en même temps toutes les instances du discours » par permutation et superposition dans la distribution pronominale. Les réitérations du *je* ne correspondent plus dès lors à des « répétitions du même "je" », mais à diverses positions du sujet. C'est ainsi que les instances d'énonciation deviennent des « lieux de contradiction » (cf. « Instances du discours et altération du sujet », in *la Révolution du langage poétique*, 1974 : 315-329).

Sous un même pronom peuvent en effet se rassembler, en *AS1*, *AS2* et *AS3*, plusieurs traits opposés, voire exclusifs ; tandis que dans le même temps un mouvement inverse s'accomplit, grâce auquel ce pronom est affecté d'une particularisation marquée par l'emploi de chrononymes et de toponymes, ou par l'octroi d'un nom à la figure qu'il désigne ou qu'il représente.

Glissant d'une instance pronominale à une autre (*je / elle / nous / vous*) au long d'un même discours, le sujet « Aurélia Steiner » voit de plus son identité contredite par la coexistence de traits incompatibles au sein d'une même instance, échappant ainsi à toute fixation définitive. Individuation et indifférenciation extrêmes seront les deux pôles constitutifs d'une entité toujours prompte à se dissoudre dans l'anonymat, au moment même où un surcroît de détermination semblait l'identifier.

Le pronom *je* est d'emblée facteur d'ambiguïté. *AS1* s'ouvre sur un pronom personnel *je* en fonction de sujet, qui conjugue simultanément les rôles de narrateur et de destinateur : « Je vous écris tout le temps, toujours ça, vous voyez » (p. 117). Le *je* narrateur peut évoluer de l'indétermination à l'individuation, grâce aux toponymes et aux embrayeurs qui le situent en un temps et un espace fictifs et lui confèrent épaisseur et détermination (« Ici, c'est l'été », « j'habite Melbourne / Vancouver / Paris », etc.). Mais le glissement entre diverses postures pronominales d'une même instance d'énonciation, que ces indices semblaient individuer, inverse aussitôt le mouvement d'identification. Occupant successivement plusieurs positions de la distribution pronominale, le sujet « Aurélia Steiner » se voit décomposé en au moins autant d'actants qu'il occupe de postures subjectives : *je*, mais aussi *vous* (*AS2* : 157), *elle* (*AS2* : 145). L'accumulation d'actualisations différentes procède de même, brouillant l'identité attribuée à « Aurélia Steiner » par la récurrence du pronom personnel *je*. Ce même pronom pourra ainsi désigner une narratrice pourvue (*AS1* : 117, *AS2* : 139) ou non (*AS1* : 135, *AS2* : 166, *AS3* : 200) d'un destinataire, un personnage doté du nom d'« Aurélia Steiner », lui-même démultiplié en « Aurélia Melbourne », « Aurélia Vancouver », « Aurélia Paris ».

La distinction comme l'identification de l'une ou l'autre de ces instances se révèlent toujours fluctuantes, de sorte que se trouvent déplacées et reliées des entités originellement figées dans une relation oppositionnelle : narrateur / narrataire, destinateur / destinataire, sujet / objet. Cette tactique d'écriture met ainsi en question le sujet comme individualité, comme personne grammaticale, comme personnage.

Aux différentes occurrences des pronoms personnels *je*, *elle*, *nous*, *vous* correspondent une multiplicité de figures qu'un relevé (non exhaustif) des formes pronominales permet de distinguer de la façon suivante :

JE

– Un personnage anonyme en position de destinateur :

AS1 : 117 : Je vous écris tout le temps [...].

AS2 : 139 : Je suis dans cette chambre où chaque jour je vous écris.
AS3 : 199 : Toujours cette chambre où je vous écris.

– Un personnage qui s'autodésigne du nom d'« Aurélia Steiner », et que caractérisent quelques traits permanents :

- l'attribution d'une parentèle (parents vivants exerçant la profession d'enseignants, dont la judaïté n'est pas évoquée).
- la mention de son âge (dix-huit ans).
- la revendication d'une activité scripturale, cette fois-ci dépourvue de tout destinataire (« J'écris »). En revanche, la diffraction en trois lieux différents démultiplie cette identité narratrice :

AS1 : 135 : Je m'appelle Aurélia Steiner. / Je vis à Melbourne où mes parents sont professeurs. / J'ai dix-huit ans. / J'écris.
AS2 : 166 : Je m'appelle Aurélia Steiner. / J'habite Vancouver où mes parents sont professeurs. / J'ai dix-huit ans. / J'écris.
AS3 : 200 : Je m'appelle Aurélia Steiner. / J'habite Paris où mes parents sont professeurs. / J'ai dix-huit ans. / J'écris.

La répétition produit un effet d'individuation et de cohésion, mais, sur ce fond d'indifférenciation, l'identité est aussitôt démultipliée par son affectation successive en trois villes et trois continents différents (Australie, Amérique, Europe). L'emploi répété du présent ainsi que la réitération, par trois fois, des mêmes informations ont alors un effet inverse : face à cette impossible ubiquité, que rien ne vient justifier explicitement, le lecteur tend à distinguer trois identités différentes.

– Un narrateur de sexe féminin, dont le prénom et le nom propre sont identiques à ceux de l'entité repérée ci-dessus. Mais les traits distinctifs attribués à ses parents l'en différencient puisque ceux-ci, du fait de leur origine juive, ont été déportés dans un camp de « Pologne allemande », où ils sont morts (lors d'une seconde guerre mondiale qui n'est jamais nommée) :

- *AS1* : pas d'occurrence. Mais la narratrice anonyme de l'incipit est progressivement associée à cette figure par l'intermédiaire de son destinataire, dont le corps aurait été enterré et « séparé du [s]ien» dans les charniers :

- d'un camp de Pologne allemande (p. 120)
- dans ce camp de l'Est allemand ? (p. 127)
- dans ces crématoires, vous savez, vers Cracovie (p. 130)

• *AS2* : Le *je* qui s'autodésigne « Aurélia Steiner » (p. 142) est différencié du personnage qui apparaît dans l'excipit du même texte et qui porte le même nom (p. 166 : « Aurélia Steiner Vancouver »). Une détermination supplémentaire invite à cette distinction :

Je suis revenue dans ma chambre très vite pour vous écrire. [...] Je vous souris et je vous dis mon nom. Je m'appelle Aurélia Steiner. Je suis votre enfant.

La relation de parenté ne s'établit pas ici entre les mêmes individus : le déterminant possessif ne renvoie pas nécessairement à la double figure des parents professeurs d'Aurélia Steiner-Vancouver. Le pronom *vous* peut en effet désigner une multiplicité de destinataires, parmi lesquels s'inscrivent tantôt le père tantôt la mère d'Aurélia Steiner (voire *infra*). La parenté évoquée favorise ainsi une assimilation entre la figure de la narratrice anonyme et celle de l'Aurélia Steiner dont le père et la mère sont morts dans un camp d'extermination.

• *AS3* : pas d'occurrence d'un *je* narrateur, puisqu'il s'agit d'un récit hétérodiégétique. Mais un personnage est progressivement investi de certains traits attribués à l'entité précédente (judaïté, parents morts en déportation). Cependant « la petite Aurélia » s'en distingue, puisqu'elle n'est pas née dans un camp de Pologne allemande, à la différence de l'Aurélia Steiner évoquée en *AS2*.

De même que *tu*, *nous*, *vous* et *on*, *je* est un pronom sans antécédent dont le référent peut être identifié en fonction de la situation de communication où il se trouve employé, sans qu'il soit nécessaire d'y adjoindre un ensemble de déterminations : le mot *je* désigne directement la personne qui le dit. Or les différentes occurrences de ce pronom dans les trois textes suscitent un effet de brouillage : *je* n'y désigne pas toujours la même personne. On ne peut expliquer ce phénomène par le simple fait qu'une multiplicité de locuteurs s'autodésigneraient, alternativement, par ce pronom. Entre ces locuteurs distincts, le texte maintient sans cesse au moins une détermination commune, qu'il s'agisse de la généalogie, de l'âge, du sexe, de la fonction actantielle ou de la fonction dans la narration, ou encore du nom propre.

Comme on l'a remarqué, ces déterminations ne sont pas maintenues de façon constante, si bien que *je* échappe également à tout ancrage sur un référent stable. C'est le cas, entre autres, de la détermination sexuelle. *Je* ne marque pas l'opposition du genre, à la différence des anaphoriques *il* / *elle*, qui varient en genre et nombre en fonction de leur antécédent. *AS1* joue de cette neutralité en ne marquant qu'une seule fois le genre de cette première personne, par l'intermédiaire du participe passé :

> Et puis, vous m'avez vue. (*AS1* : 129)

Hormis l'apparition d'un prénom féminin à la dernière page de ce texte, ainsi que certains paramètres contextuels, aucune autre marque ne vient signaler à nouveau cette féminité. Le *je* demeure de ce fait passablement indifférencié : il ne suffit pas que le marquage ait été fait une fois pour que les occurrences suivantes du pronom et, rétroactivement, celles qui précèdent, en soient affectées à leur tour. Il en va de même pour le pronom *vous* dont le genre masculin n'est manifesté qu'à deux reprises (« Où êtes-vous perdu ? », p. 119). Peut-être faut-il voir dans cette discrétion une manière, sinon d'abolir, du moins d'atténuer ou d'apprivoiser la « différence » sexuelle qui établit une « séparation » entre la narratrice et son destinataire [14], au même titre que l'interdit de l'inceste — le père est l'une des figures désignées par le pronom *vous* — ou la différence temporelle — c'est la « fragmentation des temps » qui éloigne le *je* de ce *vous* dont « on dit » qu'il serait « mort il y a longtemps ».

ELLE

– *AS1* ne présente pas d'occurrence de cette instance pronominale. En revanche, une nouvelle figure apparaît en *AS2* : celle de la mère, qui porte le même nom que son enfant. Comme Aurélia Steiner-Vancouver, Aurélia Steiner-Melbourne et Aurélia Steiner-Paris, le personnage de la mère a « dix-huit ans » au moment de sa mort (p. 152). De plus, la narratrice se présente elle-même comme la fille de ce personnage.

---

14. Étudiant le système des pronoms dans *les Chants de Maldoror*, Kristeva observait à ce titre que la différence entre *je* et *tu* correspond à la différence sexuelle, de telle sorte que toute perturbation de l'opposition allocuteur-allocutaire implique une « interférence » du même ordre entre les deux sexes (*op. cit.* : 326). Tout comme la mère dans *les Chants*, le père est dans les trois *Aurélia Steiner* le destinataire privilégié, l'autre sexe, l'altérité par rapport à laquelle se constitue la narratrice.

> Ma mère morte en couches sous les bat-flanc du camp. Brûlée morte avec les contingents des chambres à gaz. Aurélia Steiner ma mère regarde devant elle le grand rectangle blanc de la cour de rassemblement du camp. Son agonie est longue. À ses côtés l'enfant est vivante. (p. 147)
> Dans le rectangle blanc de la cour de rassemblement ma mère Aurélia Steiner distingue encore le pendu voleur de soupe [...]. (p. 151)

– En *AS3*, le récit évoque deux personnages portant le même nom :

- « la petite Aurélia », « la petite fille » dont les parents ont été emmenés par « la police allemande » et que sa mère eut le temps de confier à une voisine (p. 195).
- sa mère, dont la police criait le nom de « Steiner Aurélia » (p. 197) et dont Aurélia répète le nom :

> - Ma mère, dit Aurélia, elle s'appelait Aurélia Steiner. [...]
> - Steiner Aurélia, dit Aurélia. Comme moi. (p. 198)

Ce personnage maternel ne peut toutefois être identifié strictement à celui qui apparaît en *AS2*, dont la fille est née en déportation dans le camp même et n'a pu être confiée à cette voisine.

– Aurélia Steiner se trouve également présentée comme une figure abstraite, indifférenciée, où se devinent toutes celles, particulières, qui la composent (y compris celle de la narratrice). C'est le cas en *AS2* :

> J'aurais demandé : vous cherchez quelqu'un ? quelqu'un dont on vous aurait parlé ? [...] Je demande : Aurélia Steiner ? [...] Je dis que j'ai entendu parler d'elle par des voyageurs en escale. (p. 145)
> Ici c'est l'endroit du monde où se trouve Aurélia Steiner. [...] Elle voit que le centre de la peur se déplace. Qu'il tourne autour d'elle. / Elle voit que le monde entier la craint, elle, Aurélia Steiner. (p. 152)

Le passage de la première à la troisième personne facilite cette indifférenciation. Considérés, à la suite de Benveniste, comme des pronoms non personnels, *il(s)* et *elle(s)* représentent de fait aussi bien un objet ou une notion qu'un être animé. En outre, même quand ils désignent un humain, celui-ci est absent de l'acte d'énonciation : cette personne dont on parle n'est pas un partenaire de l'interlocution mais un contenu de parole. Ainsi Aurélia Steiner oscille-t-elle constamment entre le statut de locuteur et celui de délocuté. La répétition du nom propre et celle des pronoms *je* et *elle* produisent à cet égard deux effets inattendus : un fonctionnement particulier de la reprise anaphorique, et une capacité du *je* à s'entendre comme un *elle*.

** LA REPRISE ANAPHORIQUE :

Le pronom anaphorique devrait en toute logique assurer ici ses fonctions habituelles. Quand il se substitue aux items lexicaux, il en évite la récurrence sans pour autant équivaloir à la pure reprise du nom commun, puisqu'il en modifie la détermination. Il équivaut alors à un SN comportant à la fois un article défini (anaphorique) et un complément déterminatif qui restreint l'extension du nom. Dans la majorité des cas, lorsque l'antécédent est un SN présentant la structure [art. indéfini + nom commun (+ SP)], Duras respecte cet usage :

> [...] un marchand de journaux criait le titre de la colère de la mer. Il disait le montant des dégâts [...]. (*AS2* : 156)

Là, *il* = *le* marchand de journaux *qui criait le titre de la colère de la mer*. Le rôle du pronom représentant n'est pas à proprement parler d'éviter une répétition à l'identique, qui, si elle se produisait, engendrerait une confusion puisqu'on ne saurait pas s'il s'agit de la même personne ou de la même chose : dans deux phrases consécutives telles que *un marchand de journaux criait le titre...* et *un marchand de journaux disait le montant des dégâts*, rien n'indique que le SN désigne le même individu.

Le pronom anaphorique sert donc surtout à préciser que ce qui va être dit dans le nouvel énoncé doit être rapporté à l'antécédent, rôle particulièrement nécessaire quand cet antécédent est indéterminé. Ces cas sont somme toute peu fréquents dans les textes de Duras, où l'antécédent est le plus souvent affecté d'une détermination définie : ainsi les périphrases substitutives (*le marin à cheveux noirs*, *le pendu voleur de soupe*, *le dormeur millénaire*, etc.) comportent-elles généralement le déterminant de notoriété, de telle sorte que l'apparition des personnages s'accompagne toujours du halo de leur éternelle renommée. Ce sont pourtant de tels cas qui vont constituer, de façon privilégiée, les noyaux d'indétermination du texte (voir *infra*, 2.2).

Il arrive en effet que la reprise anaphorique génère la confusion au lieu de la prévenir. Duras use maintes fois de cette tactique qui fait que :

• on ne sait pas clairement ce que le pronom reprend.

• la personne que le pronom représente fait l'objet d'une représentation par un autre pronom dans les occurrences qui suivent ou qui précèdent, sans que ce glissement soit justifié par le contexte.

Le premier de ces phénomènes se manifeste par exemple dans le passage suivant :

> Je suis allée me coucher sur la profondeur de la mer [...]. *Elle* était encore fiévreuse, chaude.
> Petite fille. Amour. Petite enfant.
> Je *l'*ai appelée de noms divers, de celui d'Aurélia, d'Aurélia Steiner.
> Dans sa profondeur encore *elle* se débattait entre l'épuisement et l'envie de tuer. [...]
> Je *lui* ai raconté l'état de la ville. (*AS2* : 155)

Le pronom anaphorique de la troisième personne (*elle*, *l'*, *lui*) peut ici représenter plusieurs antécédents différents (*la mer*, *petite fille*, *amour*, *enfant*) qui ne renvoient pas aux mêmes identités. Le nom d'Aurélia Steiner, puis la fonction de destinataire sont ainsi rapportés indifféremment à une série de SN désignant un non animé (la mer) ou un être humain (le substantif *amour* pouvant désigner ici aussi bien le sentiment que la personne qui l'inspire). De plus, ce personnage peut être identifié concurremment comme l'enfant d'Aurélia Steiner, ou comme la mère, homonyme, de cet enfant.

Le second phénomène est facteur d'un trouble similaire. Un glissement peut en effet s'opérer entre la première et la troisième personne :

> Je m'appelle Aurélia Steiner. (p. 142)
> Je demande : Aurélia Steiner ? [...] / Je dis que j'ai entendu parler d'elle par des voyageurs en escale. (p. 145)

On peut relever le même glissement furtif entre *vous* et *il*, ou *vous* et *je* (voir la rubrique *vous*). Non fixé, le référent passe ainsi, assez librement, de la place de locuteur à celle de destinataire ou de délocuté. C'est là un second effet de cet emploi particulier des pronoms :

** *JE* ENTENDU COMME UN *ELLE* :

C'est le locuteur lui-même qui organise son passage au statut de délocuté : *je* parle de *soi* comme d'une troisième personne absente. C'est du moins le simulacre de dédoublement auquel donne lieu la reprise des mêmes traits identifiants sous deux instances pronominales différentes. Un lecteur soucieux de rétablir une cohérence absente est naturellement libre d'inventer une justification à ce glissement par référence à un hors-texte qui lui permettra de reconstituer une cohésion narrative, psychologique, symbolique. On postulera par exemple que la narratrice s'identifie au double personnage d'Aurélia Steiner (mère et fille) dont l'histoire lui a été rapportée, ou que cette narratrice et l'enfant Aurélia Steiner ne seraient qu'un même personnage, qui aurait échappé à la mort concentrationnaire, ou encore qu'Aurélia Steiner-Vancouver, Aurélia Steiner-Melbourne, et Aurélia Steiner-Paris sont des personnages homonymes, voire que leur présence en des lieux différents s'explique par des éléments biographiques que n'aurait pas fournis l'auteur. Mais ce faisant, comme le remarquait Todorov (1972 : 286), on prête au personnage une biographie fictive en explorant jusqu'aux parties de sa vie absente du livre. Tout lecteur peut inventer une réponse à ces questions : que faisait Hamlet pendant ses années d'étude ? Que devient Berthe Bovary ? Or le propre du texte durassien est de ne livrer aucun indice qui impose une lecture plutôt qu'une autre. Dans la volonté de montrer un *je* capable de se saisir comme une troisième personne, on peut simplement voir une volonté de mettre en scène le rapport de l'altérité à l'identité, de la subjectivité à l'objectivation.

VOUS

— En *AS1*, ce pronom peut représenter une multiplicité de personnages.

• Il est d'abord investi du statut de destinataire indéterminé (p. 117).

• Il acquiert ensuite progressivement quelques qualifications, qui lui sont attribuées sur un mode hypothétique et demeurent donc incertaines (p. 119). Elles contribuent cependant à dessiner des figures incompatibles, dont les seuls traits communs sont la masculinité et l'éloignement dans l'espace ou la mort (voir *infra*, 2.2).

— *AS2* multiplie les référents.

Similaire à celui de *AS1*, l'incipit de *AS2* introduit également à travers le pronom *vous* un destinataire d'abord indéterminé qui peut aussi représenter le lecteur virtuel de ce texte :

> Je suis dans cette chambre où chaque jour je vous écris. (p. 139)

Ce destinataire change ensuite d'identité selon les occurrences :

• Un *vous* de politesse, sans valeur collective, désigne un personnage qui présente certaines des caractéristiques présentées en *AS1* (sexe masculin, éloignement dans la mort). S'y ajoute une relation de parenté avec la narratrice qui s'autodésigne Aurélia Steiner :

> Je m'appelle Aurélia Steiner. Je suis votre enfant. / Vous n'êtes pas informé de mon existence. / Vous ne pouvez pas me faire signe, la mort vous retient de me voir, je le sais. (p. 142)

• Après avoir eu pour référent un personnage masculin, le pronom peut, de manière subite et sans justification, désigner ensuite un personnage féminin, que la narratrice présente comme sa mère :

> Vous seriez parti en courant [...]. (p. 146)
> C'était des jours d'été. La mort vous gagnait.
> Vous voyiez encore je crois, mais déjà vous ne souffriez plus, déjà atteinte d'insensibilité.
> Vous baigniez dans le sang de ma naissance. (p. 149)

Le participe passé marque seul ce passage (*parti / atteinte*). En l'absence de cet indice, le référent ne peut d'ailleurs être cerné de façon certaine. *La mort vous gagnait* constitue à cet égard une phase intermédiaire, où le *vous* désigne indifféremment le père, par anaphore, ou la mère, par cataphore. Rien n'interdit au demeurant de lire dans ce *vous* non la forme de politesse, mais un pluriel désignant la double figure des parents.

• Le même pronom désigne également un personnage auquel est attribuée la qualité de « marin » :

> Aujourd'hui vous êtes un marin à cheveux noirs. (p. 154, voir aussi p. 161)

• Enfin, le *vous* gagne une valeur hésitante, entre singulier et pluriel, puisqu'il est présenté comme l'addition des différentes figures qu'il a pu désigner et qui lui donnent son identité en même temps qu'il leur donne leur unité :

> Je les rassemble à travers vous et de leur nombre je vous fais. [...] De tous vous ressortez toujours unique, inépuisable lieu du monde, inaltérable amour. (p. 157)

L'incertitude de ce mode de désignation tient au fait que le pronom *vous* peut renvoyer à plusieurs personnages masculins ou féminins sans que le texte fournisse une justification à ce glissement, et sans qu'il soit toujours possible de distinguer entre ces entités. *Vous* désigne donc aussi bien la figure paternelle que l'entité, elle-même multiple, qui porte le nom d'Aurélia Steiner, revendiqué par la narratrice (p. 162). De la sorte, la narratrice occupe simultanément ici la position du *je* et celle du *vous*. Par là, l'auteur parvient à faire de la troisième personne, celle dont on parle, un partenaire de l'interlocution, à qui l'on s'adresse : Aurélia Steiner (*je*) peut s'adresser à Aurélia Steiner (*vous*), comme Aurélia Steiner (*je*) peut parler d'Aurélia Steiner (*elle*).

NOUS

Malgré la force donnée aux relations interpersonnelles dans les trois textes, ce pronom n'est employé qu'en *AS1* où, pronom de la personne double, il associe le destinateur anonyme et son destinataire indéterminé (p. 118). L'absence du pronom collectif marque peut-être, pour Duras, l'accès d'Aurélia Steiner au statut de sujet, par opposition à ces enfants d'Auschwitz qui, à leur libération, ignoraient la première personne du singulier et ne connaissaient que le *nous* (*wir*) — voir *infra*, 2.6.2.

ON

À la différence des autres pronoms, l'anti-personnel *on* n'est jamais susceptible ici de quelque déplacement que ce soit. Instance définitivement figée, il figure *a contrario* le sujet comme absence, ou plutôt comme indifférenciation absolue.

2.1.2. Bilan : répétition et système pronominal

Le détail des études précédentes autorise un certain nombre d'observations.

Non-proscription de la répétition

L'emploi des pronoms, tel qu'il se manifeste dans ces trois textes, ne répond pas au souci d'éviter la répétition. En effet :

• Le lecteur se trouve confronté à la répétition d'un même pronom là où une variation (par utilisation d'un nom propre ou d'une périphrase substitutive) serait non seulement possible mais encore conseillée par le bon usage, qui, on le sait, proscrit toute répétition inutile :

> *Elle* dit que la forêt brûle, juste là, en bas de la tour. [...] *Elle* prend une bougie le long du mur — *elle* voit dans le noir l'enfant — et *elle* l'allume. Et *elle* chante le chant juif. *Elle* est assise par terre aux pieds de la dame. Et *elle* chante le chant juif et la dame commence doucement à s'endormir sous le chant d'Aurélia Steiner. (*AS3* : 192)

On reconnaît là un mode d'organisation phrastique fondé sur le principe d'une progression à thème constant, dont Combettes observe qu'elle a généralement pour centre un personnage : au même thème sont adjointes une série d'informations nouvelles, l'ensemble étant censé assurer tout à la fois la cohésion et la progression du texte (*l'Organisation du texte*, 1992 : 105). Ici, c'est la répétition d'un même rhème (*chanter le chant juif*) qui sert de pivot à l'introduction d'un nouveau thème (*la dame*). La technique témoigne de l'importance du personnage dans le récit, mais sa forte récurrence y introduit un effet d'étrangeté qui ne garantit pas nécessairement la cohérence textuelle.

Il paraît difficile de rattacher cette pratique de l'anaphore à un type particulier de texte. Analysant le texte narratif, J.-M. Adam pose pour sa part une distinction entre les *récits écrits*, maîtrisés et fortement anaphoriques, et les *récits oraux*, où les éléments seraient peu repris parce qu'ils font partie du contexte de l'échange avec le partenaire. Le principe de la reprise textuelle serait ainsi réservé au récit « littéraire », « très dominé », tandis que son absence marquerait un second type de récit, « éclaté, ouvert sur l'activité du lecteur », dont le nouveau roman donnerait l'exemple (1985 : 48). Ainsi qu'on vient de le voir, le recours à l'anaphore ou à la cataphore est loin de transformer le lecteur en récepteur passif, puisqu'il lui faut constamment vérifier une coréférence présupposée, et chercher un référent parfois absent du contexte immédiat. Quant au statut du texte durassien, à supposer qu'il soit *littéraire* et *maîtrisé*, il n'en présente pas moins un ensemble de caractéristiques propres au langage parlé, qui abuse également de la substitution anaphorique et cataphorique [15].

---

15. Comme Duras, Queneau manifeste sa prédilection pour ce mode d'organisation du texte, dont *Zazie dans le métro* offre maints exemples : « Papa, il était donc tout seul à la maison, tout seul qu'il attendait, il attendait rien de spécial, il attendait tout de même, et il était tout seul, ou plutôt il se croyait tout seul, attendez, vous allez comprendre. Je rentre donc, faut dire qu'il était noir comme une vache, papa, il commence donc à m'embrasser ce qu'était normal puisque c'était mon papa, mais voilà qu'il se met à me faire des papouilles zozées [...]

• Parallèlement, les répétitions d'un SN, d'une périphrase ou d'un nom propre s'accumulent sans aucun recours au pronom représentant, comme s'il n'existait pas d'équivalence véritable entre ces différents modes de désignation d'une même identité :

> *Le chat* se couche sur le dos [...] *Aurélia* se couche contre *le chat. Le chat* lèche le front d'*Aurélia.* Son ronronnement remplit la tête d'*Aurélia.* Elle est comme morte *Aurélia* et *le chat* s'en amuse [...]. (*ibid.* : 198)

Non-respect de la fonction anaphorique

Le fonctionnement non anaphorique du pronom représentant marque une rupture inhabituelle entre le pronom et son antécédent. On a vu que cette rupture pouvait engendrer une confusion, le pronom ne marquant aucun lien entre l'antécédent et la suite de l'énoncé, qui peut fort bien ne pas s'y rapporter. Les cas d'emploi cataphorique du pronom se semblent pas davantage répondre à la seule volonté de préserver la progression et la cohésion du récit. Ainsi Duras a-t-elle fréquemment recours aux structures disloquées qui multiplient encore les répétitions : « Elle *voit dans le noir* l'enfant », ou « *Son ronronnement remplit la tête d'* Aurélia. Elle *est comme morte* Aurélia [...] ». Dans cette dernière phrase, le nom propre impose en outre une reprise à l'identique d'une forme déjà présente dans le contexte immédiat.

Le mode d'enchaînement de ces deux phrases relève d'une progression thématique linéaire, où le rhème d'une phrase devient le thème de la phrase suivante : dans *elle est comme morte Aurélia*, le complément de la phrase précédente est devenu sujet, la structure disloquée produisant de surcroît un effet de chiasme. Là encore, cette progression n'exclut pas l'incohérence : l'usage combiné de la structure disloquée et de pronoms qui n'exercent pas clairement leur fonction anaphorique rend malaisée la compréhension de l'énoncé (cf. *Elle voit dans le noir l'enfant*, où *l'enfant* est sujet ou complément du verbe, selon que *elle* représente *Aurélia* ou *la dame*). À l'intérieur même d'une progression à thème constant, l'usage perverti des éléments diaphoriques, qui n'est plus facteur de cohésion thématique, ménage des ruptures successives.

---

mais quand je lui ai dit ah non ça jamais, lui il saute sur la porte et il ferme à clé et il met la clé dans sa poche et il roule les yeux en faisant ah ah ah tout à fait comme au cinéma, c'était du tonnerre » (1959 : 71). Texte à vrai dire d'un type particulier : s'il s'agit d'un « récit oral », on conviendra qu'il est aussi très *écrit*.

Cette fracture entre le contexte antécédent et le contexte subséquent manifeste une suspension provisoire du sens, en signalant un hiatus dans la continuité de sa construction et de sa réception. Les textes durassiens organisent de la sorte une série d'interruptions infimes dans la linéarité de la lecture. Bien souvent, un lien ne peut être maintenu entre une partie de l'énoncé et celle qui le suit qu'au prix d'une sorte de saut logique, sémantique et temporel. Ces gouffres ouverts dans le texte séparent un *avant* et un *après* qui ne parlent pas nécessairement de la même identité et dont la succession temporelle ne garantit nullement la permanence de cette identité par delà les obstacles et les transformations narratives. C'est à la répétition que Duras fait appel pour assurer l'avancée du sens tout en prévenant l'oubli de ce qui précède : répétitions de pronoms, de syntagmes, de phrases, d'énoncés qui se distinguent cependant de la redondance en ce qu'elles n'ont pas pour but de faciliter la compréhension du message, mais à l'occasion d'en augmenter l'opacité. La répétition permet l'inscription du sens *sur* et *contre* les blancs et les vides qui en marquent la progression, et dont elle est la manifestation déguisée.

Désignation et représentation superposées

On a vu qu'un même référent pouvait être désigné par les pronoms *je*, *vous* (ce dernier désignant indifféremment, d'une occurrence à l'autre, un personnage féminin ou masculin) ou représenté par le pronom *elle* sans que rien — comme, par exemple, un glissement du dialogue au récit — le justifie.

À travers cette mobilité, le texte met en scène plusieurs situations de communication susceptibles de perturber le sujet. Accédant au statut de locuteur, ce sujet est tenu à la désignation : autodésignation de soi par un *je*, et désignation de l'autre par un *tu*. Inversement, il lui faut être capable de se reconnaître dans le *tu* qui le désigne. Cette situation place le sujet devant la nécessité d'affronter l'altérité et de se désigner soi-même. S'adressant à ce *tu* qui lui fait face comme son autre et se reconnaissant à son tour dans le *tu* qui lui est adressé, le sujet est à même d'intégrer l'altérité sans perdre la capacité de se dire lui-même. L'interlocution permet au sujet de se dire soi-même *comme un autre*. Elle lui fait quitter l'identité invariante de l'énonciation solitaire pour l'ipséité mobile dont il fait l'épreuve dans la communication.

La pratique littéraire de la mise en abyme et de la spécularité s'accompagne d'un isolement du sujet, dont Gide a donné une représentation frappante. L'écrivain se contemplant au miroir dans l'acte d'écrire engage avec lui-même une conversation dont les partenaires sont identiques et dont le contenu n'est soumis à aucune variation : « mon image me parlait, m'écoutait, me tenait compagnie, me maintenait en état de ferveur » (cf. *supra*, 1.1.2). En l'absence d'une véritable situation d'interlocution, la signification du message ne connaît ni variation ni ambiguïté. La conscience réfléchie trouve ainsi un rempart dans la répétition du même. Mais elle se voit de fait dans la nécessité de la reproduire indéfiniment.

Pourtant, l'expérience de la réflexion n'exclut pas la saisie de l'altérité. Les trois textes de Duras en présentent, on l'a constaté, un exemple. L'identité réfléchie y observe les traits qui la caractérisent mais qui sont toujours aussi ceux d'un autre :

> Je me suis éloignée de la glace. Je me regarde. Les yeux sont bleus, dit-on, les cheveux noirs. (*AS1* : 142)
> La petite fille quitte la fenêtre [...]. Elle se regarde dans la glace. Elle voit des cheveux noirs et la clarté des yeux. Les yeux sont d'un bleu très sombre. (*AS3* : 170)

Le miroir renvoie l'image des « yeux bleus, cheveux noirs », deux caractéristiques dont on sait qu'elles sont attribuées à des personnages différents. Il rassemble ainsi en partie les figures éparses qui constituent et déconstruisent tout à la fois le personnage d'Aurélia Steiner. Le sujet s'y appréhende comme « une identité de nature indécise qui pourrait se nommer de noms indéfiniment différents », à la manière de Lol V. Stein (1964 : 46).

Si l'altérité radicale peut être intériorisée et intégrée au sein de la conscience réfléchie de soi-même, c'est ici au prix d'un simulacre de dédoublement au cours duquel un *je* devient de surcroît apte à parler *de soi* comme d'une *troisième personne* ou à s'adresser *à soi-même* comme à un *tu*. En s'assimilant à un *il* et en s'énonçant comme tel, le sujet procède à la représentation de soi-même comme un autre. Le *je* de l'autodésignation s'assume comme support de l'altérité, comme ipséité mouvante, changeante.

Discontinuité de la progression textuelle

Dans les séquences citées, la répétition a pour effet paradoxal d'interrompre la linéarité de la progression textuelle et celle de la lecture. Elle affecte également la construction du personnage, comme en témoignent aussi la distribution des traits distinctifs ou l'usage du nom propre. Le système des pronoms fonctionne lui-même de telle sorte qu'il entrave la connaissance progressive du personnage : l'accumulation au fil du texte d'une série de qualités identifiantes n'en autorise pas à coup sûr la reconnaissance. À chaque instance pronominale, au contraire, une accommodation se révèle nécessaire, qui met en concurrence le micro-contexte et l'ensemble de l'énoncé antécédent. Il ne suffit plus d'additionner les éléments permettant l'identification du référent ; la logique exigerait de les sélectionner puisqu'il arrive qu'ils se contredisent. Or un tel type de texte organise les contradictions sans toujours en autoriser l'annulation. Ainsi prescrit-il constamment sa relecture.

2.2. Les traits indistincts

Le glissement d'un même sujet d'une instance pronominale à une autre s'accomplit, en *AS1* et *AS2* au cours d'un même discours, où ne viennent s'intercaler ni dialogues ni fragments de récit. C'est donc une même instance d'énonciation — le *je* narrateur — qui subit ces métamorphoses répétées. De la sorte, *je* parlant d'*elle*, ou *je* s'adressant à *vous* ne peut être strictement distingué, on l'a dit, des figures représentées par ces pronoms.

Cette fluctuation s'accompagne de l'attribution à une même figure de traits individuants contradictoires, ou, à l'inverse, d'un même trait à des figures différentes. Ceux-ci ne permettent donc plus la reconnaissance certaine de personnages distincts et n'assurent pas l'identification définitive d'au moins l'un d'entre eux. Le *je* réitéré n'est jamais rigoureusement le même ; inversement, *nous*, *vous* ou *il / elle* ne sont jamais rigoureusement différents. La répétition déconstruit ainsi le personnage en le vidant précisément de toute « personnalité ». Aminci jusqu'à l'épure, celui-ci n'en devient pas pour autant un *type* ou un *caractère* statique qui serait encore aisément définissable par la récurrence d'un ensemble de qualités. Occupant provisoirement une position, le personnage la quitte aussitôt qu'une qualification ou une fonction nouvelles viennent annuler, ou du moins contredire, celles qui lui avaient été préalablement octroyées.

La répétition se distingue de la récurrence ou de la redondance en ceci qu'elle n'a pas nécessairement pour effet ni pour fonction d'assurer la transmission d'une information et la compréhension d'un énoncé dont elle garantirait la cohérence et la lisibilité. Elle introduit au contraire le trouble dans la linéarité paisible de la lecture. La reprise d'un même trait distinctif, attribué à des personnages différents, contribue à la déstabilisation du personnage. L'attribution à un même personnage de traits incompatibles met également en péril cette permanence minimale qui permettait de l'identifier.

C'est un ensemble de qualifications directes et indirectes (traits physiques et moraux, sexe, âge, généalogie, activité, etc.) qui construisent progressivement le personnage. Ces informations permettent au lecteur de reconnaître une identité dotée d'attributs permanents et qui diffère en outre des autres personnages. Ainsi a-t-on pu concevoir le personnage comme un faisceau de différences, par analogie avec le signe linguistique. La récurrence des mêmes marques garantit la ressemblance du personnage à lui-même et en constitue le coût. C'est au contraire la différence qui lui donne sa valeur, puisqu'elle permet de l'opposer aux autres et de l'en distinguer. Le respect d'un certain équilibre entre ressemblances et différences facilite donc cette identification. On a rappelé que, selon Todorov, les actions d'un même personnage doivent être suffisamment différentes pour que leur mention se justifie, et suffisamment ressemblantes pour qu'on reconnaisse le personnage (*op. cit.* : 288).

S'il envisage bien l'effacement des principes différentiels ou, à l'inverse, leur exagération, Todorov limite le domaine d'application de ce déséquilibre au personnage isolé, sans l'étendre aux rapports que ce dernier peut entretenir avec les autres. On est dès lors réduit à concevoir ce personnage « toujours ressemblant » à lui-même comme un être statique, que n'affecte aucune variation dans le temps. Or la similitude peut aussi rapprocher des personnages distincts. Certains écrivains (Simon, Duras, Queneau, Robbe-Grillet) font ainsi revenir, sous des noms variés et à travers plusieurs œuvres, des personnages très peu différenciés. Dans un même récit, cette pratique de la répétition aboutit aussi à l'indistinction des personnages. Il se peut en effet que la reprise d'un ou plusieurs traits (ou actions) engendre entre ceux qui en sont le support une ressemblance telle que les axes d'oppositions disparaissent et qu'il ne soit plus possible de les différencier.

2.2.1. Non-pertinence du critère quantitatif

Pour procéder à l'identification d'un personnage et à son « classement sémantique », Hamon distingue des critères qualitatifs et quantitatifs (*op. cit.* : 134). Les premiers mettent en jeu les informations données sur l'être du personnage, qu'elles soient communiquées directement (par lui-même) ou indirectement (à travers les commentaires des autres personnages ou de l'auteur). Les seconds prennent en compte la fréquence d'un renseignement fourni par le texte (qualification unique ou réitérée). Ils devraient permettre de cerner avec plus de précision le « degré de qualification » d'un personnage : à l'intérieur d'une même classe, on peut ainsi distinguer différents personnages en fonction d'une échelle de « modulation » et de « graduation » qui présente, par exemple, un type plus ou moins politisé. La combinaison de ces deux critères rendrait donc plus aisée la différenciation entre deux ou plusieurs personnages « synonymes ». Sans en proposer d'illustration, Hamon imagine le cas pervers d'une « ressemblance totale » entre des personnages qui seraient pourvus des mêmes sèmes individuants et s'interroge : comment différencier deux personnages asexués, ou deux personnages à la fois asexués et apolitiques ?

Il va de soi que ce critère quantitatif ne suffit pas à établir des distinctions fiables, comme l'observe d'ailleurs le théoricien. Un personnage auquel la qualification / *politisé* / n'est attribuée qu'une fois peut l'être beaucoup plus qu'un autre qui serait plusieurs fois cité comme tel. D'autre part, un personnage déterminé par des actions répétées n'y gagne pas nécessairement plus d'importance, dans la mesure où la réitération d'une action peut servir de simple « illustration symbolique » d'une qualification unique et constante. Ainsi, le fait qu'un prêtre soit décrit plusieurs fois en train de dire la messe peut mettre simplement en relief sa qualité de prêtre.

Mais cette réitération produit d'autres effets, dont les analyses de Hamon ne rendent pas compte, sans doute parce qu'elles s'appliquent aux manifestations classiques du personnage romanesque, tel qu'il apparaît, par exemple, dans *les Rougon-Macquart*. Dans ce cadre, un personnage déterminé par des qualifications et des actions répétées sera à ses yeux « en général plus important » qu'un autre dont les traits distinctifs ne seraient évoqués qu'une fois ou dont les actes resteraient à l'état de projet. Ce dernier fait nécessairement figure de personnage mineur (sur lequel le texte ne s'attarde pas) ou doué de peu de volonté (dont les actes ne dépassent pas le stade de la virtualité ou de la virtualité répétée). Une telle classification devrait permettre de rendre compte de ce que Hamon nomme les « qualifications psychologiques floues » : il y range les personnages « velléitaires », « consciencieux », « maniaques », etc. Classification à vrai dire bien conventionnelle, qui ramène encore dans l'ordre de l'analyse psychologique certains phénomènes considérés comme marginaux.

2.2.2. *Effacement des axes d'opposition et des degrés de qualification*

Comment comprendre, précisément, les cas de « ressemblance totale » imaginés par Hamon ? Comment les appréhender quand, de surcroît, les qualifications qui leur sont attribuées ne relèvent pas d'une typologie psychologique attendue, quand aucun degré de qualification ne peut être discerné entre deux personnages qu'il semble impossible de différencier en fonction de leurs oppositions ou de leur répartition sur une échelle qualitative graduée ? On peut observer ainsi, dans les trois textes de Duras, le déplacement d'une même caractérisation qui vient qualifier tour à tour différents personnages. Des traits particularisants tels que / cheveux noirs /, / yeux bleus /, / dix-huit ans /, affectent successivement des figures distinctes, dont l'identification est permise au long du texte par des appellations rudimentaires (*le marin*, *le pendu*), par l'imposition d'un nom propre (*Aurélia Steiner*) ou l'inscription dans la chaîne pronominale (*je*, *il* / *elle*, *nous*, *vous*). Ces traits qui dans l'univers durassien ne sont guère distinctifs, comme l'a remarqué M. Borgomano [16], perdent alors leur fonction différentielle.

En *AS2*, les mêmes éléments de description physique affectent le *je*-narrateur, le *vous*-destinataire anonyme et indéterminé, le *vous*-mort pendu dans un camp de Pologne allemande et identifié comme le père d'Aurélia Steiner (ou, du moins, de l'une des figures qui portent ce nom), le *vous*-vivant et affecté de la qualité de « marin » :

> *AS2* : 142 : Je me regarde. Les yeux sont bleus, dit-on, les cheveux, noirs. [...] Je m'appelle Aurélia Steiner. Je suis votre enfant.
>
> *AS2* : 144 : [...] comment êtes-vous ? blond ? un homme du Nord, aux yeux bleus ? Vous auriez, mais à peine, tardé à me répondre : aux yeux bleus, oui, mais aux cheveux noirs.
>
> *AS2* : 154 : Aujourd'hui vous êtes un marin à cheveux noirs.
>
> *AS2* : *ibid.* : Je sais que [...] vous la chercherez, elle, celle que vous avez

---

16. 1985 : 163. Duras en a même fait le titre d'un livre : *les Yeux bleus cheveux noirs* (Minuit, 1986).

croisée ce matin dans la ville, et que vous avez regardée. À cause de cette robe légère peut-être et de ce regard bleu sous les cheveux noirs.
AS2 : 157 : Je suis rentrée dans ma chambre [...] et puis j'ai attendu le jeune marin à cheveux noirs. C'est en l'attendant, lui, que je vous écris.
AS2 : 160 : [...] je vois la couleur liquide et bleue des yeux vides déjà pris par la mort du jeune pendu de la cour de rassemblement.

On retrouve ces traits en *AS3*, où ils caractérisent le personnage de la « petite fille », âgée de « sept ans d'après le petit rectangle blanc du tricot » et prénommée « Aurélia » :

> Elle se regarde dans la glace. Elle voit des cheveux noirs et la clarté des yeux. Les yeux sont d'un bleu très sombre, ils se décolorent avec le soir et alors ils ne sont plus qu'obscurité limpide et sans fond. (p. 170)

En *AS1*, ils ne sont mentionnés que deux fois et qualifient le destinataire :

> Je vois que le ciel du fleuve est bleu de cette même couleur liquide et bleue de vos yeux. (p. 120)
> D'abord le bleu liquide et vide de vos yeux. (p. 129)

Là encore, le nombre importe peu. Il suffit que ce trait ait été attribué une seule fois à l'un des personnages pour que sa reprise et son affectation à un deuxième personnage introduise le trouble.

D'autres informations contribuent de même à rapprocher jusqu'à la confusion des personnages différenciés par ailleurs : âge, généalogie, ou encore nom et prénom.

> *AS2* : 152 : Ma mère, dix-huit ans, se meurt.
> *AS2* : 160 (à propos du jeune pendu de la cour de rassemblement du camp) : Dix-huit ans aussi.
> Excipit de *AS1*, *AS2*, *AS3* : J'ai dix-huit ans.

À la différence de *AS1* et de *AS2*, *AS3* se présente initialement comme un récit. Aurélia Steiner n'apparaît pas d'emblée, deux personnages féminins (une « petite fille » et une « dame ») lui sont substituées. Peu à peu cependant, la « petite fille » se trouve dotée d'éléments constitutifs de l'acteur « Aurélia Steiner » :

• Sur le rectangle de coton blanc cousu à l'intérieur de sa robe « il y avait les lettres A.S. [...] » (*AS3* : 179).

• Puis « l'enfant » chante « le chant d'Aurélia Steiner » (*AS3* : 192).

• Enfin, le prénom « Aurélia » lui est définitivement attribué : « Aurélia reprend le chant juif. » (*AS3* : 193)

AS3 se clôt sur la même différenciation qu'en *AS1* et *AS2* : le récit une fois achevé sur la répétition et l'appropriation de son nom par Aurélia (« Steiner Aurélia, dit Aurélia. Comme moi », p. 198), le discours reprend, assuré par ce *je* qui se présente comme identique à l'une des instances de *AS1* et *AS2*, et qui s'en distingue par le même principe (« Je m'appelle Aurélia Steiner. J'habite Paris où mes parents sont professeurs», p. 200). Cette permutation des rôles et des traits distinctifs aura produit l'éclatement de l'identité « Aurélia Steiner » en des figures différentes et parentes, qu'une stratification superpose tels les états d'un procès en cours.

2.2.3. Possibilité d'une répétition pure ?

Cette répétition des mêmes traits conduit-elle pour autant à un effacement complet des oppositions et graduations qui permettent habituellement de distinguer les personnages ? Si dans les cas extrêmes un degré élevé d'effacement peut être atteint, celui-ci n'est jamais complet et une distinction demeure possible. L'attribution des mêmes qualités à deux entités produit au moins un effet de dédoublement.

Cette schize peut affecter le personnage de deux façons, selon qu'elle aboutit à une duplication externe ou interne. Dans le premier cas, les phénomènes de ressemblance trouvent leur explication dans la gémellité des personnages ; la répétition des mêmes attributs crée alors des doubles. Dans le second, elle rend une même figure apte à glisser d'une identité à une autre, en assumant des rôles opposés.

Duplication

Analysant le rôle des paires de personnages dans le récit mythologique, Lévi-Strauss remarque la persistance d'une opposition ou d'une modulation qui en autorisent la différenciation. À ses yeux, la dualité des personnages s'explique par une ambiguïté fonctionnelle. Deux personnages similaires ne sont pas identiques : ainsi le dédoublement synchronique des deux belles-sœurs dans une variante d'un mythe guyanais sur l'origine du miel serait-il motivé par la nécessité de représenter un couple d'oppositions. *Du miel aux cendres* consacre un chapitre intitulé « Variations 1, 2, 3 » à l'étude des versions de ce mythe. Lévi-Strauss y interprète ce dédoublement — que d'autres versions ne présentent pas — comme la traduction de l'ambiguïté d'une conduite. La quête du miel peut en effet être évoquée de deux façons : au sens propre, comme une entreprise alimentaire, ou au sens figuré, comme une entreprise sexuelle. Le rôle commun attribué aux deux belles-sœurs (séduire le mari de leur sœur, dénommé Miel) recouvrirait en fait une dualité d'aspects (*op. cit.* : 138).

Ainsi que le notait Hamon, ce qui peut apparaître comme « une pure répétition d'un même personnage » cache — nous ne dirons pas « toujours » mais parfois — une structure oppositionnelle ou scalaire. Dans cette optique, une « ressemblance totale » n'existe pas : si les mêmes sèmes sont attribués à plusieurs personnages, c'est qu'il s'agit d'une seule identité, en vertu du principe leibnizien des indiscernables.

On trouve un exemple de cette duplication dans *la Mise en scène*, où Ollier décrit deux sœurs jumelles dont l'une se prénomme Jamila :

> Les cheveux, très noirs, sont séparés par une raie médiane et tressés en nattes qui, de derrière les oreilles, retombent sur les épaules de chaque côté d'un collier de pièces d'argent montées sur une cordelette de soie. Le front est large, bien dégagé, le bas du visage très effilé, les joues creuses. Les lèvres pleines, bien dessinées, sont agitées d'infimes tremblements. Les yeux, inhabituellement distants l'un de l'autre, semblent logés en lisière des tempes, par-delà la saillie des pommettes. (1958 : 28)

et la seconde Yamina :

> Les yeux verts, attentifs, inhabituellement distants l'un de l'autre, semblent logés en lisière des tempes, par-delà la saillie des pommettes. Le front est large, bien dégagé, le bas du visage très effilé. L'inclinaison de la tête met en valeur deux courbes concentriques : la ligne des sourcils, celle des lèvres souples et fines. Les cheveux, très noirs, sont séparés par une raie médiane et tressés en nattes qui contournent les oreilles et retombent sur le devant des épaules. (*ibid.* : 82)

Malgré la profusion des similitudes, la ressemblance ne peut être que partielle et les personnages sont par ailleurs nettement distincts. Il en va de même dans *les Fleurs bleues*, où nom propre, qualités et aventures contribuent à différencier le duc d'Auge et Cidrolin. Les effets de symétrie y supportent une investigation philosophique qui prend pour objet la question de la répétition dans le temps.

Duplicité

Il arrive cependant qu'un même personnage assure seul des fonctions différentes et représente une série d'oppositions, sans pour cela faire l'objet d'une gémination. Il s'agit alors d'une même identité, qui se voit pourvue au cours du récit de qualités logiquement incompatibles. Certains textes maintiennent cette contradiction, qui conduit à une véritable dépersonnalisation du personnage. Partageant avec d'autres une multitude de traits individuants, affecté de qualifications contraires, capable de s'adresser à soi-même le *tu* de l'altérité ou de se représenter comme un *il* absent, le personnage se vide de tout « caractère » — comme si l'alliance du néant et de l'altérité au sein de l'identité pouvait seule rendre compte de la personne humaine.

À côté des dédoublements synchroniques qui aboutissent à la création de paires de personnages, Lévi-Strauss analyse ainsi le dédoublement diachronique de certaines figures mythologiques. Dans les versions du mythe du Chaco, le personnage du Renard traduit lui aussi une opposition binaire. C'est à un même personnage que sont affectés des traits différents : Renard joue d'abord le rôle d'un « homme fou (sexuellement) de fille », puis se transforme en « fille folle de miel ». Cette transformation correspond au dédoublement synchronique des belles-sœurs, tout à la fois « folles d'un homme et folles de miel » (*ibid.* : 139). Cette ambiguïté peut de la sorte être représentée par des personnages jumeaux, ou par un même personnage affecté d'une duplication intérieure. La duplicité de Renard traduit l'opposition marquée par la dualité des belles-sœurs entre l'interprétation littérale du mythe (la quête alimentaire) et son interprétation figurée (la quête sexuelle).

Le terme *duplicité* n'est pas nécessairement à entendre comme une caractéristique psychologique. Si la fourberie, la ruse, le mensonge, sont les stratégies habituellement prêtées à Renard dans les représentations médiévales, le type mythologique étudié par Lévi-Strauss apparaît avant tout comme un support d'oppositions. Appliquée à la construction du personnage, la répétition forge des figures à l'image de Renard. Caractérisés par leur absence de caractère, ils peuvent concilier les termes, les propositions, les attributs [17]. Cette vacuité les rend aptes à la médiation.

17. Tel apparaît le personnage du *trickster* ou *décepteur*, décrit par Lévi-Strauss dans *Anthropologie structurale* (1958 : 248) et *le Cru et le cuit* (1964 : 316).

2.3. Les traits incompatibles

Un même personnage peut aussi devenir le support de traits contradictoires. Par le biais des informations directes (explicitement données par le narrateur, par le personnage lui-même, par un autre personnage) ou indirectes (que le lecteur doit déduire d'un certain nombre d'indices), le texte introduit alors la contradiction et la contrariété au sein du personnage. Le maintien de ces incohérences, la non-résolution des contradictions transforment l'identité en support de l'altérité, de la dissemblance de soi à soi. Il ne s'agit plus de distribuer les mêmes traits à des personnages distincts, mais de faire en sorte qu'une même individualité soit investie de traits exclusifs les uns des autres. La conjonction des deux manœuvres produit un double effet : indistinction des individus (par atténuation des différences), altération de l'identité (par exagération des différences).

On ne peut réduire cette catégorie de personnages à celle des personnages *épais* définie par E. M. Forster, qui les oppose aux personnages *plats*. Les premiers se caractérisent par leur aptitude à surprendre le lecteur, à la différence des seconds qui ne provoquent jamais le moindre étonnement. Comme l'observe Todorov, cette capacité se manifeste en fait sur un fond de normalité conventionnelle que vient perturber tout signe inhabituel. Selon le degré de « sophistication » du lecteur et sa conception de la normalité, elle varie considérablement. Aussi Todorov préfère-t-il définir les personnages « épais » de manière moins subjective, par la coexistence d'attributs contradictoires.

Cet aspect les rend proches des personnages « dynamiques », susceptibles de connaître au fil du récit une série de modifications et d'acquérir des qualités incompatibles avec leur état initial. Ces derniers ont toutefois pour caractéristique d'acquérir leurs attributs contradictoires de façon progressive : ces attributs s'incrivent dans le temps, ce qui constitue une justification aux métamorphoses les plus radicales. *A contrario*, un personnage épais se présente d'emblée comme un tissu d'éléments incompatibles. Il manifeste ainsi par un coup de force initial l'inscription de l'altérité et de la contradiction au sein d'un élément censé garantir par sa stabilité la cohésion du texte.

2.3.1. Contradiction

Entre l'histoire qu'il rapporte et les personnages qui en sont les vecteurs, le récit organise un ensemble de corrélations. Dans les trois textes de Duras, les variations des personnages suivent celles de « l'histoire », qui fait elle-même l'objet d'une démultiplication et nécessite une pluralité de récitants. Dans cette reprise et cette transformation incessantes de l'histoire et des personnages, s'exerce aussi une tentative pour annuler leurs différences, au prix d'une rupture avec le principe de contradiction. Comme objet du discours, le personnage se prête en effet à la répétition d'un même énoncé complexe, qui consiste en la conjonction de propositions logiquement incompatibles. Une fois encore, la répétition menace la cohérence du discours en y introduisant la contradiction, au lieu d'y perpétuer la plate reprise de l'identique.

À propos d'un même personnage, les trois *Aurélia Steiner* proposent et reprennent ainsi un même type d'énoncé : une proposition donnée peut être suivie de l'affirmation d'une proposition venant la contredire, sans que l'affirmation seconde exclue ou invalide la proposition initiale :

> On dit que vous vivez sur une de ces îles des côtes de la France et encore ailleurs.
> On dit que vous êtes dans une terre équatoriale où vous seriez mort il y a longtemps, dans la chaleur, enterré dans les charniers d'une peste, dans celui d'une guerre aussi, et aussi d'un camp de Pologne allemande. (*AS1* : 120)

Plusieurs affirmations différentes sont tour à tour posées, que la structure anaphorique de la phrase et l'emploi de l'indicatif présent relient, leur conférant l'apparence d'une simultanéité de profération. Un même sujet, que le pronom *vous* a doué des attributs d'unicité et de permanence, se les voit retirer par une succession de qualifications dissemblables, contradictoires.

Dans un premier temps, une affirmation *a* attribue plusieurs traits individuants, déjà contradictoires entre eux, à un même objet :

- *vous* est dit être vivant
- un lieu lui est assigné, aussitôt dédoublé :

> — une île des côtes de la France
> — et encore ailleurs

Puis, une affirmation *b* attribue à ce même objet une nouvelle série de traits caractéristiques, qui, bien qu'également contradictoires, ne sont pas posés comme exclusifs les uns des autres, la redondance de la conjonction *et* contribuant à les relier étroitement :

• *vous* est dit être mort

• le lieu de cette mort est éclaté en deux séries, dont la seconde est elle-même compliquée de trois propositions :

> — une terre équatoriale, dans la chaleur
> — enterré dans les charniers
> - d'une peste
> - d'une guerre
> - d'un camp de Pologne allemande

Cet étoilement de propositions est repris par le *je* de *AS1*, à cette différence près que la mort de l'interlocuteur, précédemment affirmée, n'est plus explicitement déclarée :

> Comment cela se serait-il fait ? (p. 126)

De plus, les lieux assignés à cet événement non défini le sont de manière hypothétique et alternativement :

> À Londres, au cours de cette peste ? Vous croyez ? Ou de cette guerre ? Dans ce camp de l'Est allemand ? Dans celui de Sibérie ? Ou dans ces îles, ici ? (*AS1* : 127)

Cette prolifération s'exagère encore de la convocation implicite d'éléments extérieurs à *AS1*, *AS2* et *AS3*, inscrits ici sous la forme de segments textuels connotant d'autres textes :

• « terre équatoriale » convoque, par connotation, *Un barrage contre le Pacifique* et le cycle que cette œuvre inaugure. *AS2* redouble cette parenté, évoquant les « longues lames du Pacifique Nord » (*AS2* : 151) et leurs « coups de boutoir », qui font éclater « les grands réservoirs à sel ».

• À ces lieux de la fiction durassienne, la « Pologne allemande » (*AS1* : 120) et le « Palatinat » (*AS3* : 188) sont superposés, eux-mêmes investis d'une charge intertextuelle puisqu'ils participent d'un autre cycle, dont *Abahn, Sabana, David* est l'un des maillons.

L'attribution de ces qualifications contradictoires met en cause l'unicité et la cohérence d'un personnage déceptif que le pronom *vous* entreprenait de fixer et identifier. Ces qualifications contradictoires (mort *vs* vivant) ne font d'ailleurs jamais obstacle à l'attribution d'une qualification supplémentaire.

L'acquisition de toutes les déterminations possibles — nul terme n'est en soi posé à cette distribution de qualités différentes — restitue paradoxalement au *vous* une cohérence autre, lui conférant un statut transtextuel qui fait de lui un agglutinat de fonctions et identités récurrentes, un phénomène dont la réalité ne se saisit que d'être littéraire.

Entre les affirmations contradictoires qu'il propose et dont il répète la conjonction, le texte ne permet jamais de trancher clairement, parce qu'il ne les pose pas dans une relation d'exclusion. Aucun indice n'autorise le lecteur à établir la fausseté de l'une des propositions, ni la vérité de l'autre. Un lecteur respectueux du principe de contradiction postulera cependant, à la suite d'Aristote, qu'il est impossible que le même attribut appartienne et n'appartienne pas dans le même temps au même sujet : *vous* ne peut être simultanément *mort* et *vivant.*

Pourtant, la répétition insistante de ces énoncés contradictoires tend à effacer l'alternative qu'ils sont censés présenter, comme pour mieux inscrire la négativité au cœur de l'être.

2.3.2. Négation

À peine posée, une affirmation peut faire l'objet d'une négation explicite. Une proposition contraire est alors posée ou impliquée par la négation de la proposition précédente, qui est ainsi exclue. Aux « on dit » il est répondu :

> Je vois que ce n'est pas vrai. Que lorsque je vous écris personne n'est mort. (*AS1* : 120)

Les affirmations sont reprises pour être annulées :

> On dit que c'est dans ces crématoires, vous savez, vers Cracovie, que votre corps aurait été séparé du mien... comme si cela était possible...
> On dit n'importe quoi... On ne sait rien... (*AS1* : 130)

Contradictions et dénégations construisent chacun des trois *Aurélia Steiner* et fondent leur rapport. Ce contrepoint perpétuel constitue la trame véritable des trois textes : en effet, jamais levées ni résolues, ces propositions contradictoires demeurent et insistent, telles les strates et phases superposées qui modèlent personnage, récit, histoire. Du destinataire (*vous*), d'« Aurélia Steiner » comme du narrateur (*je*), les définitions incohérentes et les traits incompatibles subsistent, les transformant en des figures tantôt distinctes, tantôt équivoques.

Aucune affirmation n'opère l'annulation d'une affirmation précédente : l'exclusion, logiquement supposée, des propositions contradictoires dérive alors vers une juxtaposition de propositions complémentaires, comme si, dite puis contredite aussitôt, la « chose » n'en était que mieux affirmée, dans sa dénégation même. *On* prétend que *vous* est mort, *je* affirme que « cela n'est pas vrai », mais de l'ignorance du *on* ou du savoir du *je* la prévalence n'est pas décidée. L'une et l'autre proposition demeurent indissociables, voire équivalentes. Le « cela n'est pas vrai » et le « cela m'est égal » du narrateur se rejoignent alors. Le savoir du narrateur ne peut être « général » — le narrateur étant nettement distingué du *on* — ni particulier — puisque le narrateur est lui-même agrégat de valeurs et de statuts différents qui le privent d'une unicité *a priori*. Ce savoir ne décrétera pas la vérité / fausseté d'un fait, mais il affirmera la nécessaire relation de celui-ci à son contraire.

Poser que « cela n'est pas vrai » (que *vous* n'est pas mort), c'est annuler « séparation », « différence », « fragmentation ». Mais cette annulation n'est possible que dans le « continent désert » du « cela m'est égal », où toutes choses sont « interchangeables [18] », puisque l'une sera toujours glose de toutes les autres. La surimpression de tous les lieux évoqués en *AS1*, *AS2* et *AS3* se résout en un lieu « unique », cette « terre étrangère », « obscure » (*AS1* : 121), autrement dite encore littérature. Les oppositions logiques sont l'occasion d'une transmutation : lieux de contradiction, comme le sont les pronoms, elles font de cette contradiction le moteur même du récit, et sa matière.

Quel est le statut d'une telle identité, capable d'être et de n'être pas en même temps ? Dans le cadre d'une construction classique du personnage, on peut être tenté d'identifier celui-ci à travers la somme des qualités qui lui sont données tout au long du texte : abstraction vide qui s'emplit peu à peu, le personnage n'acquiert sa complétude qu'au terme d'un parcours textuel, une fois achevée la lecture. Il est alors réductible à l'ensemble des attributs qui lui ont été prédiqués au cours du récit (Todorov, *op. cit.* : 288), à la somme

18. Telles les plages de « S. Thala », qui sont « des contrées, des pays de sable, complètement interchangeables ; le pays de personne, voyez, sans nom » (Duras, 1977 : 82).

des transformations dont il aura été le support ou l'agent et que le texte lui a fait gagner de manière discursive, linéaire, *accumulative* (Hamon, *op. cit.* : 128). Présenté comme le résultat d'un effet de contexte et d'une activité de mémorisation, le personnage-signe reposerait sur « un fonctionnement cumulatif de la signification » (*ibid.*). Dans cette optique, le personnage d'Aurélia Steiner coïncide strictement avec l'addition des attributs qui lui ont été prédiqués, les occurrences de ce nom ne désignant somme toute qu'un seul référent diversement qualifié dans les trois textes.

Cette conception conduit à occulter une série de phénomènes. De fait, certains personnages n'entrent pas aisément dans cette logique cumulative. Constamment soumise à un ensemble de modifications déconcertantes, Aurélia Steiner acquiert progressivement des qualités contradictoires :

jeune fille âgée de dix-huit ans	*vs*	petite fille de sept ans
mère	*vs*	enfant
vivante	*vs*	morte
être humain	*vs*	non animé

Le destinataire anonyme de *AS1* et *AS2* se construit selon le même moyen. Au terme du récit, l'addition de ces caractéristiques aboutit à la formation d'un monstre fictif. Un lecteur soucieux de rationalité en est alors réduit à sélectionner les qualités compatibles en vertu du principe de contradiction, ce qui le conduit à distinguer des personnages homonymes. Un autre lecteur choisira au contraire de ne pas résoudre ces contradictions. Dans les deux cas néanmoins, la lecture ne procède pas nécessairement et exclusivement de manière linéaire. Quant à l'identité, elle se présente, dans ce type de texte, comme non réductible à la totalité de ses attributs ou à l'addition de ses qualités. Elle se définit avant tout par ce qu'elle n'est pas, dans une série d'énoncés apophatiques.

Cette obstination à répéter et respecter la contradiction relève d'une « stratégie de brouillage », d'un « art de la confusion », que Dragonetti décèle au principe même de l'élaboration du *Roman de la Rose*. Par cette « mise en scène de la duplication et de la *contrediction* » devrait être rendue sensible l'«altérité absolue » qui permettrait « à l'écriture d'atteindre son au-delà, son référent propre, en somme sa source [19] ».

19. *Le Mirage des sources* (1987 : 51).

Contradictions et contrariétés, non résolues, deviennent la matière et le moteur même du récit. Leur juxtaposition ne se justifie d'aucune explicitation ultérieure, pas plus que d'une hiérarchisation implicite qui réglerait leur rapport logique. Si le commentaire manque au récit, peut-être s'élabore-t-il dans cette dénégation perpétuelle, comme dans le *Roman de la Rose* :

Ainsinc va des contreres choses,
les unes sont des autres gloses ;
et qui l'une an veust defenir,
de l'autre li doit souvenir,
ou ja, par nule antancion,
n'i mettra diffinicion ;
car qui des .II. n'a connoissance
ja ni connoistra differance,
san quoi ne peut venir en place
diffinicion que l'an face [20].

Pensée pour elle-même, non comme obstacle mais comme condition d'un savoir, la différence devient ainsi la région et la mesure de celui-ci. La connaissance se donne dans ce milieu ouvert entre une chose et le « souvenir » de son contraire. L'une n'efface point l'autre, mais plutôt s'y répète, à l'image de cette glose qui est tout à la fois le mot obscur appelant son explication, et cette explicitation même. La glose (de glose...) se déplie comme mémoire et paraphrase de son objet, c'est-à-dire aussi bien d'elle-même. Ainsi une chose sera-t-elle glose de son contraire, l'impliquant en elle comme le Même l'Autre. Les « vaines paraphrases » et les « ineptes gloses » s'égaleront à ce mot «inepte » que le narrateur de *AS2* recherche (p. 131) pour construire la glose du monde.

2.4. Descriptions : le lieu commun

Appliquée à la description des lieux et des objets, la répétition s'avère un facteur de trouble. Dans les trois *Aurélia Steiner*, un effet d'indifférenciation et d'intemporalité est obtenu par la mise en œuvre d'un modèle paradigmatique impliquant des opérations de fragmentation / substitution. Celles-ci laissent perdurer la trace mémorisée de l'élément absent que l'élément qui lui a été substitué

---

20. *Op. cit.*, v. 21543-21552, éd. Lecoy : « Ainsi en va-t-il des choses contraires : les unes sont des autres les gloses et si l'on veut définir l'une on doit se souvenir de l'autre ou alors, quelque application qu'on y mette, on n'en donnera jamais la définition. Car celui qui des deux n'a connaissance jamais ne connaîtra la différence, sans laquelle on ne peut donner la moindre définition. » (trad. de Dragonetti, 1987 : 208).

rappelle, une relation de ressemblance / opposition continuant à les relier. Cette tactique fait l'objet d'un emploi particulièrement récurrent dans la description des lieux, dont il permet de souligner la parenté. Le « continent désert », qui figure ici le texte lui-même, devient alors le lieu unique où *je* et *vous* peuvent se rejoindre, par-delà leur diffraction en des lieux et des temps différents.

AS1, *AS2* et *AS3* posent en effet d'une manière ou d'une autre une première affirmation, que les trois textes s'occupent ensuite à nier :

> Comment [...] annuler cette apparente fragmentation des temps qui nous séparent l'un de l'autre ? (*AS1* : 118)
> [...] la régularité d'une rature géante et sûre, de l'importance d'une différence infranchissable. (*AS2* : 139)

Puis :

> Cette apparente fragmentation dont je vous ai parlé, a disparu. (*AS1* : 125)
> La différence inexistait. (*AS2* : 156)

Cette relation s'établit aussi bien entre les trois textes, qui se recouvrent et se dissocient pour former tantôt un, tantôt trois textes, obéissant en cela à la même opération que les éléments qui les constituent :

> Ici, c'est l'endroit du monde où se trouve Aurélia Steiner. Elle se trouve ici et nulle part ailleurs [...]. (*AS2* : 152)

Le texte, comme mémoire de toutes les figures d'Aurélia Steiner et de tous les textes le constituant lui-même, est assimilé par le déictique à cet endroit unique. Ce lieu commun est aussi bien la « page blanche » où *je* écrit le nom d'Aurélia Steiner (*AS2* : 162) que la cour de rassemblement du camp, « rectangle blanc » où la naissance d'Aurélia Steiner et l'extermination de ses parents se produisent, indissociables. L'allocutaire évanescent de *AS1*, *AS2* et *AS3* est incarné en cette trinité : le père, la mère, l'enfant, indéfiniment hypostasiés en et par trois textes :

> Je les rassemble à travers vous et de leur nombre je vous fais. [...] De tous vous ressortez toujours unique, inépuisable lieu du monde, inaltérable amour. (*AS2* : 157)

Soumis au même processus d'identification / différenciation, ce lieu varie quand varient les instances énonciatives :

> *AS1* : Je suis dans cette grande salle où je me tiens l'été, face au jardin. De l'autre côté des vitres il y a cette forêt de roses [...]. (p. 118)
> *AS2* : Je suis dans cette chambre où chaque jour je vous écris. [...] Devant moi il y a la mer. (p. 139)
> *AS3* : Aujourd'hui,derrière les vitres il y a la forêt et le vent est arrivé. Les roses étaient là-bas dans cet autre pays du Nord. La petite fille ne les connaît pas. [...] elle regarde l'océan de la forêt [...]. Toujours cette chambre où je vous écris. (pp. 169 et 198)

Cette multiplication de lieux produit son contraire, l'«inépuisable lieu du monde» où s'incarnent et se recouvrent les figures disparates qui constituent l'entité « Aurélia Steiner » (*AS2* : 157). De chaque lieu comme de chaque figure évoqués perdurent, sous leur modification, un ou plusieurs traits, lesquels caractérisent à leur tour les lieux et figures ensuite décrits.

• Un incipit presque similaire relie *AS1* et *AS2*, mais la définition du lieu, pourtant introduite par le même déictique, varie : reprise des structures syntaxiques de la proposition principale et de la proposition relative, ainsi que de la deuxième phrase de *AS1* ; modification des toponymes.

• Une relation identique est posée entre les descriptions topographiques initiales faites en *AS1* et *AS3*. Deux syntagmes sont rapprochés et différenciés : *de l'autre côté des vitres* / *derrière les vitres*. La substitution touche le premier élément du syntagme (« de l'autre côté » / « derrière »), tandis que le second persiste.

La même opération est de nouveau appliquée au syntagme nominal *cette forêt de roses*, devenu *l'océan de la forêt*. Ce second syntagme est élaboré sur le modèle du précédent : une métaphore détermine dans l'un et l'autre cas la construction génitive. La multiplicité dénombrable des « roses » introduit l'image de la forêt, tandis que le second syntagme suppose que celle-ci soit considérée comme une masse indénombrable, dès lors comparable à « l'océan ». Une même structure sous-tend de ce fait deux métaphores différentes. De plus, la transformation s'opère par substitution (« roses » / « océan »), mais encore par déplacement et inversion consécutive de la métaphore et des éléments introduits en *AS1*, qui persistent explicitement (la « forêt ») ou implicitement (les « roses », que cette relation associative, mimétique et contrastive à la fois, laisse perdurer en creux).

• *AS3* reprend ainsi des éléments introduits en *AS1*, mais aussi en *AS2* (« la mer », répétée dans « l'océan de la forêt »), et que *AS3* commençait par nier ou exclure, les reléguant en d'autres lieux ou textes : la « petite fille » de *AS3* « n'a jamais vu les roses maintenant mortes ni les champs ni la mer » (p. 169). La négation est donc à son tour annulée, ne serait-ce que par la convocation métaphorique de traits d'abord explicitement exclus.

On peut encore observer de quelle manière une série de modifications similaires affecte un syntagme apparu en *AS2* sous la forme [déterminant + noyau nominal + adjectif épithète]. À cette structure peuvent s'adjoindre un ou plusieurs compléments de détermination :

> [...] le rectangle blanc de la cour de rassemblement du camp. (*AS2* : 148)
> Devant vous, le rectangle blanc dans lequel il meurt. (*ibid.* : 149)
> Dans le rectangle blanc de la cour de rassemblement ma mère Aurélia Steiner distingue encore le pendu [...]. (*ibid.* : 151)
> Le rectangle blanc de la cour est vide excepté votre corps. (*ibid.* : 158)

Laissant toujours intacte la structure ternaire, la reprise ne va pas sans une variation qui peut se manifester :

• par une complémentation supplémentaire (comme les énoncés précédents le montrent).

• par une substitution de complément qui modifie la nature de cette abstraction géométrique pour en faire un objet différent. Les compléments introduits en *AS2* laissent ainsi place en *AS3* à une autre détermination, quand la dame s'adresse à l'enfant Aurélia Steiner :

> Sauf ce petit rectangle de coton blanc cousu à l'intérieur de ta robe [...] nous ne savons rien ni toi ni moi. Sur le rectangle blanc il y avait les lettres A.S. et une date de naissance. (p. 179)

Ici encore la définition seconde vient recouper la première et la rappeler : « les lettres A.S. » et « la date de naissance » inscrites sur le « rectangle blanc » évoquent une autre naissance, celle de l'« Aurélia Steiner » de *AS2*, qui vint au monde précisément dans « la cour de rassemblement » du camp, espace que le « rectangle blanc » continue ainsi de figurer en *AS3*. Ce double processus de conservation et de substitution permet le maintien d'une relation étroite entre les trois *Aurélia Steiner*, chacun de ces trois textes reproduisant les deux autres. Entre *AS1*, *AS2* et *AS3* la relation se resserre en effet, puisque le « rectangle blanc » peut figurer les missives promises par le narrateur :

> Je vais peut-être vous écrire mille lettres [...]. (*AS1* : 117)

ou la feuille vierge sur laquelle la narratrice trace le nom d'Aurélia Steiner :

> Je lui dis le nom : Aurélia Steiner.
> Je l'écris sur une page blanche et je lui donne. (*AS2* : 162)

Dernière métamorphose enfin, la forme blanche et rectangulaire est associée indirectement au corps même d'Aurélia Steiner. C'est la répétition du syntagme nominal, à nouveau affecté d'une modification de son complément qui favorise le rapprochement :

> Il commence à découvrir le corps d'Aurélia Steiner.
> Elle ne regarde toujours pas, les yeux fermés sur le rectangle blanc de la mort. (*AS2* : 163)

Associé à celui qui le remplace, chaque élément effacé demeure comme trace, mémoire et virtualité.

2.5. Réitérations

La répétition peut aussi se manifester par une diffraction des rôles, les mêmes fonctions se trouvant attribuées à des personnages différents.

Dans les trois *Aurélia Steiner*, la position de récitant est occupée par une multiplicité de personnages qui participent à la réitération de l'histoire. Histoire de la mort et de la destruction généralisées ou « histoire de quatre sous [21] » — on sait que Duras entrelace toujours l'une et l'autre — elles ont pour particularité de se réciter et se répéter chaque soir, à la manière d'un récit des mille et une nuits. De fait, cette « histoire » s'est déjà reproduite et recontée

> Presque chaque jour. Pendant mille ans. Mille et mille ans.
> Oui. Une fois. Mille fois. Cent mille. (*AS1* : 128)

À l'infinité des réitérations possibles s'ajoute la multiplicité des narrateurs et auditeurs. L'histoire s'écrit, se lit, se raconte et se dicte, stéréotype ruminé que le mérycisme apparente à « la vraie rêverie créatrice », laquelle est « une rêverie pauvre, ressassante, à

21. « Histoire de quatre sous je te donne à l'oubli...», *Hiroshima mon amour*, 1960.

caractère plutôt obsessionnel », comme le rappelle Gracq[22]. Elle se donne ici à voir dans tous ses états : si l'origine en demeure insaisissable, les relais en sont exhibés, tantôt dispersés en *n* narrateurs, tantôt condensés en un narrateur *X*.

2.5.1. Pour une histoire, n *narrateurs*

Le narrateur peut en effet s'incarner en de multiples figures :

— En *AS1*, plusieurs acteurs assument cette fonction :

• Le destinataire anonyme (*vous*) occupe par intermittence la position de récitant d'une histoire indéterminée, qui relève tantôt du récit de vie (« votre histoire », *AS1* : 128), tantôt de la légende («Vous m'aviez dit : cette ville engloutie [...]. Vous disiez : des histoires traînent le long de ce fleuve [...] », p. 132). Mais il assume imparfaitement ce rôle, puisqu'il a « tout oublié » (p. 133).

• D'autres pans de l'histoire sont rapportés par une troisième personne indéfinie : *on*, rapportant des événements qui seraient survenus au destinataire — série de rumeurs auxquelles la narratrice dénie toute crédibilité (p. 119) ; *ils*, évoquant des faits d'ordre mythologique (p. 123).

• *Je*-Aurélia Steiner (« Aurélia Melbourne ») transcrit cette « histoire » complexe.

— En *AS2*, les récitants et les acteurs de « l'histoire » changent.

• Le destinataire se dédouble en un autre personnage, celui du « dormeur millénaire » :

> Vous racontez et je n'entends pas l'histoire mais seulement votre voix. Celle du dormeur millénaire, votre voix écrite désormais, amincie par le temps, délivrée de l'histoire. (p. 146)

• L'histoire d'Aurélia Steiner est relatée par une troisième personne : « des voyageurs en escale », *on* (p. 145).

• *Je*-Aurélia Steiner (« Aurélia Vancouver ») accomplit elle-même cette fonction, oralement et par écrit :

> Et puis, je lui ai parlé de l'histoire. [...] Je lui ai parlé longtemps. Je lui ai

22. « Les yeux bien ouverts », in *Préférences*, 1961 : 67.

> raconté l'histoire. (p. 155-156)
> J'écris. (p. 166)

— En *AS3*, la démultiplication se poursuit :

• Un personnage, « la dame », est chargé de raconter l'histoire d'Aurélia :

> Aurélia a cessé de chanter. Elle écoute la dame qui contient son histoire. (p. 193)

Mais ce récit est déja une répétition :

> Puis la dame laisse l'enfant chanter seule et pour la centième fois lui raconte. (p. 178)

• Aussi la « dame » partage-t-elle la fonction narrative avec sa protégée. « La petite Aurélia » est capable de lui « dicter » cette histoire — qui est la sienne — par fragments que « la dame » réitère à sa suite :

> — Raconte, dit Aurélia — Elle attend, la dame dort, alors Aurélia lui dicte — « alors elle est montée en courant, elle me portait ? » — C'est ça, dit la dame endormie. [...] — « Prenez la petite j'ai une course urgente à faire » ? dit Aurélia. — C'est ça, dit la dame, « j'ai une course urgente à faire, je reviens dans dix minutes ». [...] — Puis plus rien ? demande Aurélia. — Plus rien, dit la dame. — Jamais, jamais ? — Jamais. (p. 194)

• À cette double instance énonciatrice s'adjoint en outre un narrateur indéterminé (p. 169-198). Narrateur X, qui rassemble les narrateurs précédents et les narrateurs possibles en sa non-dénomination, de telle sorte que l'histoire semble se raconter d'elle-même.

• Enfin, *je*-Aurélia Steiner (« Aurélia Paris ») transcrit cette même histoire (p. 199-200).

La répétition s'inscrit ici comme variation, nouant identité et différence dans la reprise d'un même thème. Répéter l'histoire en la transformant sera l'une des formes d'annulation de l'« apparente fragmentation des temps » donnée comme un obstacle « infranchissable ». Aucun narrateur premier n'est invoqué comme source de la relation qui en est faite. Si différents médiateurs se succèdent, à cette chaîne aucun maillon initial n'est jamais posé. Acteur de l'histoire, à la différence d'Aurélia Steiner qui la recherche ou la relate, l'interlocuteur fantomatique désigné par *vous* n'en est pas pour autant un relais privilégié : sa mémoire défaillante l'empêche de tenir ce rôle. Le « dormeur millénaire », dont la figure se superpose à celle évoquée par ce *vous*, ne l'est pas davantage. De même, le personnage d'Aurélia Steiner n'est qu'un intercesseur nécessaire, parmi d'autres. Il tient cependant une place particulière, puisqu'il joue à la fois les rôles de sujet et d'objet, de destinateur et de destinataire ; ou encore de narrateur et de narrataire de sa propre histoire.

2.5.2. Toutes les histoires en une seule

Les actualisations repérées en *AS1*, *AS2* et *AS3* agissent comme autant de modalisations, qui mettent en doute l'existence ou la préexistence d'une « histoire » singulière que récit et discours s'efforceraient de fixer en la reproduisant. Si les trois *Aurélia Steiner* affirment l'insistance d'une histoire, c'est pour aussitôt la démultiplier :

• histoire de la destruction, comme généralité « des peuples et du monde » ;

• histoire d'une extermination, celle des Juifs, celle des parents d'Aurélia Steiner ;

• histoire d'Aurélia Steiner, diffractée en : Aurélia Steiner-« dix-huit ans », elle-même différenciée en « Aurélia Mebourne », « Aurélia Vancouver», « Aurélia Paris» ; Aurélia Steiner-« petite fille » ; Aurélia Steiner-« mère » ; Aurélia Steiner-enfant née dans un camp.

• histoire du *vous* (« votre histoire », *AS1* : 128) dédoublé en : *vous*-« père » et *vous*-« jeune marin ». Par l'intermédiaire de ce personnage paternel, dont la narratrice se déclare l'enfant, « votre histoire » devient aussi « notre histoire ».

• histoire intertextuelle d'Aurélia Steiner telle que la défigure et la répète l'œuvre durassien ; histoire, donc, de l'engendrement même du texte.

Chacune de ces histoires opère la réactivation de toutes les autres ; par une reprise partielle, elle en convoque les potentialités non accomplies. D'observateur neutre le narrateur devient en *AS3* intercesseur. Rapportant les « événements », il les transfigure, les compare, les superpose, tissant un réseau de relations entre les trois *Aurélia Steiner*. Comme le signalait Macherey dans *Pour une théorie de la production littéraire* :

> à mesure que l'"Histoire" se remplit de sens, le récit diverge, signale toutes

> les autres façons possibles de le raconter, ainsi que tous les autres sens qu'il pourrait avoir. (1966 : 282)

La répétition joue ici de telle sorte qu'une seule histoire peut engendrer toutes les histoires possibles, de même que toutes les histoires possibles (se) reproduisent (en) une même complication. Le récit obéit ainsi à deux des quatre types de relations de fréquence repérées par Genette : raconter *n* fois ce qui s'est passé une fois, raconter *n* fois ce qui s'est passé *n* fois[23]. La mort des parents d'Aurélia est en effet racontée *n* fois en *AS1*, *AS2* et *AS3*. Les trois textes forment bien alors un *récit répétitif*, puisque les récurrences de l'énoncé ne répondent à aucune récurrence d'événement. Sur cette histoire particulière l'inscription de l'histoire générale vient cependant inverser le récit répétitif en un *récit anaphorique*, racontant *n* fois ce qui s'est passé *n* fois. Les répétitions du récit correspondent aux répétitions de l'histoire : exterminations « dans un camp de Pologne allemande », mais aussi catastrophes et épidémies récurrentes (sur ces points, voir *infra*, chap. 3).

À l'origine de la narration, *AS1* et *AS2* posent deux narrateurs, selon un modèle proposé par *le Roman de la Rose*. Deux récitants composent celui-ci : le premier est le « dormeur éveillé » semblable au « dormeur millénaire » de *AS2*, qui raconta l'histoire ou la rêva. Un second narrateur la retranscrit — rôle tenu de façon similaire par Jean de Meun et par le *je* de *AS1* et *AS2*.

Un mélange d'informations historiques et de fictions se reproduit ainsi dans cette duplicité narrative. Les trois *Aurélia Steiner* tentent de traverser l'épaisseur irréductible d'un fait historique, que ces récits fragmentent et réfléchissent en mille « histoires » particulières, en événements falsifiés et, pour finir, en légende dépourvue d'origine, sans pour autant le saisir. Aucune « source » n'est ici atteinte ; à moins qu'elle ne se trouve reconstruite par cette dispersion même du récit en ses multiples relais.

23. « Discours du récit », in *Figures III*, 1972 : 146.

2.6. Répétition du nom

Un texte n'existe, ne résiste, ne consiste, ne refoule, ne se laisse lire ou écrire que s'il est travaillé par l'illisibilité d'un nom propre.

J. Derrida

La récurrence du nom propre n'est pas nécessairement le gage d'une cohésion du texte littéraire, non plus que d'une permanence des personnages. Certes, dans le récit de fiction, le retour des mêmes noms affectés aux mêmes personnages assure généralement la reconnaissance de ceux-ci, en dépit des transformations qui les touchent. Parce que le nom propre fonctionne selon un principe d'actualisation autonome dans le discours, sa répétition n'engendre théoriquement pas d'ambiguïté, sauf en cas d'homonymie. Pourtant, cette récurrence peut être facteur de confusion, et certains écrivains n'hésitent pas à l'utiliser dans ce but, employant à dessein le même indice pour désigner à chaque occurrence un individu distinct ou attribuant, à l'inverse, des noms différents à un même personnage.

2.6.1. Répétition et identification

Si l'une des fonctions du nom est l'identification, « Aurélia Steiner » semble y échapper, ou l'assumer d'une manière paradoxale. Loin de fixer sous un terme commun un ou plusieurs traits distinctifs pour les constituer en une figure cohérente, ce nom recouvre une diversité de traits contradictoires, que chacune de ses occurrences dissémine à travers le texte. Il n'accomplit ainsi son rôle qu'en le mettant en question — ce qui n'est pas non plus sans effet sur le statut du personnage.

On considère habituellement, comme le fait Barthes dans *S/Z*, qu'un personnage naît quand « des sèmes identiques traversent à plusieurs reprises le même nom propre et semblent s'y fixer » (1970 : 74). Or le nom propre se voit ici progressivement investi de « sèmes » non identiques et non permanents, à l'occasion exclusifs les uns des autres. Il serait abusif de l'assimiler à une sorte de « *blanc* sémantique » (Hamon, *op. cit.* : 128) qui se chargerait peu à peu de significations, passée sa première apparition. À vrai dire, une telle remarque pourrait s'appliquer aussi bien au nom propre qu'à ses substituts : quel que soit son mode d'entrée dans le récit — pronom, description, appellation, nom — la manifestation initiale du personnage ne se ferait que sous l'aspect d'une forme vide, dépourvue de sens et sans référence autre que contextuelle. C'est pourquoi Hamon conçoit le personnage comme un « morphème » originellement « *vide* [24] » que le texte emplit de sens, à travers portraits et informations, et dont il assure l'identification grâce à la récurrence et à la stabilité du nom propre et de ses substituts.

Pourtant, la répétition du nom propre dans un récit de fiction n'implique pas qu'à chaque occurrence celui-ci désigne le même référent ; par un ensemble de distorsions, elle est à même d'en perturber la représentation dans le récit. Un même nom propre peut désigner des identités distinctes par leurs caractéristiques physiques ou morales, leur généalogie, leur fonction dans le récit, etc. Des noms différents peuvent à l'inverse désigner un même personnage, qui les reçoit successivement du narrateur ou de ses partenaires. Le nom lui-même est d'ailleurs susceptible de variations, tant dans sa forme que dans ses connotations, ce qui engendre, à chacun de ses emplois, des distinctions et des ressemblances entre les référents qu'il désigne.

Un même nom pour des personnages différents

Le nom d'« Aurélia Steiner » désigne successivement une série de personnages que le lecteur est conduit à distinguer en fonction des caractéristiques, compatibles ou non, que le texte leur attribue. Plusieurs personnages sont désignés sous le même anthroponyme :

- une jeune fille dont les parents « sont professeurs » ;
- une jeune fille dont les parents sont morts « dans un camp de

---

24. On serait en droit de contester le bien-fondé de cette caractérisation manifestement antinomique. Le propre du morphème, en effet, n'est-il pas d'être une *unité significative minimale* ? Elle ne se constitue que d'être bi-face, pure association différentielle d'un signifiant insegmentable et d'un signifié, d'une valeur qui se déduit par opposition avec toutes les autres unités d'un système donné. Si l'on reconnaît traditionnellement l'existence d'un morphème zéro — place vacante dans une chaîne syntagmatique, où le vide sémantique va de pair avec l'absence de signifiant — on ne saurait sans aberration concevoir un « morphème vide », autrement dit une unité significative non significative. Au juste, la première occurrence d'un nom de personnage encore inconnu n'est pas différente de l'apparition sous les yeux du lecteur d'un lexème nouveau pour lui. Tous deux sont toujours déjà porteurs d'une valeur : celle que leur confère le système dans lequel ils s'inscrivent. Du point de vue du lecteur, leur opacité, leur rôle d'écran provisoire, en fait des formes rien moins que vides, des trop-plein de sens que l'expérience de la lecture permettra de circonscrire négativement.

Pologne allemande », et qui a vu le jour dans ce même camp ;

• une jeune femme, mère de l'enfant née dans le camp ;

• une enfant, dont les parents sont morts en déportation, mais que sa mère a eu le temps de confier à une voisine, avant que la « police allemande » ne les emmène.

L'emploi du nom propre rend ici impossible l'identification claire d'une seule entité individuée, dont il ne garantit pas la permanence. Chaque occurrence du nom peut en effet désigner une entité particulière, caractérisée par un trait individuant ou un ensemble de traits compatibles. En établissant un réseau de particularisations supplémentaires, le contexte permet la reconnaissance de ces entités (portrait physique, éléments biographiques, rôle dans le récit). Cependant, si certaines appellations aident à distinguer les différentes figures d'Aurélia Steiner, elles favorisent parfois leur confusion : « l'enfant » peut désigner la petite Aurélia de *AS3*, ou le *je* de *AS2* (« Je m'appelle Aurélia Steiner. Je suis votre enfant », p. 142). Entre le nom propre et ses substituts, le principe de coréférence peut aussi être malmené.

Ce nom désigne ainsi plusieurs référents, qui partagent certains traits individuants et, de ce fait, se recouvrent partiellement. Ces trait permanents peuvent être liés au nom ou grammaticalement marqués (féminité), ou encore explicitement évoqués (jeunesse). La plupart d'entre eux sont instables : *AS1* ne mentionne pas la judaïté d'« Aurélia Steiner » (à la différence de *AS2* et *AS3*), sa jeunesse elle-même fait l'objet d'informations diverses (une petite fille âgée de sept ans en *AS3*, une mère âgée de dix-huit ans en *AS2*, de même qu'Aurélia Steiner-Melbourne en *AS1*, Aurélia Steiner-Vancouver en *AS2*, Aurélia Steiner-Paris en *AS3*) ou demeure indistincte (dans aucun des trois textes la narratrice des incipit ne peut être identifiée strictement aux personnages des excipit). Les données généalogiques sont également fluctuantes, ainsi que la mention d'une activité d'ordre scriptural (les trois incipit lui donnent un destinataire que lui retirent les excipit : *je vous écris / j'écris* ; elle ne concerne pas la « petite fille » de *AS3*).

La prolifération des avatars d'« Aurélia Steiner » aboutit à la construction d'une entité pluricéphale, protéiforme, à laquelle Duras prête le statut de « nom sans sujet » (*AS2* : 146). Il s'agit avant tout d'un nom sans personnage : mouvant, absent, celui-ci ne se définit plus par un croisement de prédicats relativement fixes, mais, somme toute, par la réitération de son nom, ressassé sur tous les modes : écrit, dit, donné, réclamé, approprié, perdu... Aussi pourrait-on appliquer au texte durassien la formule qu'inspirait à Barthes le récit proustien : « le propre du récit n'est pas l'action, mais le personnage comme nom propre ». C'est en effet de la profération et de la répétition du nom que naît le personnage — et c'est cette profération indéfiniment reproduite qui peut devenir l'objet même du récit :

> Je lui dis : je vais vous donner un nom.
> Vous allez le prononcer, vous ne comprendrez pas pourquoi et cependant je vous demande de le faire, de le répéter sans comprendre pourquoi, comme s'il y avait à comprendre.
> Je lui dis le nom : Aurélia Steiner. [...]
> Il répète le nom, il voit que je l'écoute. [...]
> Parfois il dit le nom tout entier.
> Parfois il dit seulement le prénom.
> Parfois le nom seul.
> Il ne sait plus dire aucun autre mot. [...]
> Parfois [...] il perd la mémoire des noms dirait-on, et puis tout bas, de nouveau il les dit dans un effort douloureux comme si leur profération elle-même en était cause. (*AS2* : 161-3)

Si le retour des mêmes noms propres a pour fonction de donner sa cohérence au récit, leur répétition joue un rôle différent. Susceptible d'une variation [25], susceptible d'une attribution à des personnages distincts, le nom propre désigne dans le récit durassien une entité fictive qui rélève davantage de la « figure » que du « personnage », selon une opposition posée par Barthes dans *S / Z* :

> Le personnage est donc un produit combinatoire : la combinaison est relativement stable (marquée par le retour des sèmes) et plus ou moins complexe (comportant des traits plus ou moins congruents, plus ou moins contradictoires) ; cette complexité détermine la personnalité du personnage [...]. Le nom propre fonctionne comme un champ d'aimantation des sèmes ; renvoyant virtuellement à un corps, il entraîne la configuration sémique dans un temps évolutif (biographique). (1970 : 4)

Sur la « personnalité » d'Aurélia Steiner (ou des divers référents

---

25. Ne serait-ce qu'à travers les transformations suivantes : prénom + nom patronymique (« le nom tout entier » : *Aurélia Steiner*), effacement et substitution (prénom + toponyme : *Aurélia Melbourne*, etc.), effacement (« seulement le prénom » : *Aurélia,* AS3 : *passim* ; ou « le nom seul » : *Steiner*, AS3 : 197), déplacement (*Steiner Aurélia*, AS3 : 198), expansion par ajout d'un prédicat (*Juden, Juden Aurélia, Juden Aurélia Steiner*, AS2 : 164), réduction à l'initiale (*A.S.*, AS3 : 179).

que ce nom désigne), le texte apporte peu d'informations. Quant à la combinaison des sèmes, on a vu qu'elle se caractérisait par une instabilité (traits non permanents) et une « complexité » (traits incompatibles) qu'aucune justification psychologique ne vient éclairer. Cette complexité s'explique au mieux par l'existence de plusieurs personnages différents, dotés du même nom civil. Ce nom fictif ne désigne pas de manière constante un individu unique, mais il établit entre les référents un réseau de relations qui aboutit à la constitution d'une classe (l'ensemble des personnages qui portent ce nom), d'un acteur (assumant un ensemble de rôles thématiques et actantiels), ou de ce que Barthes appelle une « figure » :

> Tout autre est la figure : ce n'est plus une combinaison de sèmes fixés sur un nom civil, et la biographie, la psychologie, le temps ne peuvent plus s'en emparer ; c'est une configuration incivile, impersonnelle, achronique, de rapports symboliques. Comme figure, le personnage peut osciller entre deux rôles, sans que cette oscillation ait aucun sens, car elle a lieu hors du temps biographique (hors de la chronologie) : la structure symbolique est entièrement réversible : on peut la lire dans tous les sens. (*ibid.* : 75)

La subversion du patronyme connaît divers degrés d'exploitation. Les Bobby Watson de *la Cantatrice chauve* (Ionesco, 1954 : 18-20) sont explicitement présentés comme des personnages distincts dont l'homonymie s'explique par leur appartenance à une même famille. Soudé au nom, le prénom n'a ici aucune valeur identifiante ; dans la répétition de cet invariant s'entend simplement la désignation collective de la *gens*, jamais celle d'un individu. L'exposition des liens de parenté en est invalidée (« l'oncle de Bobby Watson » a-t-il pour neveu le jeune « garçon » qui porte ce nom, ou le père de celui-ci, etc.). La différence sexuelle se voit en outre atténuée par l'attribution du même nom à des êtres de sexe masculin ou féminin. La description n'apporte aucun secours, puisqu'une qualité individuante est à peine évoquée (« Tu veux parler de Bobby Watson ? ») qu'on lui retire aussitôt ce statut (« Tous les Bobby Watson sont commis-voyageurs »).

Faulkner donne, dans *le Bruit et la fureur*, le même nom de Quentin à deux personnages différents, l'oncle et la nièce, instituant ainsi une relation d'opposition entre le personnage et le nom censé le désigner. Dans *la Bataille de Pharsale*, Claude Simon tente une aventure plus complexe par l'intermédiaire de la lettre O : celle-ci sert de commun désignateur à au moins deux éléments inverses, l'« observateur » et l'« objet » de l'observation, dont les positions sont permutables (1969 : 184). Le contexte peut fournir le caractère distinctif ou en différer la venue, favorisant la confusion. Ricardou a examiné de quelle manière le « doute » et le « désordre » subsistaient, en la présence même d'une information décisive (1971 : 152). O. oscille ainsi de la masculinité à la féminité, sans que son identité puisse être définitivement fixée :

> O. feuillette un livre à la recherche d'une phrase dont il croit se rappeler qu'elle se trouvait en haut d'une page à droite. (*op. cit.* : 203)
> O. voit le corps penché au-dessus d'elle, comme planant sur l'air, la poitrine et le ventre dans l'ombre, les deux bras écartés à demi repliés en avant, les deux jambes à demi repliées et écartées comme s'il chevauchait une invisible monture, les couilles pendantes entre ses cuisses, le membre raidi touchant presque le ventre. (*ibid.* : 211)

L'identité provisoire de O. n'a, pour le lecteur, rien de fugace. Elle est d'autant plus prégnante qu'elle a nécessité, comme l'observe Ricardou, un effort « très soutenu » d'attention pour être déterminée. C'est pourquoi la masculinité du premier O. peut tendre à rejoindre, « sans preuve contextuelle », celle du mâle décrit dans le second passage. Le trouble porte donc sur l'identité de $O._1$ et de $O._2$, mais aussi sur celle du troisième personnage. De plus, l'initiale désigne indifféremment deux personnages appartenant à deux époques différentes, l'oncle et le neveu. Le procédé permet une déstabilisation constante de l'identité ; il autorise aussi l'imbrication complexe de plusieurs séries de récits, conservant entre elles une unité invariante, support de sens distincts et pivot des enchaînements narratifs.

Des noms différents pour un même personnage

L'absence de variation du nom propre n'est pas l'indice d'une absence de variation du personnage. Inversement, de la variation du nom ne s'induit pas nécessairement l'instabilité de l'entité qu'il désigne. Procédé romanesque courant, la modification du nom d'un personnage au cours de l'intrigue s'accompagne habituellement d'une justification et ne produit qu'une ambiguïté provisoire. Ainsi dans les romans policiers : l'utilisation par un même individu d'un ou plusieurs pseudonymes n'entrave pas son identification, qui est l'objet même du récit. Les informations nécessaires à cette reconnaissance sont fournies au lecteur au cours de l'intrigue. Quant au roman classique, il explique ces changements d'identité par des aléas biographiques (Ferragus, Valjean) ou par une altération de la personnalité (Jekyll et Hyde).

Il est moins courant de voir un même personnage affublé sucessivement de noms différents, sans aucune explication à cette variation. Duras applique ce principe d'un texte à l'autre : sous des noms variés mais qui s'engendrent les uns les autres selon divers procédés), revient une même identité, vidée de toute personnalité et promue au rang de figure symbolique. Dans *le Ravissement de Lol V. Stein*, la figure principale est également présentée comme « une identité de nature indécise qui pourrait se nommer de noms indéfiniment différents » (1964 : 46) — virtualité que le texte se contente de signaler, mais qui sera mise en œuvre par la suite.

La reconnaissance par le lecteur de cette identité polyonyme peut être liée à l'enchaînement des informations fournies par le narrateur, puis par le personnage lui-même ou par un autre protagoniste. Queneau a recours à ce procédé dans *les Derniers Jours* : un individu portant un nom qui lui a été imposé par le narrateur en change subitement en fonction de la situation et de ses partenaires de rencontre. À la différence de ce qui se produit dans un roman policier, aucun indice ne permet d'éclaircir le mystère de cette mutation onomastique. Si le lecteur reconnaît le personnage, c'est parce qu'il suppose :

• UNE CORÉFÉRENCE OBLIGÉE ENTRE LE NOM QU'UTILISE LE NARRATEUR POUR DÉSIGNER CETTE IDENTITÉ ET CELUI QU'UN AUTRE PERSONNAGE LUI SUBSTITUE :

> Le patron du bistrot, craignant les curieux, fermait boutique. M. Dutilleul s'approcha.
> — Ah, monsieur Blaisolle, lui dit le cafetier, vous savez ce qui est arrivé ?
> — Vous allez me raconter ça.
> — Eh bien, entrez donc, monsieur Blaisolle. [...]
> Il ne restait dans le café que quelques vieux clients. M. Blaisolle les connaissait tous. [...]
> — Vous allez me raconter ça, dit M. Blaisolle. (1936 : 82)

Trois indices conduisent le lecteur à induire une coréférence des deux anthroponymes : la proximité contextuelle du premier nom, la mention d'un mouvement d'approche du personnage en direction de son interlocuteur (détail non nécessaire), l'emploi du pronom *lui* devant le verbe introducteur (invitation du narrateur à référer ce pronom représentant à « M. Dutilleul » — mais le texte pourrait également faire l'économie de cette anaphore). Le narrateur reprend ensuite ce nouveau nom, confirmant la polyonymie du personnage sans l'expliquer.

• UNE RELATION D'IDENTITÉ ENTRE LE PERSONNAGE NOMMÉ PAR LE NARRATEUR ET LE PERSONNAGE TEL QU'IL SE NOMME LUI-MÊME.

Ce cas ne présente généralement pas d'ambiguïté, mais là encore la validation par le narrateur d'un acte de baptême dont il ne paraît pas responsable, et qu'il délègue ouvertement à ses personnages, ne s'accompagne d'aucune justification. Le narrateur se borne à assurer le relais entre deux impositions du nom.

> — Ah, par exemple ! s'exclama M. Martin-Martin. Mais c'est M. Tolut !
> — Il me semble vous reconnaître, dit ce dernier.
> — Je suis M. Brabbant. [...]
> — Savez-vous jouer au billard, monsieur Brabbant ?
> — Mais comment donc, répondit Brabbant. (*ibid.* : 30)

C'est ainsi qu'un personnage change subitement de patronyme au milieu du chapitre IV : présenté comme « M. Martin-Martin » par le narrateur (pp. 28-30), il devient « M. Brabbant » jusqu'à la fin du même chapitre.

La même technique est utilisée dans le chapitre VIII, où « M. Martin-Martin » se rend à l'appartement « d'une certaine Mme Dutilleul » :

> — C'est de la part de qui ? demanda la bonne.
> — Tiens, ça fait longtemps que vous êtes là, vous ? demanda M. Martin-Martin en la regardant de la cuisse au sein.
> — Non, monsieur. Un mois seulement. C'est de la part de qui ?
> — De la part de M. Dutilleul. (p. 56)

Après cet entretien, le narrateur rend au personnage le nom de « Brabbant » (p. 57), sous lequel il a fait sa première apparition dans le récit et dont le lecteur sait maintenant qu'il désigne le même individu que « Martin-Martin » et « Dutilleul ».

• UNE RELATION D'IDENTITÉ ENTRE DEUX PERSONNAGES AUXQUELS LE NARRATEUR ATTRIBUE DES NOMS DIFFÉRENTS.

Le narrateur des *Derniers Jours* se contente en fait d'entériner les changements de nom dont les personnages sont responsables, sans introduire de nouveaux patronymes dans le récit. Ainsi le début du chapitre XXII met-il en scène « Brabbant », dictant quelques lettres à sa dactylo, qui continue de le nommer « M. Martin-Martin » (p. 141). Brabbant décide ensuite d'aller voir Mme Dutilleul (p. 143), qui l'accueille « affectueusement » et lui prête les cinq mille francs dont il a besoin. Le sujet du verbe de parole, introducteur du discours direct, est alors autre que celui des verbes d'action qui le précèdent dans le récit :

> — Je ne te reconnais plus ! dit Mme Dutilleul en riant. Brabbant se leva, il arrangea sa cravate.
> — Je voulais encore te dire une chose... Ne compte plus beaucoup sur ma clientèle maintenant.
> — Fini l'amour ? demanda Mme Dutilleul qui comprenait de travers.
> — Fini ! dit narquoisement M. Dutilleul. Ça ne fait que commencer. (p. 144)

Réutilisant librement les noms qui ont été attribués au même personnage, le narrateur se satisfait à l'occasion d'une simple juxtaposition, comme s'il s'agissait d'individus distincts :

> M. Blaisolle les laissa disserter et sortit en murmurant « c'est horrible ». Dans la rue, M. Dutilleul bougonnait : « Deux mille balles qui passent devant le nez ». Au Soufflet, M. Brabbant demanda au garçon :
> — Dites donc, Alfred, c'était un bon jour aujourd'hui ? (p. 84)

La liste est loin d'être close puisque, comme le fait observer un autre personnage, ce vieillard de soixante-dix ans qui s'appelle « Brabbant, Antoine Brabbant. [...] Eh bien, il en a des dizaines de noms, tous plus beaux les uns que les autres » (p. 164). Ces fréquents changements d'identité finissent par trouver un semblant d'explication, fournie par les personnages : Brabbant serait un « escroc » auquel de multiples noms serviraient de couverture. Mais leur insertion dans le récit se fait selon un procédé inhabituel, par lequel le narrateur prolonge délibérément l'ambiguïté sans donner explicitement au lecteur les moyens de la lever.

On conteste parfois aux anthroponymes fictifs le statut de nom propre. Frege distingue ainsi référent fictif et référent réel et pose que le nom propre ne peut avoir de *denotatum* dans un texte littéraire [26]. Pour Reichenbach, ces signes sans *denotatum* que sont les noms de la Fable ne peuvent être classés parmi les noms propres puisqu'ils ne désignent aucune identité [27]. Pourtant, les textes

---

26. Voir « Sens et dénotation », in *Écrits logiques et philosophiques* (Paris, Seuil, 1971).

27. Postulat formulé dans *Elements of symbolic language* (1948) et cité par E. Nicole dans son article sur « L'onomastique littéraire » (1983 : 235).

littéraires explorent et mettent en scène les modalités de désignation du nom civil. L'usage qu'en font Duras ou Queneau joue précisément des limites de cette désignation. À travers la répétition du nom ou sa variation, c'est l'aptitude de celui-ci à désigner de manière constante un individu unique qui est éprouvée.

2.6.2. Répétition et signification

Dans les textes cités précédemment, le nom propre fait l'objet d'une double contestation, qui vise son aptitude à désigner autant que son absence de signification :

> Quoi ? que dirait-il ? Quel mot ?
> Quelle désignation insensée ?
> Inepte ? (*AS1* : 131)

L'interrogation touche les noms propres et les noms communs, entre lesquels une équivalence se dessine souvent. Par la bouche d'un personnage des *Derniers Jours*, Queneau fait l'aveu d'une suspicion similaire :

> On apprend les mots, mais les choses réelles on ne les connaît pas. On sait des noms, mais on ignore complètement de quoi il s'agit. (*op. cit.* : 193)

Malgré tout, ce signe sans référent, ce nom sans sujet, demeure indispensable. De fait, la répétition onomastique semble seule garantir l'existence d'une entité qui, en son absence, disparaîtrait dans l'oubli. Aussi les personnages des trois *Aurélia Steiner* se livrent-ils à la même quête du nom, même s'il semble vide de sens et malhabile à désigner :

> Les mots Aurélia Steiner n'ont plus sonné dans le camp. Ils ont été repris ailleurs, dans d'autres étages, dans d'autres zones du monde. (*AS2* : 159)

Certains voient en effet dans le nom propre un « mot poétique ». Barthes a ainsi montré que le nom proustien signifie autant qu'il désigne (1967 : 126). Indice et signe à la fois, le nom ne dénote pas sans connoter. Il fait entrer le lecteur dans un processus de signification, et lui donne matière à interprétation. Réceptacle d'un ensemble d'« images sémiques », le nom proustien évoque des « scènes » qui « ne demandent qu'à se fédérer et à former de la sorte un petit récit ». De même, la répétition dans un nom d'autres noms propres déclenche un mouvement interprétatif, sans pour autant pourvoir le nom d'un signifié. La motivation du nom s'accomplit alors sans passer par l'association fixe d'un signifié et d'un signifiant, sans chercher à créer une relation entre le nom du personnage et sa psychologie ou son destin dans le récit [28].

Qu'il connote les formes nominales dont il est dérivé ou celles qu'il engendre à son tour, ce type de procédé insère le nom dans un réseau de significations intertextuelles. Celles-ci peuvent relier des personnages créés par des écrivains différents. Marcel Aymé semble reprendre de la sorte des anthroponymes utilisés par Queneau : Martin (nom récurrent dans un cycle de nouvelles intitulé *Derrière chez Martin*, et que reprend *la Traversée de Paris*), Dutilleul (*le Passe-muraille*). Le redoublement du premier de ces noms annonce en outre celui de Mathieu Mathieu, ami de Martin (*le Romancier Martin*).

Ces noms désignent des personnages qui ont pour caractéristique d'osciller entre l'unicité et la multiplicité, la fixité et la mobilité, ambivalence touchant leur personne physique aussi bien que leur « personnalité ». Ainsi Dutilleul adopte-t-il le pseudonyme de Garou-Garou pour signer ses activités de passe-muraille. Quant au nom Martin, s'il désigne des personnages différents, Marcel Aymé en souligne pourtant *a contrario* l'indistinction en proposant pour le même recueil d'autres titres : *les Aventures de Martin*, *les Métamorphoses de Martin*, *les Trente-six visages de Martin*. Cinq nouvelles mettent ainsi en scène plusieurs individus que des informations d'ordre divers opposent mais qu'un même nom désigne, par-delà ses transformations. On trouvait cette contradiction dans *les Derniers Jours*, où Martin-Martin, dont le lecteur connaît déjà les nombreux changements d'identité onomastique, fait cet aveu :

> Je regrette de ne pouvoir changer mon nom. (*op. cit.* : 136)

Paradoxalement, l'auteur souligne ici la fixité de la désignation. Pour assurer la désignation, le nom propre n'a pas besoin de

---

28. Barthes (1967 et 1970), puis Genette (1976) ont porté attention à ces phénomènes qui exploitent la traduction, l'étymologie, le symbolisme phonétique (Sicardot sent « la faillite », mais Saccard plaît à Rougon parce qu'« il y a de l'argent dans ce nom-là »), la paronomase (pour Swann, les Verdurin sont des « ordures »). Sous la forme de l'anagramme par exemple, la répétition sert à l'occasion la cohésion du récit (l'exécution de Louis Jenrel annonçant celle de Julien Sorel).

coïncider avec une description du référent. C'est du moins de cette éventuelle non-coïncidence que jouent, par exemple, Duras et Queneau, et de manière générale les textes où l'utilisation de la pseudonymie et de l'homonymie n'est pas nécessairement assortie d'une explication rationnelle immédiate. Apte à la désignation, le nom propre l'est alors par-delà la variation ou la contradiction des descriptions. Il désigne ainsi une entité dont les caractéristiques actuelles pourraient être tout autres, et continue de la désigner à travers la différence des temps et des lieux, et en dépit de caractéristiques purement contingentes.

Qu'il soit présenté comme un « nom sans sujet » (Duras) ou comme un nom que le sujet ne peut changer en dépit de ses tentatives (Queneau), le nom propre semble bien jouer le rôle d'un « désignateur rigide », dont Kripke pose qu'il désigne un unique référent dans tous les mondes possibles (1972). La répétition du nom « Aurélia Steiner » témoigne en effet de la rigidité de cette désignation qui réfère sans identifier et n'est pas réductible à la description définie. On a vu comment le même nom pouvait à cette occasion désigner un individu dont certaines périphrases donnent des descriptions logiquement incompatibles avec les informations fournies par ailleurs.

Il ne suffit pas de dire, pour éclairer cette situation troublante, que le nom « Aurélia Steiner » désigne des personnages homonymes. Cette explication annule la contradiction sans tenir compte de la spécificité du texte qui ne tend pas vers cette résolution. Certes, comme les noms communs homonymes, qui se distinguent par leur signifié et par leurs conditions d'emploi, « Aurélia Steiner » constitue une seule forme graphique et sonore et désigne des entités différentes. Mais la valeur spécifique des noms communs homonymes peut être reconnue par recours à la commutation : la liste distinctive des termes substitutifs, autrement dit le paradigme dans lequel ils s'insèrent, suffit à les caractériser comme des signes différents. Or le texte de Duras n'exploite pas du tout cette possiblité. En sont absentes les descriptions définies, qui fixent la référence sur une entité unique. Des énoncés du type : « Aurélia, la petite fille de ma voisine », « Aurélia, la jeune fille de Vancouver », « Aurélia, la jeune fille de Melbourne », etc., peuvent être reconstitués par le lecteur, mais le texte ne les fournit pas. L'indifférenciation est de plus accentuée par la discrétion des formules descriptives, peu nombreuses, et répétitives. Duras en restreint considérablement la variété en n'utilisant pas toute la gamme des périphrases à sa disposition : article défini (+ adjectif) + nom (+ complément) (+ prop. relative), etc. En *AS3* ces formules sont au nombre de deux : « la petite fille », « l'enfant ». On observe en revanche un recours très fréquent au substitut pronominal selon des modalités génératrices d'ambiguïté, similaires à celles prisées par Queneau.

Ce que le nom propre désigne, ce n'est donc pas un objet définissable par un ensemble de qualités, mais bien plutôt une absence ou, à tout le moins, une intermittence, un composé d'être et de non-être. Qu'on lui affecte plusieurs noms ou des qualités contradictoires, ce référent demeure une « identité indécise ». Il en va ainsi de Lol V. Stein comme de M. Brabbant. Celui-ci « doit avoir quelque chose de spécial, sans ça, il ne serait pas M. Brabbant. Il a un nom et un nom ça compte », confie l'un des personnages des *Derniers Jours*. Flairant en Brabbant un escroc, il regrette d'ignorer en quel domaine s'exerce cette compétence : « rien ne montre encore ce qui fait que M. Brabbant est M. Brabbant et pas un autre » (*op. cit* : 93). Or la fin du roman ne le montre pas plus. Qui est M. Brabbant ? À cette question le texte ne propose aucune réponse. La disparition du personnage lui donne seulement le statut et le destin attendu d'un être-pour-la-mort.

On ne saurait non plus échapper à l'alternative posée par Duras, pour qui le nom Aurélia Steiner est apte à désigner tantôt des individus distincts, tantôt un seul et même personnage. Ainsi dissocie-t-elle nettement, dans un texte consacré à cette question, « Aurélia Steiner née à Auschwitz » de « l'autre Aurélia Steiner de dix-huit ans » (*Cahiers du cinéma* n° 312-3 : 57), précisant que la seconde a pour charge de décrire la première. Au cours d'un entretien intitulé simplement « Steiner », Duras explicite d'un point de vue historique les liens unissant les différentes Aurélia Steiner. Trois générations doivent être distinguées :

> La première génération — les grand-parents — a été gazée à Auschwitz. C'étaient les grands-parents d'Aurélia Steiner. Cette génération avait déjà des enfants quand elle a été exterminée. Dès le début de la guerre et même dans les années qui l'ont précédée, beaucoup de ces enfants ont été envoyés et confiés à des parents qui habitaient loin de l'Europe, les tantes et les oncles des parents d'Aurélia Steiner. La dernière Aurélia est donc née à l'étranger, à Melbourne et à Vancouver. Je ne crois pas qu'elle soit jamais revenue en Europe. Aurélia Steiner, comme tous les juifs d'Israël ou d'Europe, à travers ses parents et ses grands-parents est donc une survivante des camps, un oubli, un accident dans la généralisation de la mort. Il faut dire aussi qu'une cinquantaine d'enfants juifs sont nés et ont grandi à

> Auschwitz, cachés sous les bat-flancs [*sic*]. On en a retrouvé quelques-uns, ceux qui ont survécu ont été envoyés dans un hôpital psychiatrique en Angleterre. Aucun d'eux ne connaissait l'emploi de la première personne du singulier. Ils disaient *wir*, *nous*. Aurélia Steiner n'a pas inventé la naissance de l'enfant à Auschwitz. (*ibid.* : 77)

« Aurélia Melbourne » et « Aurélia Vancouver » représentent donc la troisième génération, à laquelle Duras attribue le travail de la mémoire, de la « description », de l'écriture. « Aurélia Paris » appartient également à cette génération, mais elle ne connaît pas le sort de la diaspora émigrée hors d'Europe, puisque son histoire s'inspire de celle d'un enfant confié à une voisine par sa mère avant l'arrestation de celle-ci.

La multiplication de ces destins s'accompagne cependant d'une dissolution de la personne, marquée par la répétition du nom propre commun à ces trois générations. Aussi Duras commente-t-elle le tournage d'*Aurélia Melbourne* en insistant à l'inverse sur la confusion et l'indistinction des personnages. « Aurélia Steiner », sur l'image, c'est aussi bien, à côté même d'Aurélia, cette silhouette de jeune fille « avec de longs cheveux blonds » — et non plus « noirs », comme le texte le stipulait —, un visage « effacé », « gommé », où l'on ne reconnaît « aucun trait ». Les différences posées précédemment disparaissent :

> Elle est cassée, disséminée dans le film. Et intégralement là en même temps. Elle est encore rue des Rosiers, d'abord là, puis ailleurs en même temps, toujours là, puis toujours ailleurs ensuite, ici comme ailleurs, dans tous les Juifs, la première génération, c'est elle, comme la dernière. (*op. cit.* : 76)

Duras pose alors l'identité et la permanence de la figure contre la différence et la variation individuelles : « *Est-ce que c'est la même celle de Paris, de Melbourne, de Vancouver ?* Oui, c'est la même. En même temps. À tous les âges » (*ibid.* : 90).

La vacuité relative du personnage facilite cette dissémination spatiale et temporelle. Elle tient aussi au fait qu'on le présente comme la somme de ses noms plutôt que celle de ses qualités. Polyonymie dont Duras joue afin d'accroître la puissance de représentation d'une seule entité, apte à glisser d'une intrigue à l'autre.

Un écrivain peut en effet appliquer à ses propres inventions anthroponymiques un principe de reprise, complète ou partielle. Des noms différents laissent ainsi lire et entendre le retour d'une même base graphique ou sonore, insérant les personnages qui les portent dans un réseau de relations intertextuelles. Ces manipulations permettent d'établir :

• une relation de paronymie totale ou partielle, entre noms de famille seuls, entre prénoms ou entre « noms complets » (prénom et nom) : Steiner (*Aurélia Steiner*) et Stein (*Détruire dit-elle*), Aurélia Steiner (*ibid.*) et Lol[a] V[alérie] Stein (*le Ravissement de Lol V. Stein*), Aurélia et Alissa (*Détruire dit-elle*) ;

• une correspondance entre un nom propre et un nom commun, accompagnée d'une traduction et d'un déplacement du nom de famille vers le prénom [29] : Stein (nom commun qui a pour signifié « pierre » en langue allemande) et Pierre (*Dix heures et demie du soir en été*) ;

• une correspondance interlinguistique entre plusieurs noms dont le signifiant originel commun a connu des adaptations différentes : Pierre, Peter (Morgan, in *le Vice-consul*) ;

• une similitude des lettres initiales : A. S. et L.V.S. (c'est ainsi que Duras désigne Lol V. Stein dans un texte intitulé « Aurélia Aurélia deux », où elle relie symboliquement celle-ci à Aurélia Steiner : « Aurélia est sortie du corps massacré de L.V.S. », *Cahiers du cinéma*, *op. cit.* : 66), A.S. et A[nne-]M[arie] S[tretter] (« Les initiales, presque les mêmes [30] »).

---

29. À la manière de Queneau faisant apparaître dans *le Chiendent* un personnage prénommé Étienne (avec pour patronyme Marcel...) et dans *Loin de Rueil* deux personnages féminins, Ginette et Pierrette, portant le nom d'Etienne. Queneau utilise aussi la transposition du nom commun en nom propre, doublée d'une traduction, pour créer les noms de Lehameau (en correspondance avec Hamlet) et de Nick Winter, tous deux personnages d'*Un rude hiver*). Par adaptation homophonique, il obtient encore Nick Harwitt, dont le nom reproduit partiellement la phrase « Retrouvez mon Icare, vite ! » (injonction proférée, dans *le Vol d'Icare*, par l'écrivain qu'alarme la disparition subite de son personnage).

30. *Ibid* : 76. Dans *les Fleurs bleues*, Queneau attribue à Cidrolin et au duc d'Auge une identique série de prénoms (Joachim, Olinde, Anastase, Crépinien, Honorat, Irénée, Médéric). Leurs initiales forment, par acronymie, le prénom *Joachim*, qui se trouve ainsi répété dans l'énonciation des prénoms (sans doute en manière de référence à Joachim de Flore, dont le nom fait également l'objet d'une translation dans le titre de l'œuvre). En outre, Cidrolin s'appelle « Monsieur Dicornil. D comme duc, I comme Joachim, C comme Capétien, O comme Onésiphore, R comme Riphinte, N comme N et le reste à l'avenant. » (1965 : 119). Les initiales permettent ainsi de reproduire les noms de certains personnages ou de certains éléments de la fiction sous un autre nom, qui est lui-même l'anagramme de Cidrolin. Anagramme, de surcroît, méthodiquement obtenue, puisque la

Le nom de Stein(er) devient une véritable pierre de touche, agent de la transmutation des langues étrangères en une langue universelle. S'il perturbe la relation du signe au dénoté, il ne la réduit pas pour autant à zéro, comme le postulait Kristeva. Assurément, la construction de cette entité imaginaire, multiple et changeante, faite d'éléments disparates brouille l'unicité du personnage. Elle pervertit l'idéal d'une représentation adéquate à son objet, qui associerait de façon transparente *denotatum* et *representamen*. Mais c'est sous un même anthroponyme que sont recueillis tous les possibles du personnage. Le nom propre sert de creuset, de pivot : il autorise le revenir d'une même figure, conservant à chacune de ses occurrences la mémoire de ses manifestations précédentes. À travers la reprise et la transformation d'un même nom d'une œuvre à l'autre s'accomplit aussi, dans l'instant de la profération, une traversée diachronique de textes et de mondes différents. *Aurélia Steiner* est aussi bien nom propre qu'intertexte, comme le stipulait un statut titulaire trois fois assumé, qui met d'emblée en question les notions de sujet et de personnage [31], transformant une dénomination en *lieu commun* où se croisent et s'inscrivent d'autres textes et d'autres noms.

3. ÊTRE ET RÉPÉTITION

3.1. Le sujet en question

Un certain usage de la répétition produit en somme des personnages sans « personnalité ». C'est au « texte moderne » qu'on attribue parfois cette particularité, comme le fait Hamon (1972 : 143). Nommant Beckett et Robbe-Grillet, le critique évoque le cas de ces personnages qui se caractérisent par une instabilité des traits

---

répartition des lettres n'y est pas laissée au hasard : la segmentation syllabique produit un triple boustrophédon. « Et le reste à l'avenant » : ces procédés en nombre fini engendrent en effet une infinité d'applications. Klinkenberg a d'ailleurs souligné qu'une telle pratique était à l'origine de l'invention de notions comme « les suites de Queneau » ou la « *n*-inologie » (1983 : 111).

31. La répétition et la dissémination systématiques, selon différents procédés, d'un nom propre dans la fiction témoignent, chez des écrivains comme Duras ou Queneau, qui s'y adonnent compulsivement, d'une volonté d'interroger l'identité. Aux yeux de Queneau par exemple, ce que le personnage et l'auteur ont en commun, c'est avant tout la même « ambiguïté » (Cahiers des *Amis de Valentin Brû*, n° 16-17, 1981 : 53).

individuants : le même personnage sera successivement blond ou brun, homme ou femme, tandis que des personnages différents accomplissent les mêmes actions ou reçoivent les mêmes descriptions.

On a vu cependant que ces dédoublements, ces démultiplications impliquaient une différenciation minimale. Ce n'est jamais exactement le *même* personnage qui revient : ses métamorphoses le touchent plus qu'une altération superficielle, puisqu'elles font à l'occasion de lui une aberration logique. Il n'est pas sûr en outre qu'il faille faire de cette pratique une caractéristique du roman moderne. Si de tels phénomènes sont récurrents dans la production littéraire française de la seconde moitié du XXe siècle, ils excèdent cependant largement ce champ. Ainsi le récit mythologique y a-t-il recours, comme l'a observé Lévi-Strauss. Sans doute traduisent-ils cependant une conception particulière de la *personne* puisqu'ils mettent en question non seulement la possibilité et les modalités de sa représentation, mais encore la nature de cette identité. Dans le roman moderne, le rôle dévolu à l'investigation psychologique est assumé par ce dispositif formel.

Certains critiques ont pu postuler que le propre du « langage poétique » — prose et poésie confondues — était précisément de mettre en scène un sujet traversé de contradictions non résolues, qui échappe aux lois de la logique et maintienne en lui son contraire. Ainsi Kristeva définissait-elle la poésie comme une opération de négativité généralisée manifestant l'émergence d'un non-sujet :

> Dans cet espace *autre* où les lois logiques de la parole sont ébranlées, le sujet se dissout et à la place du signe c'est le heurt de signifiants s'annulant l'un l'autre qui s'instaure [...]. Un sujet « zérologique », un non-sujet vient assumer cette pensée qui s'annule. (1969 : 273)

C'est à la fin du XIXe siècle que Kristeva place cette « révolution » du langage poétique, dont Lautréamont et Mallarmé sont les principaux vecteurs. Le « sujet zérologique » se caractérise par le fait qu'il ne peut être fixé dans un nombre fini d'entités concrètes et immuables. « Ondulatoire », indéterminé, quasiment inobservable, il contient toujours ce qu'il n'est pas, ce qui le contredit.

La construction de personnages de ce type repose sur les instruments analysés précédemment. De fait, ceux-ci impliquent au moins une relation de non-coïncidence entre l'individu et le nom qui le désigne. L'association d'un même nom à des entités différentes ou de plusieurs noms à une seule entité témoigne de la difficulté de la désignation et place le lecteur dans une impasse. Pour maintenir une cohérence discursive et logique, il lui faut en effet présupposer l'existence d'un référent unique quand la variation des noms s'accompagne d'une permanence des qualités, ou celle de multiples référents quand l'unicité de l'anthroponyme est contredite par l'incompatibilité des traits individuants. Il doit de la sorte décider de l'identité du *denotatum* à chaque occurrence du nom propre. Or les textes eux-mêmes, on l'a remarqué, ne facilitent pas nécessairement ce choix, puisqu'ils nouent étroitement l'identité et l'altérité, faisant de la seconde la condition de manifestation de la première[32]. Participant à la construction d'un simulacre de référent externe, ces anthroponymes fictifs sont en outre exhibés comme tels, d'où un effet de redoublement : l'être fictif qu'ils désignent n'est qu'un simulacre de simulacre et l'absence du sujet n'en est que mieux soulignée.

Cette inconsistance manifeste du sujet ne doit pas être rattachée à sa seule mutabilité. L'impersonnalité de ces personnages ne reflète pas seulement la variation de l'être dans le temps. En contrevenant aux lois de la logique, la pratique systématique de la répétition marque une altérité radicale au cœur du sujet. Instabilité des instances d'énonciation, attribution des mêmes traits, des mêmes rôles ou d'un même nom à des personnages que d'autres informations distinguent nettement par ailleurs ; permanence d'un même personnage sous des traits, des rôles ou des noms différents ; assertion de propositions contradictoires et prédication de qualités incompatibles sur une même entité : en rompant avec le principe de contradiction, ces procédés rendent perméable la frontière qui sépare l'être du non-être. L'instabilité de la désignation tient à cette non-exclusion du contraire et du différent, qui rendent l'être difficilement nommable. Les romans de Beckett exposent cette impossibilité :

> [...] il s'agit de quelqu'un, ou il s'agit de quelque chose, voilà enfin, qui

32. Comme l'observe Robert Lafont, l'idée courante selon laquelle le nom propre désignerait un individu unique relève de « l'utopie d'un langage infinitisé », uniquement constitué d'*hapax* et capable de faire correspondre « une forme linguistique *propre* à chaque occasion de nomination » (« Jeux onomastiques sur la frontière », *Cahiers de praxématique* n° 8, *Théorie et fonctionnement du nom propre*, 1987 : 78). « Aurélia Steiner » n'entre à aucun titre dans cette relation strictement bijective.

> n'est pas là, qui est loin, ou qui n'est nulle part, ou qui est là, ici, pourquoi pas, après tout, il s'agit d'en parler, voilà, on ne sait pas pourquoi, pourquoi il faut en parler, c'est comme ça, on ne peut pas, personne ne peut en parler, on parle de soi, quelqu'un parle de soi, c'est ça, au singulier, un seul, le préposé, lui, moi, peu importe, le préposé parle de soi, en parlant de soi, en parlant d'autrui, en parlant des choses, quel autrui, quelles choses, le préposé, en parlant de soi, c'est moi, en parlant de lui, comment savoir, je ne peux savoir, si j'ai parlé de lui, je dois parler de lui, je ne peux parler que de moi, non plus, je ne peux parler de rien, et pourtant je parle, c'est peut-être de lui, je ne le saurai jamais [...]. (*l'Innommable*, 1953 : 240-1)

La distribution des noms témoigne de ce flottement. Quand Basile prend de l'importance, le narrateur décide de l'appeler Mahood, pour ensuite décréter : « je suis Mahood après tout » (*op. cit.* : 44 et 49). Le personnage se définit de la sorte par assimilation et dissimilation successives. Ainsi, à propos de Murphy, Molloy et autres Malone : « Ces gens n'ont jamais été. N'ont jamais été que moi et ce vide opaque » (*ibid.* : 79). Quant à Murphy, Watt, Mercier : « je ne veux plus les nommer, ni aucun des autres dont j'oublie jusqu'aux noms, qui m'ont dit que j'étais eux, que j'ai dû essayer d'être » (pp. 97-8). Si une identité se manifeste à travers divers indices — nom, souvenirs, qualités, langage, « projets », « aspirations » —, leur libre permutation illustre l'impossible coïncidence de l'être à soi-même. Être sur le mode du non-être, telle est l'expérience cruciale de l'Innommable.

3.2. Mêmeté, ipséité, altérité

On ne saurait pour autant prétendre à la disparition complète d'un sujet défait par la disparition des oppositions logiques. L'impossibilité d'une répétition « pure » témoigne en cela même du rôle de la répétition : permettre l'affirmation d'une différence constitutive du Même.

On a vu qu'au rang des différentes modalités d'exercice de la répétition jouait un principe de substitution. Ce principe construit un rapport homologique entre les termes qu'il affecte : leur équivalence n'a pas besoin d'un troisième terme qui résoudrait une contradiction, ou une différence. Cette relation d'homologie se distingue donc bien d'une analogie qui ferait que l'être se dit en plusieurs sens et de multiples façons, mais qui se rapporteraient à une seule et même nature, selon un mode caractéristique de l'*ousia* aristotélicienne. Ces contradictions, ces négations, ces répétitions par substitution, n'ont pas pour rôle d'élaborer toutes les manières de rendre compte d'une même identité. Elles n'autorisent pas la connaissance de l'Autre à partir de l'affirmation d'un Même qui en serait le double originel. Elles font que, selon la définition qu'a donnée Deleuze du procès de la répétition :

> l'être se dit « de toutes manières » en un seul et même sens, mais se dit ainsi de ce qui diffère, se dit de la différence elle-même, toujours mobile et déplacée dans l'être. (1968 : 388)

Dans *Soi-même comme un autre* (1990), Ricœur place la production littéraire de la seconde moitié du XXe siècle au terme (provisoire) d'une évolution qui aboutit à la disparition du personnage comme caractère. Avec Musil et *l'Homme sans qualités*, le personnage devient non identifiable. Le nom propre perd son rôle d'ancrage au point de devenir superflu et le non-identifiable devient l'innommable. « Annulation », « éclipse », « décomposition », « érosion » : le roman et le théâtre contemporains fourniraient à l'envi les fictions de la disparition du personnage et de la perte d'identité. À cette crise de la configuration du personnage correspondrait d'ailleurs celle du récit, mis en question dans sa clôture et sa forme — Ricœur donne l'exemple de Musil attirant le récit dans le voisinage de l'essai, par une transgression qui frappe les autobiographies modernes, telle celle de Leiris.

Comment expliquer cette disparition ? Pour répondre à cette question, Ricœur oppose deux modalités de l'identité. Il existe en effet deux formes de permanence dans le temps. L'une est caractéristique de l'identité-*idem*, ou identité-mêmeté : c'est ce qui permet d'identifier un personnage, ou plus exactement de le réidentifier, puisque le connaître c'est le reconnaître, *n* fois. À cette identité numérique s'adjoint une identité qualitative qui implique une ressemblance extrême entre deux ou plusieurs occurrences de la même chose et peut à ce titre être invoquée comme critère de la présomption d'identité numérique. Mais cette similitude varie dans le temps : la croissance et le vieillissement sont des facteurs de dissemblance et donc de diversité numérique. Aussi faut-il recourir à un troisième élément pour construire l'identité-mêmeté : la continuité ininterrompue du changement lie les différents stades de développement du même individu, de telle sorte que les changements qui l'affectent menacent la ressemblance sans la détruire. Ainsi pouvons-nous dire d'un homme qu'il est le même, de la naissance à la mort. Que le changement puisse affecter quelque chose qui ne change pas, Ricœur l'explique par référence à la notion kantienne de substance, conçue comme un substrat invariant qui persiste dans le temps, à travers le changement des phénomènes.

À cette forme de permanence dans le temps, qui s'explique par l'invariance d'une substance ou d'une structure (le code génétique d'un individu), Ricœur oppose celle de l'identité-*ipse* ou identité-ipséité. De fait, l'identification d'une *personne* ne repose pas sur les mêmes critères que celle d'un individu considéré comme « simple échantillon de l'espèce ». Comment rendre compte de cette forme particulière de permanence, celle du soi ? Selon deux modèles — celui du *caractère* et celui du *maintien de soi* ou de la *parole tenue* — que Ricœur propose pour mieux opposer permanence du soi (*ipse*) et permanence du même (*idem*).

Ensemble de traits descriptifs, de marques distinctives, le caractère constitue « la mêmeté de la personne » ; tel que le conçoit Ricœur, il cumule l'identité numérique et qualitative, la continuité ininterrompue dans le changement et la permanence dans le temps (*op. cit.* : 144). En ce sens, parce qu'immuable et non choisi, il incarne la finitude. Dispositions et habitudes sont autant de traits à quoi on reconnaît une personne, en la réidentifiant comme la même. Face à cette identité du même se place l'identité du soi, qui accomplit une autre forme de permanence dans le temps. On sait que la visée éthique constitue cette identité dans ce que Ricœur nomme le maintien de soi : la fidélité à la parole donnée, la tenue de la promesse sont bien un défi au temps, un déni du changement (*ibid.* : 149) et c'est dans sa capacité à toujours *répondre de soi* que la personne manifeste sa persistance dans le temps.

Nous n'avons pas à entrer dans les développements de cette théorie morale, dont nous conservons le principe d'une opposition de l'*idem* à l'*ipse*, et l'utilisation de celui-ci pour aborder la problématique de l'identité narrative. Pour Ricœur en effet, l'identité narrative, c'est-à-dire l'identité du personnage, se manifeste dans la dialectique de la mêmeté et de l'ipséité. Cette synthèse peut s'accomplir sur deux plans dans le récit. D'une part, la construction du personnage et celle de l'intrigue entrent dans une relation d'interdépendance qui permet d'intégrer la diversité, la variabilité, la discontinuité, l'instabilité, à la permanence dans le temps — toutes variations que l'identité-mêmeté paraîtrait devoir exclure. D'autre part, la mise en scène des personnages dans le récit permet de proposer à la lecture des cas extrêmes de dissociation entre les deux formes d'identité. La fiction littéraire évolue ainsi entre deux pôles. Le personnage peut y avoir l'apparence d'un caractère « identifiable et réidentifiable comme même » : Ricœur classe dans cette catégorie les personnages des contes de fée et du folklore. Le roman classique occupe à ses yeux une place intermédiaire, puisque les transformations par lesquelles passe le personnage rendent difficile l'identification du même sans pour autant le faire disparaître tout à fait : on en trouve les manifestations depuis *la Princesse de Clèves*, ou le roman anglais du XVIIIe siècle, jusqu'à Dostoïevski et Tolstoï. Le roman d'apprentissage et le roman du courant de conscience poursuivent ces investigations qui conduisent à l'autre pôle, celui de la littérature contemporaine, où le personnage, cessant d'être un caractère, devient non identifiable.

Cherchant à rendre compte des cas « déroutants » et « troublants » de la littérature, similaires aux *puzzling cases* de la science-fiction et de la philosophie analytique, Ricœur propose d'interpréter ces fictions de la perte d'identité en les replaçant dans la dialectique de l'*idem* et de l'*ipse*. Ce qui rendait le personnage identifiable, c'était la superposition de la mêmeté et de l'ipséité, alors que les récits modernes ont abouti à une « mise à nu de l'ipséité par perte du support de la mêmeté » (*op. cit.* : 178). Cette disparition du caractère se traduit par une impersonnalité qui défigure le personnage et le rend méconnaissable.

Face à cet évidement, la position de Ricœur est hésitante. Dans la phrase « je ne suis rien », *rien* ne signifierait plus rien s'il n'était attribué à *je*, et, quand le sujet dit qu'il n'est rien, on peut encore se demander qui est *je* : « un soi privé du secours de la mêmeté », un non-sujet, donc une représentation, même inversée, du sujet :

> Pourquoi, en effet, nous intéresserions-nous au drame de la dissolution de l'identité du personnage de Musil et serions-nous plongés par lui dans la perplexité, si le non-sujet ne restait pas une figure du sujet, fût-ce sur le mode négatif ? (*op. cit* : 196)

Que l'identité du sujet pouvait se constituer dans et par la variation, l'instabilité, la diversité et la confrontation avec l'autre, au risque de sa propre disparition, les textes analysés jusqu'ici l'ont suffisamment montré. C'est dans la rencontre d'autrui que les personnages de Duras et de Queneau font l'épreuve de leur identité. Si Brabbant change de nom à chaque fois qu'il change d'interlocuteur — ou quasiment — c'est là aussi une manière de réponse. Répondre à autrui, répondre à et de son nom, tout en montrant les failles de cette responsabilité qui n'engage pas nécessairement le soi : à travers cette instabilité onomastique, le récit met en scène les paradoxes constitutifs de l'identité. Chargée de concilier *je* et *tu* (le père, la mère, l'amant, l'Autre), *je* et *nous* (le peuple juif), *je* et *elle* (soi), Aurélia Steiner incarne aussi une identité à la clôture entamée. C'est en étant parlée par une autre, en réfléchissant sa vie dans celle des autres, par une alliance de la subjectivité et de l'objectivation de soi, que ce personnage parvient à l'expression de l'identité et à l'auto-désignation (« Je m'appelle Aurélia Steiner »).

L'altérité n'intervient pas ici à la façon d'un supplément ou d'un complément extérieur qui se grefferait sur l'identité pour en achever la complétude. En substituant à la dialectique platonicienne du Même et de l'Autre celle de la mêmeté et de l'ipséité, Ricœur souhaitait montrer la plurivocité d'un Autre qui ne se réduit pas à la pure altérité d'un autrui, comme celle d'un Même qui ne soit pas exclusif de la variation et de l'instabilité. C'est par une troisième dialectique, celle de l'ipséité et de l'altérité, qu'il lui faut passer pour achever de conjoindre les contraires : l'altérité ne s'ajoutera pas du dehors à l'ipséité, comme s'il s'agissait d'en prévenir la « dérive solipsiste » (*ibid.* : 367). Elle est un élément de la constitution ontologique de l'identité et Ricœur en situe pour sa part le travail dans les diverses expériences de la *passivité*, qui sont les traces d'une médiation entre soi et le monde (à travers le corps), soi et l'autre (à travers l'intersubjectivité), soi et soi-même (à travers la conscience).

À cette mise à l'épreuve de l'identité dans l'altérité, Ricœur donne une issue heureuse, qui préserve l'ipséité de la ruine, lui conservant un statut d'ilôt ou de rempart. Pourtant, ainsi qu'il le remarque lui-même, les récits qui mettent en scène cette expérience peuvent transcrire une conception apophatique du soi. L'identité n'y est pas aussi paisiblement sauvée du néant, puisqu'il lui faut précisément en faire l'épreuve. Ainsi le sujet doit-il s'appréhender à travers ce qu'il n'est pas : coïncidence de soi à soi, immédiateté de la conscience de soi. Mais entre être et non-être, une médiation s'opère cependant, toujours imparfaite et inachevée, toujours à reprendre.

3.3. La mémoire de l'oubli

> *Lol V. Stein, c'est quelqu'un qui chaque jour se souvient de tout pour la première fois, et ce tout se répète chaque jour.*
>
> M. Duras

La notion de répétition est étroitement liée à celles de trace et de frayage, telles que Freud et, à sa suite, Derrida ont pu les exposer. Dans l'*Esquisse d'une psychologie scientifique* (1895) et dans la *Note sur le bloc magique* (1925 *b*), Freud élabore une problématique du frayage, dont Derrida remarque qu'elle se fonde sur une représentation métaphorique de la « trace écrite » (voir « La scène de l'écriture », in *l'Écriture et la différence*, 1967 : 293-340). Le bloc magique figure en effet simultanément la structure de l'appareil psychique et le processus de l'écriture. Son fonctionnement présente une analogie avec celui de la mémoire, dont Freud rappelle au début de *l'Esquisse* qu'il repose sur un paradoxe :

> Une des propriétés principales du tissu nerveux est la mémoire, c'est-à-dire, d'une manière tout à fait générale, l'aptitude à être altéré d'une manière durable par des événements qui ne se produisent qu'une fois [33].

La mémoire implique une permanence de l'altération subie en même temps que son effacement, puisque le tissu nerveux doit rester offert à de nouvelles impressions. Pour expliquer ce double statut, Freud suppose l'existence de neurones qui peuvent être à la fois « impressionnés mais aussi bien inaltérés, non prévenus ». Tandis que certains neurones, parce qu'ils n'offrent aucune résistance à l'excitation, ne retiennent aucune trace de l'impression, une autre série de neurones oppose des grilles de contact à l'excitation, ce qui leur permet d'en conserver la trace. La mémoire dépend de cette résistance qui est par là même, comme le signale Derrida, ouverture à l'effraction de la trace. De plus, selon Freud, ces traces mnésiques sont de temps en temps soumises à une « restructuration », une « transcription », de telle sorte que l'appareil psychique se constitue d'une « superposition de strates ». Aussi en conclut-il que

33. Texte cité par Derrida. Voir aussi la traduction de cet essai par Anne Berman (in *la Naissance de la psychanalyse*, Puf, 1956, p. 319).

> la mémoire n'est pas présente une seule et simple fois mais se répète [...]. Quel est le nombre de telles inscriptions, je n'en sais rien. Au moins trois, vraisemblablement davantage... [34]

La répétition intervient donc à plusieurs niveaux. Le ressouvenir s'apparente à un acte de relecture d'une trace oubliée. Le « je me souviens » de Georges Perec, consciemment assumé et énoncé comme tel, porte au jour cette inscription unique dont il accomplit la réinscription (*Je me souviens*, 1978 *b*). Chacun des énoncés perecquiens opère la transcription d'une impression singulière. Cette reprise d'un événement passé n'est pas en soi répétition de l'identique : l'acte d'énonciation signale et instaure une distance entre l'événement inscrit dans la mémoire en un temps T_0 et ressaisi en un temps T_n. « Je me souviens », mais pas toujours de la même manière. Perec ne joue d'ailleurs pas de cette caractéristique de la mémoire : *je* ne se souvient qu'une fois d'un même fait. Or la mémoire ne peut être considérée comme un ensemble d'archives, un registre de données classées une fois pour toutes : la consultation même de ces *data* ne s'accomplit pas sur le mode singulatif (*une* lecture pour *une* trace écrite). Elle est répétable et reconstruit à chaque itération un nouvel agencement. Toujours inscrit dans un présent (*je*', *je*'', *je*''', etc., se souviennent dans un temps T', T'', T''', etc.), le souvenir fait toujours l'objet d'une recomposition.

En outre, c'est la répétition qui permet de différer et de refouler une trace, une impression dangereuses pour le sujet. Aussi se définit-elle à la fois comme transcription et comme négation.

3.3.1. Transcription de l'indicible

Quels que soient les traits attribués à la figure « Aurélia Steiner », qu'il s'agisse d'une enfant ou d'une jeune fille, Duras revendique pour elle une caractéristique permanente :

> Elle est au présent, présente, comme Alissa de *Détruire* : elles ont toujours dix-huit ans. (*Cahiers du cinéma* n° 312-313, *op. cit.* : 10)

34. Lettre n° 52 à W. Fliess, 6.12.1896, citée par Derrida. Cf. *la Naissance de la psychanalyse*, *op. cit.* : 153-60 (trad. fr. de A. Berman, édition de Marie Bonaparte, Anna Freud et Ernst Kris).

Ces personnages en charge de la mémoire, voués à répéter le souvenir d'un événement traumatique, vivent dans un présent intemporel qui n'est pas un présent pur mais un temps fait de rétentions (souvenir et reconstruction des traces passées) et de protentions (projection de ces souvenirs). Une relation de pure successivité entre passé, présent et futur ne suffit pas à en rendre compte.

Voilà pourquoi il convient d'envisager une autre configuration du temps. À la suite des observations de Freud, Derrida conçoit le présent comme un temps « reconstitué » grâce au matériel de la mémoire, une « transcription » reposant sur un processus de stratification. Tel que l'a décrit la psychanalyse, le mécanisme de la mémoire repose sur cette superposition de strates toujours susceptibles d'une restructuration. À propos de cet inconscient conçu comme palimpseste, Derrida observe :

> le texte inconscient est déjà tissé de traces pures, de différences où s'unissent le sens et la force, texte nulle part présent, constitué d'archives qui sont *toujours déjà* des transcriptions. Des estampes originaires. Tout commence par la reproduction. (*op. cit.* : 314)

Dans les trois *Aurélia Steiner*, cette « estampe originaire » se manifeste sous la forme du « rectangle blanc de la cour de rassemblement du camp » (*AS2* : 147), qui cadre et cache une scène primitive, insistante et cependant toujours perdue, toujours à rechercher. La mort des parents d'Aurélia Steiner dans le camp d'Auschwitz se confond avec celle des Juifs, comme avec une extermination générale. Particulière, elle répète indéfiniment l'histoire universelle. Le récit de ces massacres est un « texte de nulle part », écrit « depuis mille et mille ans » (*AS1* : 128), soumis à une réécriture éternellement recommencée (« Je vous écris tout le temps, toujours ça [...]. Je vais peut-être vous écrire mille lettres », *AS1* : 117). C'est pourquoi « les mots Aurélia Steiner », lorsqu'ils ne sonnent plus dans le camp, sont « repris ailleurs ». La répétition du nom garantit le souvenir de l'événement qui lui est lié : « Je lui dis le nom : Aurélia Steiner. Je l'écris sur une page blanche et je le lui donne [35] ».

---

35. *AS2* : 162. Outre leur parenté onomastique, Aurélia Steiner et Lol V. Stein ont en commun cette recherche du « mot « ou du « nom » manquant : « J'aime à croire [...] que si Lol est silencieuse dans la vie, c'est qu'elle a cru, l'espace d'un éclair, que ce mot pouvait exister. Faute de son existence, elle se tait. Ç'aurait été

Ce « rectangle blanc », page vierge ou cour du camp, consacre l'apparition de la chose, l'évidence de l'événement, leur représentation, mais aussi leur perte. Écran, ou découpure du vide, il abolit l'image dans un éblouissement vain, que le regard s'épuise à fixer sans y rien discerner. Mais ce rien est aussi la chose même, la seule figuration, qui condense en elle toute figuration possible, jusqu'à l'opacité. Ici s'annule une représentation conçue comme transparence de l'image et de son objet. C'est en effet « par cette blancheur blanche, ce brouillard infini » (*AS1* : 134), brouillant l'image et le monde, que la séparation cesse, que s'atteint « la fin » de l'histoire, ou se prononce « le mot » de la fin. La scène originaire se donne à voir dans l'aveuglement :

> Elle ne regarde toujours pas, les yeux fermés sur le rectangle blanc de la mort. (*AS2* : 163)

Et cette représentation fantasmatique est aussi bien lucidité et savoir extrêmes :

> Je ne peux rien contre l'éternité que je porte à l'endroit de votre dernier regard, celui sur le rectangle blanc de la cour de rassemblement du camp. (*AS2* : 148)

Originaire, la scène primitive est aussi « toujours déjà » une transcription. Décomposée et déplacée en d'autres formes et lieux — rectangle de la cour, rectangle de la page, rectangle de coton où sont inscrites les lettres « A.S. », sur la robe de « la petite Aurélia » —, elle est également multipliée par la pluralité des regards posés sur ce cadre blanc, qui sont autant de relais de la représentation et qui en reconstituent le spectre : regards de la mère, du père, du « je » narrateur de *AS2*, regard que « l'enfant Aurélia Steiner » pose elle-même sur sa propre naissance.

On a déjà vu que la répétition posait « l'énigme de la "première fois", de la répétition originaire », comme Derrida l'a souligné dans *l'Écriture et la différence* (*op. cit.* : 301). On le sait, l'usage désigne sous ce nom un phénomène qui a pour caractéristique d'intervenir *après* un événement premier. Mais cet événement inaugure la répétition qui ne peut se produire sans lui. Dans cette première fois,

---

un mot absence, un mot-trou, creusé en son centre d'un trou, de ce trou où tous les autres mots auraient été enterrés… Manquant, ce mot, il gâche tous les autres, les contamine […] » (*le Ravissement de Lol V. Stein*, 1976 : 48).

la répétition a déjà commencé. Or c'est bien ainsi que le fantasme se saisit, comme une scène dont l'essence est d'être indéfiniment itérable.

Les trois textes de Duras répètent un même fantasme : celui d'une scène primitive dans laquelle se donnent à voir une naissance (celle d'Aurélia) et une destruction (celle de ses parents). La représentation de l'origine s'adjoint ainsi celle de la fin, mais l'une et l'autre sont toujours manquées. Telle une photographie, cette image unique, sur laquelle le point est toujours à refaire, s'offre non comme « une copie » du réel mais comme « une émanation du *réel passé* ». Ainsi, devant elle :

> comme dans le rêve, c'est le même effort, le même travail sisyphéen : remonter, tendu, vers l'essence, redescendre sans l'avoir contemplée, et recommencer. (Barthes, *la Chambre claire*, 1980 : 104)

Il semble en effet que, pour Duras, l'indicible [36] ne puisse se manifester qu'ainsi, dans une surexposition indéfiniment reproduite.

3.3.2. Un message en souffrance

> *Trois est le premier chiffre de la répétition.*
>
> J. Derrida

La répétition est insistance de la trace et résistance à la trace, retour et oubli du refoulé. Il y a répétition parce qu'il y a oubli. En ce sens, la répétition est effacement. Mais, dans le système freudien, elle est aussi « manière de se souvenir », symptôme, et en cela inscription et affirmation de la trace (*Remémoration, répétition, perlaboration,* 1914 : 109).

Protection, refus, préservation du moi par l'oubli de l'expérience douloureuse [37], la répétition est aussi médiation entre le négatif et le

---

36. Célébrer « les noces taciturnes de la vie vide avec l'objet indescriptible », telle est la tâche de Duras, selon Lacan (1966 : 15).

37. Comme l'écrit Derrida, « la vie est déjà menacée par l'origine de la mémoire qui la constitue et par le frayage auquel elle résiste, par l'effraction qu'elle ne peut contenir qu'à la répéter » (*op. cit.* : 301). Ainsi n'est-ce pas, selon Freud, sous forme de souvenir que le fait oublié reparaît, mais sous la forme d'un acte que le malade répète sans savoir qu'il s'agit d'une répétition (1914 : 108).

positif, entre l'effacement et la manifestation de cette expérience, entre son refus et son acceptation. C'est sur le mode de la dénégation que s'accomplit la répétition. Les trois *Aurélia Steiner* en donnent une explicitation complexe. Duras y représente la perpétuelle mise à l'épreuve d'une série d'oppositions entre sujet et objet, plaisir et douleur, désir de vie et désir de mort.

En passant par des processus inverses, le personnage Aurélia Steiner cherche à annuler toute séparation entre elle-même et l'autre. Amenée à statuer sur l'existence de cet autre dans la réalité, elle passe sans cesse de la réalisation hallucinatoire de son désir à l'épreuve de la réalité. Au constat de la non-existence de son destinataire succède le déni de cette non-existence :

> On dit que vous êtes dans une terre équatoriale où vous seriez mort il y a longtemps [...]. (*AS1* : 119)
> Je vois que ce n'est pas vrai.
> Que lorsque je vous écris personne n'est mort. (*AS1* : 120)

et encore

> Vous ne pouvez pas me faire signe, la mort vous retient de me voir, je le sais. Et moi, je vois votre mort comme une illusion de votre vie [...].
> Dans un monde où vous n'êtes pas en vie [...].
> Vous êtes ce qui n'aura pas lieu et qui, comme tel, se vit. (*AS2* : 143 et 157)

Ainsi, le jugement d'existence n'est jamais définitif. Aurélia décide et ne décide pas de la réalité de cet objet. C'est dans ce mouvement de balancement que le sujet reconnaît cet autre qu'il intègre puis rejette, incessamment[38]. En prêtant une réalité illusoire

---

38. La négation joue ici pleinement son rôle d'exposition du refoulé. C'est en effet « à la condition de se faire *nier* » qu'un contenu refoulé peut, selon Freud, accéder à la conscience. En ce sens, la négation est « déjà une suppression du refoulement », même si elle n'est pas une « acceptation du refoulé » (« La négation », in *Résultats, idées, problèmes, II*, 1925 *a* : 136). Niant la mort de son destinataire anonyme (figure du père), Aurélia cherche à retrouver dans la réalité l'objet perdu. La négation marque la possibilité de détenir l'inconscient tout en le refusant, comme l'a souligné Jean Hyppolite : « tout le refoulé peut à nouveau être repris et réutilisé dans une espèce de suspension, [...] il peut se produire une marge de la pensée, une apparition de l'être sous la forme de ne l'être pas » (1966 : 886). C'est bien ainsi que la scène interdite — naissance et mort dans la « cour de rassemblement du camp » — se donne à lire. L'histoire d'Aurélia Steiner se répète en même temps qu'elle se rature obstinément.

à son interlocuteur fantomatique, Aurélia peut prétendre le rejoindre. Mais le retour au réel met une fin provisoire à cet enfermement dans l'hallucination. L'inclusion de l'autre en soi s'obtient alors par la réunion physique et par procuration : c'est le rôle du « jeune marin à cheveux noirs » de *AS2*.

L'événement que les trois *Aurélia Steiner* relatent jusqu'au ressassement présente une structure ternaire, similaire à celle du fantasme originaire. Dans le rectangle blanc de la cour du camp, on trouve un couple et un témoin. Répétant cette scène, le personnage témoin (la petite Aurélia) occupe successivement toutes les positions. On a vu selon quelles modalités Aurélia pouvait s'identifier à la mère et au père morts : un emploi spécifique de la distribution pronominale, l'attribution indécise des traits individuants, une désignation onomastique opaque, contribuent à cette permutation des rôles.

Dans *l'Interprétation des rêves*, la compulsion de répétition est présentée comme la réactivation d'une expérience de satisfaction. Par la suite, Freud constate qu'elle s'oppose apparemment à la visée du principe de plaisir puisqu'elle opère aussi la réactivation d'expériences pénibles pour le sujet. Dans *Au-delà du principe de plaisir* (1920), c'est ce principe même qui fait l'objet d'une redéfinition. Plutôt que la recherche et le maintien de l'excitation, le principe de plaisir viserait le maintien du sujet dans un état de non-excitation, traduisant un désir de retour à l'état inanimé — désir de mort transposé dans les textes de Duras, où le personnage-témoin voudrait dépasser l'« apparente fragmentation » (*AS1* : 125), et rejoindre l'autre dans le « continent désert » de l'indifférenciation (*AS1* : 120).

Au juste, la mémoire d'Aurélia Steiner n'est pas qu'individuelle, elle inclut ce qui constitue pour Duras l'événement majeur du XXe siècle, après lequel d'autres formes d'écriture doivent être inventées :

> Je crois à une mémoire plus générale, historique, je crois que l'enfant Aurélia Steiner saurait tout du détail de sa naissance, qu'elle pourrait s'emparer tout aussi bien d'une autre atrocité ; d'une atrocité quelconque, prise au hasard, survenue aux Juifs du rectangle blanc d'Auschwitz. (*Cahiers du cinéma*, *op. cit.* : 57)

Transcription de l'indicible, la répétition l'est donc à plusieurs titres. Processus intervenant dans la constitution du sujet, elle est manifestation d'un sens incompris et mémoire de cette incompréhension. Conséquence de l'oubli, la répétition ne lui est pas simplement soumise. En manifestant l'oubli, elle en fait aussi la condition du souvenir. Ce qui revient dans la répétition, c'est, à chaque fois, le souvenir de cet oubli. Le fait oublié n'y est jamais dévoilé, il n'apparaît que sous les travestissements qui le masquent et ne se saisit que dans cette perte et cette méconnaissance affichées. Si la mémoire consiste en la réitération d'une trace inscrite et oubliée, la répétition de cette trace est aussi transcription de l'effacement qui l'a suivie : en me ressouvenant de l'événement, je me souviens de son oubli.

> La mémoire, de toute façon, est un échec. Vous savez, ce dont je traite, c'est toujours la mémoire de l'oubli. On sait qu'on a oublié, c'est ça la mémoire, je la réduis à ça. (*Marguerite Duras à Montréal*, 1981 : 41)

Non transmis, le message refoulé est toujours à redire. Si la réduplication d'objets ou de personnages similaires ne peut être assimilée à la répétition, on a vu cependant que ces deux procédés pouvaient avoir un effet commun : souligner une différence, associer les contraires. L'interprétation freudienne du *Roi Lear* propose ainsi de lire dans la pièce de Shakespeare une réécriture inversée du mythe des trois Parques. Cordélia, la fille aimante, représenterait la Mort, à laquelle Lear refuse de s'abandonner. Porteuse d'une double valeur, Cordélia associe vie et mort, liberté et destin. Incapable de renoncer à l'amour de la femme et voulant se faire dire à quel point il est aimé, Lear se croit libre de rejeter sa fille muette, comme de la reconnaître, une fois prouvée l'ingratitude de ses filles aînées — là où il ne fait qu'accepter finalement la nécessité (1913 : 102). Dans la répétition se jouent le même processus de négation et de manifestation du refoulé, la même confrontation avec la finitude.

CHAPITRE 3

L'inénarrable : la répétition dans le temps

Sous le terme *répétition* s'entend une opération qui ne se réduit pas à la mise en œuvre d'une simple *ressemblance*. On l'a vu, les effets de symétrie, de redoublement, de dédoublement, qui instaurent une relation de similitude entre des personnages distincts n'entrent pas dans cette aire. La mise en abyme gidienne ne repose pas davantage sur un processus répétitif : la reproduction analogique de la structure du récit par un élément de celle-ci fait que l'œuvre « se mire » ou « se copie », sans pour autant se répéter.

Signalant le sens très lâche donné par Ricardou à la notion de mise en abyme, Dällenbach rappelle que celui-ci projetait en 1967 la « rénovation radicale » du procédé. Pour Ricardou, la mise en abyme est en effet une pratique réductrice. Elle implique que « l'histoire contenue » soit plus courte que « l'histoire contenante », sous peine que l'une et l'autre se confondent. De plus, elle ne prend pour objet que le récit, non « le livre » dans sa matérialité. Aussi Ricardou envisageait-il quelques « perspectives d'avenir » sous la forme d'une mise en abyme « textuelle », qui reproduirait, « tout ou partie, l'histoire non de manière allusive, mais dans son entière littéralité » (1967 : 189).

Projet surprenant, dont l'écrivain-théoricien reconnaît qu'il doit susciter de « violentes perturbations ». Dällenbach observe à juste titre qu'il s'agit là non d'une mise en abyme, mais d'une « simple répétition » et s'interroge, quelque peu dubitatif, sur la possibilité d'une reproduction littérale et intégrale de l'histoire (1977 : 204). De cette répétition sans variation Ricardou décrit brièvement les conséquences :

> Toutes pages du livre ainsi mises en abyme dans le livre même, puisqu'elles se trouvent dédoublées ou multipliées, sont en tout lieu *intruses*.

> Qu'elles reproduisent des pages déjà lues, dévoilent des pages ultérieures, ou répètent successivement les mêmes feuillets, ces autogreffes, en chaque cas, provoquent des sabotages. De même que les mises en abyme au niveau de la fiction s'attaquent, nous l'avons remarqué, au temps de la fiction, les mises en abyme textuelles contestent dans son principe cette chronologie du livre, l'ordre successif des feuillets. (1967 : 189)

Bouleverser l'ordre chronologique : tel est en effet l'impact peut-être le plus marquant de la répétition. Déroulement progressif de la lecture, linéarité de la chaîne signifiante, construction du personnage par accumulation successive de données, développement téléologique du récit en attente de sa clôture, c'est à ces paramètres que s'attaque cette opération. L'audace du procédé conduit d'ailleurs Ricardou à le réléguer au rang de pure fiction. Elle l'amène aussi à souhaiter que cette « textuelle répétition d'amples passages passés ou à venir » s'accompagne d'une variation minime susceptible des plus considérables déplacements de sens. Ainsi :

> La comparaison de deux passages identiques, s'ils diffèrent parfois d'un mot ou d'une lettre, montrera l'exorbitant pouvoir de mutation que porte en lui cette minuscule variante. (*ibid.* : 190)

À vrai dire, ces deux catégories de procédés ne relèvent pas de la simple « virtualité ». Pour le second, dans lequel Dällenbach voit une « répétition truquée », on sait que Francis Ponge, par exemple, le pratiquait à l'excès, proposant au lecteur les réécritures et les rééditions de textes *presque* similaires. Dans le domaine narratif, Roussel a exploité d'une autre manière « l'exorbitant pouvoir de mutation » d'une infime variante, montrant dans ses *Impressions d'Afrique* (1910) qu'il était possible d'engendrer une multiplicité d'histoires à partir de la variation d'une lettre entre les paronymes *billard* et *pillard*. Quand il ne joue pas sur le métagramme ou l'homophonie partielle, Roussel utilise la polysémie ou l'homonymie pour disloquer une phrase quelconque [1] et aboutir à une « création imprévue » par le bais de « combinaisons phoni-

1. *Comment j'ai écrit certains de mes livres* en propose quelques exemples, expliquant l'exploitation, pour le conte *le Poète et la Moresque*, des chansons « J'ai du bon tabac dans ma tabatière » et « Au clair de la lune ». Le deuxième vers de la première, « tu n'en auras pas », donne ainsi « Dune en or a pas (a des pas) », qui engendre la séquence du « poète baisant des traces de pas sur une dune » (1935 : 20).

ques ». Leiris[2], Perec[3] (et les écrivains oulipiens) ont repris ce procédé de dislocation dont Roussel a souligné qu'il était « parent de la rime ». Il s'agit bien là d'un principe de production littéraire, qui permet de dériver les éléments constitutifs d'un texte à partir d'une reprise partielle de sons. L'homophonie ne s'exerce cependant que sur des unités restreintes (lettre, mot, syntagme, phrase courte) et n'autorise qu'un travail d'expansion.

La répétition littérale demeure une opération moins fréquente. Elle dispose pourtant, elle aussi, d'une puissance différenciante dont les chapitres précédents ont exploré les effets sur le développement du texte et la construction du personnage. Peu d'écrivains osent braver l'interdit et pratiquer la répétition avec l'amplitude souhaitée par Ricardou. La production littéraire française de la seconde moitié du XXe siècle en fournit pourtant quelques cas notables. Queneau, Duras, Perec, Ollier, Robbe-Grillet, Beckett, Simon, Ionesco se rejoignent dans l'usage singulier qu'ils font de cette opération, dont ils ne restreignent pas nécessairement l'étendue et à laquelle ils ne se sentent pas tenus de fournir une justification explicite et raisonnable. Malaisément explicable par la psychologie des personnages (la répétition indice d'une confusion, d'un désarroi, d'une propension à l'échec, etc.), par la volonté de créer un effet narratif (retarder une issue, souligner une phase de l'action, insister sur une symétrie, etc.), cet usage-là introduit dans l'œuvre littéraire des bouleversements profonds.

Le recours à la répétition littérale tient compte, selon Ricardou, du mécanisme même de la lecture. Celle-ci ne respecte pas nécessairement l'ordre chronologique et se permet des retours en arrière ou des échappées prospectives :

---

2. Par exemple dans *Glossaire : j'y serre mes gloses* (1939). C'est dans *la Règle du jeu* que Leiris explique l'origine de cette prédilection pour un procédé que son œuvre exploite largement, et qui repose sur une expérience singulière de la répétition (voir *infra*, 1.2.1).

3. *Vœux* (1989) réunit un ensemble de textes que Perec présente comme des « variations homophoniques ». On trouve ainsi dans le *Cocktail Queneau* une série de brefs passages obtenus par l'expansion d'une phrase qui constitue elle-même une équivalence homophonique — très relative — des titres queniens. Soit, par exemple, le texte intitulé « Sur la route » (« C'est un pauvre hère qui traîne sur la route. Non seulement il n'est pas beau, mais le désappointement qui se lit sur son visage l'enlaidit plus encore. », 1989 : 154) qui développe la proposition « Gueux laid de dépit erre », en hommage au roman de Queneau, *Gueule de pierre*.

> S'il s'avise de revenir en amont, de risquer un œil en aval, ou relire un passage, le lecteur compose de lui-même un *livre autre*, dont certaines pages, précisément, sont dédoublées et insérées, selon sa volonté, en d'autres points du récit. (*op. cit.*)

Cette variation est le fait de toute libre *re*-lecture, reliant dans une disposition toujours nouvelle les constituants du texte et tirant un nouvel effet de ces agencements. Avec ses *Cent mille milliards de poèmes*, Queneau invite le lecteur à poursuivre un peu plus longtemps que d'ordinaire cette opération, mais il délimite de lui-même les unités déplaçables. C'est aussi ce que fait Perec dans *la Vie mode d'emploi*, où il reproduit un élément de plus grande extension (cinq longs paragraphes), répondant en partie à l'attente de Ricardou : « le livre que nous imaginons pourrait certes se considérer comme un livre qui intégrerait à sa composition l'une de ces lectures alternatives » (*ibid.*). Toutefois, dans la matérialité du livre, des différences apparaissent. Outre la modification des dessins représentant les trois puzzles, la pagination elle-même marque la place respective de ces deux unités textuelles. Un rang de succession est encore manifesté là où Ricardou recommandait la suppression des « chiffres coutumiers de la la pagination », voire l'impression, sur la quatrième de couverture, d'un titre naturellement identique à celui de la page de couverture [4]. Ainsi toute « orientation », spatiale et temporelle, serait-elle proscrite de ce livre certes « singulier ».

En même temps qu'à l'ordre rectilinéaire, c'est aux modalités de la clôture que s'attaque le principe de répétition : clôture du texte, enceinte du personnage, terminaison du récit. Ce faisant, la répétition met en question les dispositifs traditionnels de la narration afin d'explorer des représentations du temps qui ne soient pas réductibles à la pure linéarité. Comme le rappelle Ricœur, dans la tradition occidentale,

> une action est une et complète si elle a un commencement, un milieu et une fin, c'est-à-dire si le commencement introduit le milieu, si le milieu — péripétie et reconnaissance — conduit à la fin et si la fin conclut le milieu. Alors la configuration l'emporte sur l'épisode, la concordance sur la discordance. Il est donc légitime de prendre pour symptôme de la fin de la

4. Dans *le Chiendent*, Raymond Queneau propose une mise en abyme qui accomplit virtuellement le souhait ricardolien : le concierge Saturnin y rédige un ouvrage dont la pagination coïncide avec celle du récit quenien — indice d'une parfaite duplication.

> tradition de mise en intrigue l'abandon du critère de complétude, et donc le propos délibéré de ne pas terminer l'œuvre. (1984 : 35-6)

Sans doute le besoin de clôture est-il lié au désir d'interrompre la répétition. Dans son *Introduction à l'analyse structurale des récits*, Roland Barthes place ce désir à l'origine même du récit. Mettre une fin à la relation d'une histoire, c'est, sinon mettre fin à l'Histoire, du moins s'abstraire provisoirement du continuum temporel, échapper à l'éternel retour du Même. Le désir et l'attente de la fin traduisent aussi l'espoir du Nouveau.

L'évolution formelle du récit moderne a semblé remettre en question cette double attente. À la suite de Frank Kermode (*The Sense of an Ending*, 1966), Ricœur s'est interrogé sur le déclin de la fiction de la Fin, et sur la « conversion de la fin imminente en fin immanente » (1984 : 40). Le récit biblique aurait représenté le paradigme d'une fin du monde advenant par le truchement de l'écrit et dotée d'une puissance rénovatrice. Le mythe eschatologique aurait partagé avec le modèle narratif défini par Aristote cette représentation de la Fin que précède le temps de la Crise — Derniers Temps bibliques ou *péripétéia* aristotélicienne. C'est avec la tragédie élisabéthaine que le temps de la crise deviendrait un temps distendu, celui d'une transition interminable aux traits d'éternité.

À l'appui de cette analyse, le discours critique contemporain a développé une représentation de l'œuvre « ouverte », reproduisant à l'infini son propre fonctionnement. En France, les expérimentations littéraires du Nouveau Roman dans les années cinquante, puis du « nouveau Nouveau Roman » après 1970, ont largement exploré ce domaine. Dans la nécessité d'en venir à une pratique littérale de la répétition Ricardou voyait ainsi le moyen d'« astreindre la fiction à se métamorphoser sans cesse pour mimer un fonctionnement qu'elle ne pourrait plus épuiser » (*op. cit.* : 190). L'œuvre n'est plus considérée comme un texte clos et définitif, mais comme un *work in progress* (Joyce), comme « l'aventure du langage dont la venue ne cesse jamais d'être fêtée » (Barthes).

Certains ont pu voir une mise en cause de la représentation classique dans cette conception autotélique de l'œuvre littéraire qui substitue le simulacre affiché à l'obsession de la copie. Les expériences littéraires des années cinquante ont également été interprétées comme une contestation de la doctrine sartrienne de l'engagement. La place centrale de la répétition manifeste en tout cas la prégnance d'une autre philosophie de l'Histoire, qui ne soit pas nécessairement orientée sur la fin de celle-ci.

C'est à ce titre qu'on peut s'interroger sur la définition barthésienne de l'absolu littéraire comme échappée hors du monde de la répétition, comme « émancipation » de cette donnée fondamentale de la perception humaine :

> l'origine d'une séquence n'est pas l'observation de la réalité, mais la nécessité de varier et de dépasser la première forme qui se soit offerte à l'homme, à savoir la répétition : une séquence est essentiellement un tout au sein duquel rien ne se répète ; la logique a ici une valeur émancipatrice — et tout le récit avec elle ; il se peut que les hommes réinjectent sans cesse dans le récit ce qu'ils ont connu, ce qu'ils ont vécu ; du moins est-ce dans une forme qui, elle, a triomphé de la répétition et institué le modèle d'un devenir. (1966 : 52)

La détermination de Barthes à faire du champ de la fiction un espace absolument vierge de cette expérience primitive — ou purifié de son souvenir même — ne va pas sans étonner. C'est face à la construction narrative que se manifeste en lui le rejet le plus violent, l'unité idéale de la « séquence » étant proposée comme modèle d'une relation événementielle expurgée de toute répétition. Deux ordres de remarques s'imposent ici, qui orienteront ce dernier chapitre.

• Expulser de la séquence narrative toute répétition, c'est repousser le sempiternel et l'indifférencié, et leur opposer l'amour du Nouveau, du différent. C'est aussi concevoir l'événement sur le modèle de l'unicité, et la fin comme une transition vers la nouveauté. Il manque dans cette représentation la conscience que le Nouveau est toujours Renouveau : « c'est quand on finit, qu'on aborde », professe Barthes, mais l'instant de la fin est aussi celui du retour, ou d'un nouveau départ. L'expérience du nouveau se fait dans le temps, par rapport à un passé, dans la répétition.

• Ainsi que le rappelle Ricœur, le temps chronologique n'est pas le seul temps concevable. La fiction peut présenter au lecteur des configurations autres que celle de la succession rectilinéaire. Dans la structure habituelle du récit (début-milieu-fin), la répétition manifeste d'autres représentations de l'Histoire. À l'instar de Nietzsche, Kierkegaard ou Heidegger, des écrivains tels que Beckett, Queneau, Simon, Robbe-Grillet, établissent entre passé, présent et futur des rapports dont la complexité se manifeste à travers la valeur inhabituelle de certains temps verbaux et dans l'organisation et l'enchaînement des séquences narratives.

1. SENS

La répétition fait l'objet de représentations qui ne sont pas nécessairement exclusives les unes des autres. Contradictions et conflits ne manquent pas entre des perceptions opposées qui peuvent alterner subitement au sein d'une même œuvre et produire ainsi des configurations complexes.

1.1. L'éternel retour du Même

1.1.1. Fastidium similitudinis

Nature

C'est à la nature physique qu'est rattachée la répétition « pure », c'est-à-dire la reprise éternelle des mêmes phénomènes dans un développement temporel de l'ordre du cycle. La répétition de l'identique s'inscrit dans le mouvement perpétuel et fermé sur lui-même de la révolution, qui fait revenir et repasser périodiquement par les mêmes points les mêmes éléments. La permanence de la nature physique, la transformation et le devenir des éléments, sont ainsi référés à l'éternel retour du Même. On retrouve dans les textes de Queneau, Beckett, Duras et Simon la même philosophie de la Nature, inspirée de la tradition grecque et du prolongement de celle-ci dans le système hégélien. Parallèlement à l'histoire humaine où ne règnent ni périodicité ni répétition de l'identique, la nature est présentée comme le domaine de la monotonie.

Duras entrelace ainsi, dans les trois *Aurélia Steiner*, la relation répétitive d'un événement singulier de l'histoire humaine (la disparition des parents d'Aurélia dans le camp d'Auschwitz) et celle de catastrophes naturelles et d'épidémies récurrentes. *AS1* évoque à plusieurs reprises :

• « les charniers d'une peste », dans lesquels pourrait être enterré le destinataire anonyme d'Aurélia, aussi bien que dans « celui d'une guerre » ou « d'un camp de Pologne allemande » (*AS1* : 120).

• « cette peste » survenue à Londres, au cours de laquelle se serait produit un événement non nommé que la narratrice propose de situer, encore une fois, dans un « camp de l'Est allemand » (*AS1* : 127).

L'épidémie paraît la première forme d'une répétition nécessaire et originaire, propre à la Nature. La mort du père d'Aurélia est dédoublée dans ces deux séries d'événements, présentée tantôt comme fait historique, tantôt comme conséquence d'un événement naturel. *AS1* développe en outre le récit allusif d'une catastrophe naturelle et de la ruine d'une ville sans nom, voire du monde, qui en aurait découlé. Une destruction générale est d'abord supposée :

> Ils disent que tout avait été construit sur la terre.
> Que tout avait été habité, occupé, par des peuples, par des gouvernements. (*AS1* : 123)

À cette fin du monde dont les causes ne sont pas exposées et qui n'est évoquée que par sous-entendu, par des allusions qui ne l'infirment ni ne la confirment et la font entrer dans l'aire de la légende, fait pendant la description de la « tempête » et du raz-de-marée qui doivent également provoquer la destruction d'une (autre ?) « ville ». Annoncée en *AS1*, cette catastrophe est décrite en *AS2* sans qu'il soit possible de déterminer avec certitude l'identité ou la différence de ces deux villes et de ces deux événements :

> [...] cette ville engloutie [...]. Il n'en reste rien [...]. (*AS1* : 132)
> La mer est montée à l'assaut de la ville, elle a escaladé, envahi. (*AS2* : 150)

Une information permet cependant de situer moins imprécisément le second phénomène, le raz-de-marée ayant eu pour effet de faire éclater les grands réservoirs à sel, sous les « coups de boutoir des longues lames blanches du Pacifique Nord » (*AS2* : 151). C'est une répétition vide et monotone qui régit le revenir de ces catastrophes.

De même que Duras, Queneau a prêté attention à ces différents degrés de répétition, soulignant dans *Une histoire modèle* que

> L'histoire-narration ne s'est jamais attachée aux faits météorologiques, et surtout à leurs retours et à leurs rythmes. (1966 : 110)

Les phénomènes naturels que l'histoire considère comme périodiques sont de l'ordre de l'anecdote et ne méritent pas d'être relatés : retour de l'année, du mois, des saisons, des phénomènes climatiques et météorologiques (sécheresses, famines, inondations), périodicité supposée des catastrophes naturelles (y compris les séismes ou les éruptions volcaniques — précise Queneau). Comme Duras, l'écrivain choisit en revanche de ne pas négliger la place de ces faits dans la fiction. *Les Fleurs bleues* multiplient ainsi les pluies annonciatrices du déluge final, selon une répartition mathématiquement calculée (dans les chapitres X, XV et XX[5]). Ces faits météorologiques, dont le revenir est périodique, accompagnent les événements ; affectant à chaque fois un personnage (Auge, Cidrolin, Lalix), ils déterminent en outre les rencontres avec lesquelles ils coïncident (celles de Timoléo Timoléi, de Labal et de la comtesse d'Empoigne).

Histoire

L'histoire est un déroulement immobile.

R. Queneau, *les Derniers Jours*

... comme une bête née en cage de bêtes nées en cage de bêtes nées en cage de bêtes nées en cage de bêtes nées en cage de bêtes nées en cage de bêtes nées et mortes en cage nées et mortes en cage de bêtes nées en cage mortes en cage nées et mortes nées et mortes en cage en cage nées et puis mortes nées et puis mortes, comme une bête...

S. Beckett, *l'Innommable*

À l'inverse de la nature, où règne la répétition uniforme du Même, l'histoire « véritable » aurait pour essence le nouveau (les inventions) et le non-répétable (l'événement). Pourtant, à la suite de Vito Volterra, Vico, Brück ou Spengler, qui ont cherché à discerner des cycles et des rythmes en histoire, Queneau pose l'hypothèse, dans *Une histoire modèle*, d'une corrélation entre l'histoire humaine et la périodicité des phénomènes naturels : leur répétition régulière, bien que non historique, permettrait de mesurer le rapport entre ces phénomènes et « les malheurs des hommes » et de déterminer des « cycles historiques » (par exemple par corrélation entre la périodicité des taches solaire et celle des crises économiques). Aussi la conception quenienne de l'histoire n'est-elle pas dépourvue d'ambiguïté. Les guerres et les révolutions sont ainsi classées tantôt parmi les phénomènes physiques :

> *L'histoire est-elle monotone ?*
> Elle devrait l'être. Que ce soit répétition des jours ou des saisons, des

5. Il s'agit des trois premiers multiples de cinq. Sur l'interprétation mystique de ce nombre, en relation avec les théories manichéistes, nous renvoyons à Calame (1983).

> guerres ou des révolutions, des catastrophes ou des épidémies, — ses éléments sont toujours semblables et d'une désolante identité. (1966 : 91)

tantôt parmi les événements historiques :

> S'il n'y avait pas de guerres ou de révolutions, il n'y aurait pas d'histoire ; il n'y aurait pas matière à histoire ; l'histoire serait sans objet. Tout au plus existerait-il des annales. (*op. cit.* : 9)

À côté de « l'élément de nouveauté », le « second aspect de l'histoire » est en effet « celui de la répétition ». La répétition de l'identique affecte aussi l'histoire humaine. Comme les catastrophes naturelles, les guerres font partie des « malheurs collectifs des hommes » dont l'histoire a, selon Queneau, la prévision pour objet (*ibid.* : 17). Pour devenir une science, il lui faut trouver un moyen de mesurer leur retour.

De ces supputations Duras se fait l'écho en établissant une correspondance entre les deux domaines, par la répétition d'éléments communs. Imbriquée dans l'histoire d'Aurélia Steiner et de ses parents, et dans celle de la rencontre d'Aurélia et du jeune marin, la relation d'un raz-de-marée s'effectue selon une chronologie qui est en partie commune aux trois récits, instituant une confusion relative entre des séries temporelles par ailleurs distinctes (seconde guerre mondiale *vs* époque indéterminée mais postérieure). En *AS2*, le vent amorce l'arrivée de la tempête « un peu après minuit, dès le commencement du deuxième jour » (p. 149). Dans la description de ses effets s'insère celle de l'agonie des parents d'Aurélia, commencée « le matin du deuxième jour » (p. 152) et achevée, pour le père, « vers le soir du troisième jour », pour la mère, « le matin » de ce même jour (p. 159). La confusion des niveaux diégétiques, consommée par le partage de notations chronologiques similaires, établit un lien étroit entre les deux séries. Le fait historique et la catastophe naturelle sont saisis dans la particularité temporelle d'un événement unique ; mais leur mise en parallèle inscrit le premier dans le domaine du cycle. De même que Raymond Queneau, Duras assimile en effet la guerre à un événement naturel, sujet à un retour régulier. Semblable à une catastrophe, elle en a les mêmes effets. Si le retour périodique du raz-de-marée n'est pas évoqué, sa coïncidence avec le récit du « malheur » d'Aurélia — coïncidence artificiellement construite grâce au système de datation commun — ainsi que la relation répétitive qui en est faite — *AS1* faisait déjà allusion à un massacre

(« On a tué ici. [...] Pendant mille ans », p. 128) et à l'engloutissement d'une ville — contribuent l'une et l'autre à mettre en scène une « corrélation » symbolique entre un fait historique et un phénomène naturel, et soulignent une récurrence [6].

Affectant Histoire et Nature de la même manière, la répétition se manifeste alors sous une forme indifférenciée, où les distinctions hégéliennes n'ont aucune part. La fin de l'histoire est certes souhaitée (« nous devrions nous rapprocher ensemble de la fin », *AS1* : 126) et présentée comme une délivrance, puisqu'elle marque l'effacement de la « séparation », de la « différence infranchissable » du *je* et du *vous*, des temps et des lieux, annonçant une connaissance absolue enfin possible (cf. *AS2* : 199). Pourtant, à cette fin recherchée et toujours différée s'oppose le retour incessant des mêmes événements, qu'il s'accomplisse ou non selon une périodicité mathématiquement calculable. Sur ce point, Duras et Queneau diffèrent. On sait que le second s'inspira des théories de Volterra pour imaginer la structure combinatoire de ses romans. *Bâtons, chiffres et lettres* expose par exemple le mode de composition du *Chiendent*. Ayant trouvé « insupportable de laisser au hasard le soin de fixer le nombre des chapitres », Queneau justifie son choix par une explication symbolique :

> 91 étant la somme des treize premiers nombres et sa « somme » étant 1, c'est donc à la fois le nombre de la mort des êtres et celui de leur retour à l'existence, retour que je ne concevais alors que comme la perpétuité irrésoluble du malheur sans espoir. (1950 : 30)

Les textes de Duras figurent plutôt une répétition sans fin ni régularité, se déroulant « à travers le temps ». La récurrence même des épidémies ou des destructions naturelles n'est pas inscrite dans la courbe d'un cycle délimité. Elle s'apparente plutôt aux événements légendaires auxquels l'histoire, selon Queneau, accorde précisément plus d'importance qu'aux catastrophes. Si la peste de Londres peut être située dans le temps et l'espace, elle n'en circule pas moins à travers les textes, représentée par le « chat de lèpre » (*AS1* : 122), ce « chat lépreux » (*AS1* : 124) qui « appelle à travers le temps » et que l'on retrouve encore, transformé, en *AS3*.

---

6. Le procédé peut se répéter à l'infini : la ville engloutie évoquée en *AS1* n'est pas sans rappeler celle de Césarée, dans le texte qui porte ce nom pour titre et qui relate, de même, des malheurs des deux ordres (envahissement de Césarée par la mer, éruption volcanique de Pompéi, répudiation de la reine des Juifs).

Entre ces configurations voisines on perçoit plusieurs éléments communs. Pour les deux romanciers, ce qui se répète éternellement, c'est la « douleur » (Duras), le « malheur » (Queneau). Cette répétition prend la forme d'un éternel retour qui ne touche pas la seule nature physique mais régit, aussi bien, l'histoire humaine. Dans *les Derniers Jours*, Alfred, garçon de café au Soufflet, observe d'année en année le retour périodique de consommateurs d'« espèces » différentes dans son établissement. Lui-même s'oppose à cette perpétuelle révolution qui lui semble entraîner « les gens » :

> Les planètes tournent en rond comme les gens. Moi, je reste fixe au milieu des soucoupes et des bouteilles d'apéro et les gens tournent autour de moi ; en rond avec les saisons et les mois. Moi, je ne bouge pas, eux, ils tournent et se répètent. (1936 : 93)

La plupart des personnages n'ont pas d'existence en dehors de la répétition :

> Je suppose que ce borgne venait tous les jours au même café, depuis vingt ans peut-être — simple supposition. Il venait donc tous les jours et revenait, comme le soleil chaque matin et les étoiles chaque soir, et il parcourait le cycle de l'année avec les saisons. Et le même garçon lui servait chaque jour le même café et sans doute s'attendait-il à ce qu'il en soit ainsi longtemps encore, peut-être s'imaginait-il : toujours. (*ibid.*)

Pour quitter ce cycle astronomique, deux issues semblent se présenter. La première ne garantit pas la fin de la répétition : la mort n'interrompt pas vraiment le cycle. De fait, si les personnages accomplissent un jour leur destinée et meurent, après avoir parcouru « chaque année le cycle des saisons, montés sur leur jour de naissance comme sur un cheval de bois [...], c'est pour aller tourner ailleurs », écrit Queneau (*op. cit.* : 94). En revanche, l'accès à la conscience de la répétition semble permettre le passage du sempiternel à l'éternel [7]. C'est parce qu'il est conscient d'une

7. Dans *Répertoire I*, Butor a observé l'ambiguïté de la répétition rousselienne, qui est l'instrument d'un enfermement mais aussi celui d'une délivrance. Condamnés à reproduire indéfiniment l'événement crucial de leur vie, les huit personnages-cadavres de *Locus solus* ne peuvent se résoudre à l'accepter. Seul Lucius Egroïzard parvient à quitter ce cercle et à passer de la « répétition indéfinie des instants décisifs » (l'assassinat de sa fille) à la « répétition comme instant décisif » (le fou parvient à reproduire la voix de Gillette), celle qui délivre « à la fois de la mort et de ces vains retours perpétuels, mais perpétuellement

permanence de l'être dans le temps que le personnage du garçon de café joue le rôle d'un axe de gravitation qu'épargnent la course des saisons et la révolution des planètes. Le *Journal 1939-1940* manifeste l'importance de cette expérience pour Queneau :

> *Pour moi*, un point de départ intéressant, c'est de constater que : je me sens bien le *même* que le Raymond Queneau d'hier, d'il y a 6 mois, d'il y a 1 an, d'il y a 10 ans, d'il y a 20 ans, d'il y a 30 ans — de mon premier souvenir. C'est de cet Ego invariable dont il faut trouver la racine, racine qui est une flamme consumante — semble-t-il, et *logiquement*. Cette identité — oui, malgré les « expériences » et la « vie ». (1986 : 116)

L'appréhension du soi comme invariance, par delà le changement et la diversité, se retrouve formulée dans *les Derniers Jours* par l'étudiant en philosophie, Vincent Tuquedenne, qui en fait son principe n° 9 :

> Ce qu'il y a de constant sous l'écoulement de la durée, le lit du torrent des phénomènes internes, c'est la substance. (p. 52)

Conçu comme un substrat immuable, comme le support des propriétés qu'on affirme de lui, ce sujet « invariant sous la durée » (*ibid.*) est le seul élément de fixité [8]. En contraignant le sujet à concilier identité et devenir, mêmeté et altérité, la conscience de

---

imparfaits ». Se référant à Kierkegaard, Butor observe que cette répétition salvatrice doit inclure la « conscience absolue de la précédente » (1950 : 183). C'est en tout cas sous la forme de la négation que se manifeste le premier accès à la conscience de l'expérience refoulée : « Ils ne t'ont pas tuée », s'exclame Lucius ému par ce simulacre de voix enfantine, et Canterel diagnostique alors une « crise salutaire » (chap. V).

8. De cette fixité du sujet Beckett propose, dans *l'Innommable*, une représentation analogue à celle qu'en donne Queneau. Le personnage central y considère la rotation des autres autour de lui-même comme celle de planètes autour d'un soleil : « Malone, lui, paraît et disparaît avec une exactitude de mécanique, toujours à la même distance de moi, à la même vitesse, dans le même sens, la même attitude. [...] il tourne, je le sens, et autour de moi, comme la planète autour de son soleil. [...] D'autres viennent devant moi, passent devant moi, tournent autour de moi. Sans doute ne les connais-je pas tous encore. Ils ne me dérangent pas, je ne le répéterai jamais assez. Mais à la longue, cela pourrait devenir fastidieux » (1953 : 13-15 et 24). À propos des personnages de Duras, Blanchot notait aussi qu'ils sont « *des points de singularité*, immobiles, quoique le parcours d'un mouvement dans un espace raréfié, en ce sens qu'il ne peut presque rien s'y passer, se trace des uns aux autres, parcours multiple par lequel, fixes, ils ne cessent de s'échanger et, identiques, de changer » (1979 : 140).

cette permanence fait cependant accéder à une autre forme de répétition. S'inspirant pour partie de la philosophie grecque de la substance et de la conception cartésienne du sujet pensant, Queneau dessine ainsi la figure d'un *je* qui subsiste à travers le changement, et qui se pense comme tel.

1.1.2. « Vraie » et « fausse » répétitions

On place habituellement l'échec de la répétition dans son impuissance à accomplir le retour de l'identique. Mais pour Deleuze, comme, avant lui, pour Nietzsche ou Kierkegaard, cet insuccès constitue la fin même de la répétition. De là procède la distinction des deux sortes de répétition, la « vraie », qui ne tente pas la reproduction du même, et la « fausse », qui s'y enlise.

Répétition vs *reprise*

Kierkegaard le premier posa cette distinction. Le titre seul du « petit livre » de Constantin Constantius, suffisait à en indiquer l'objet. P.-H. Tisseau avait traduit en français le terme danois *Gjentagelse* par celui de *répétition*. Hérité du latin *repetitio*, dérivé nominal du verbe *repetere*, lui-même issu par préfixation de *petere*, le mot est constitué du préfixe *re-*, à valeur itérative, et du radical du verbe *petere*, lequel signifie « chercher à atteindre », « chercher à obtenir », « demander », « faire venir de, tirer de ». Au sens propre, le verbe *repetere* désigne un mouvement qui se produit de nouveau, après une interruption (« chercher à atteindre de nouveau », « attaquer de nouveau »). Pris au sens figuré, il signifie « reprendre », « recommencer », par la pensée ou par l'action. Il peut désigner un retour en arrière, dans le passé, l'évocation d'un souvenir, la reprise par la pensée d'un fait ancien.

La traduction du terme danois n'est certes pas indifférente. Kierkegaard insiste en effet sur la légitimité de son choix, félicitant la langue danoise de disposer de ce vocable « philosophique » qu'il oppose à celui de médiation, « mot étranger » et par trop lié à l'un des concepts centraux de la philosophie hégélienne. Or Kierkegaard entend bien montrer que *Vermittelung* et *Gjentagelse* ne se recouvrent nullement (1843 *b* : 87). La répétition ne saurait être assimilée à une médiation que par référence à la pensée grecque. C'est en la rapprochant de la notion de réminiscence, que Kierkegaard en commence la présentation. Répétition et ressouvenir sont bien un même mouvement, mais si le ressouvenir est une répétition en arrière, la répétition, elle, est « un ressouvenir en avant » (*op. cit.* : 66) qui ne tente pas la reprise de ce qui fut, ni la redite du même. Si elle retrouve le même, c'est pour le modifier dans une nouvelle saisie qui le fait renaître et advenir autre. Elle est un recommencement, un changement dans le même, qui autorise le passage de l'individu d'un stade (esthétique) à un autre (éthique, puis religieux), faisant se rencontrer l'éternité dans l'instant, l'identique dans le différent, le possible dans le réel.

La répétition tentée par le « jeune homme », derrière lequel on reconnaît Kierkegaard, concerne la reprise d'une relation amoureuse interrompue. Elle devrait en permettre le renouvellement plutôt que la simple réitération. C'est dans la mesure même où cette répétition échoue (la jeune fille se marie) que le personnage éprouve la force de la « vraie » répétition, qui autorise le « saut qualitatif », le passage du stade esthétique (le jeune homme amoureux) au stade éthique (le poète). Ayant tout perdu, il reçoit tout « au double », puisqu'il se découvre un nouveau moi (« je me réunis de nouveau », « je suis de nouveau moi-même »), originel mais jusqu'alors méconnu. Cette répétition demeure cependant imparfaite, comme l'explique Constantin Constantius, confident (et *accoucheur*) du jeune homme. Le stade religieux n'est pas atteint, et la reprise n'est encore que temporelle. La « vraie » répétition ne saurait être parfaite que dans l'éternité.

Constantin fait pour sa part l'expérience de la « fausse » reprise. Le voyage à Berlin est entrepris « pour éprouver la possibilité de la répétition ». Mais, parce qu'il garde en permanence à l'esprit les détails de son premier voyage, Constantin est à chaque instant déçu par l'impossible coïncidence du passé et du présent. S'attachant à reprendre la même diligence, à retrouver son ancien logis, pourvu de la même table de travail et du fauteuil de velours dont il se souvenait, se rendant au restaurant où il avait coutume d'aller chaque soir, ou au Königstädter Theater, Constantin constate partout l'impossibilité de la répétition. La vue du fauteuil de velours l'exaspère au point qu'il décide de le faire « jeter dans un coin » ; la petite danseuse du théâtre, qui l'avait enchanté « la dernière fois » et l'aveugle à la porte de Brandebourg, dont le manteau n'est plus « vert clair » mais « chiné gris », n'éveillent en lui que nostalgie et mélancolie.

Or l'échec de cette tentative de reprise ne vient pas du décalage constaté entre l'objet du souvenir et sa réalité présente. Ce n'est pas parce qu'il y a changement que la répétition est impossible. La nostalgie de Constantin témoigne de la fausseté de la reprise : désir de retour (*nostos*) en arrière, dans le passé, elle ne peut s'éprouver que dans la douleur (*algos*), quand bien même les conditions de la répétition semblent réunies. Ainsi, le dîner au restaurant paraît l'occasion d'une reprise réussie, puisque tout se déroule de la même façon que par le passé :

> C'était absolument la même chose : mêmes mots d'esprit, mêmes politesses, mêmes manifestations de sympathie ; la salle était absolument la même, — bref : le même dans le même. (*op. cit.* : 113)

À tel point que Constantin a cette « pensée terrible » : une répétition « était ici possible ». Pourtant, cette répétition ne s'accomplit précisément pas : elle demeure à l'état de possibilité, et ne fait qu'accroître la douleur de Constantin. C'est qu'il ne s'agit là que d'une « fausse » reprise. Comme il désire le retour du même, sans changement, Constantin ne peut que se heurter aux ressouvenirs de son ancien séjour, que son imagination transforme en « plaisirs de Tantale ». Ces « plaisirs » sont des supplices, on le sait, car le désir bute sur un objet manquant, mais la modification de l'expression indique assez l'ivresse du ressassement dans lequel Constantin se complaît. Incapable de se soustraire au désir mélancolique du retour, Constantin ne peut accéder à la « vraie » répétition, dont il comprendra par la suite qu'elle est toujours manquée. La reprise de l'identique ne peut s'accomplir, mais cet échec doit devenir l'objet même du désir.

Nous devons à une nouvelle traduction française de ce texte la substitution du terme de « reprise » à celui de « répétition ». La traductrice, Nelly Viallaneix, justifie ce choix par les connotations spécifiques au mot « répétition », habituellement utilisé, selon elle, pour désigner une réitération sans différence. Au théâtre, la « répétition » consiste en effet en un travail préalable de récitation, qui respecte la littéralité du texte : on y « récite le même texte pour monter le mécanisme de la mémoire ». La préparation de la mise en scène suppose aussi la reproduction des gestes et des déplacements qui seront répétés lors de la représentation. Au contraire, « reprise » désigne l'interprétation nouvelle, portée sur la scène, d'une pièce de théâtre ayant déjà connu une ou plusieurs représentations. Il témoigne mieux, selon Viallaneix, de l'originalité intrinsèque à chaque « re-création » d'une pièce. Aussi ce terme s'appliquerait-il plus aisément à la notion kierkegaardienne (1843 *b* : 57).

À vrai dire, « reprise » se caractérise surtout par sa moindre variété d'emplois. On retrouve dans ce participe passé féminin substantivé le préfixe itératif. Il est adjoint au radical du verbe « prendre », hérité du latin *prehendere :* « saisir », « prendre », « atteindre ». Quant au verbe latin *reprehendere,* il signifie « saisir et empêcher d'avancer, retenir, arrêter », et « reprendre, critiquer, blâmer ». La valeur itérative du préfixe et l'idée de mouvement, de quête, sont donc les seuls points communs de ces deux termes. Pour le reste, « reprise » paraît singulièrement moins riche que « répétition », puisqu'il se borne à désigner l'action de reprendre, sans guère en permettre la nuance. Intervenant après une interruption, la « reprise » (d'une citadelle, des cours, du travail, d'une compétition sportive) implique, tout autant que la « répétition », la continuation et le recommencement, sans insister sur la différence et le changement. En musique, elle désigne la seconde exécution d'un morceau, indiquée par des signes spécifiques, qui n'imposent nullement une variation de l'interprétation. Le sens même de *reprehendere* s'oppose à la notion kierkegaardienne : il implique un empêchement, une retenue, un coup d'arrêt volontairement donné, toutes valeurs incompatibles avec le mouvement « en avant » de la répétition. Quant à la « répétition » théâtrale, elle implique une multiplicité de variations, tout autant que la « reprise » d'un spectacle. Dans un cas comme dans l'autre, si le texte est identique, les conditions de son énonciation ne le sont assurément pas. La répétition implique bien à la fois retour et variation.

Le stéréotype et l'idéal

Les clichés sont l'armature de l'absolu.

A. Jarry, *Spéculations.*

Lors de son second voyage à Berlin, Constantin assiste précisément à la reprise d'une pièce qu'il avait vu jouer au cours de son premier séjour. *Der Talisman* est un vaudeville en trois actes, dû à un auteur allemand du dix-neuvième siècle, Nestroy, également connu comme acteur comique et apprécié comme écrivain, dans le registre du théâtre populaire et de la farce. Constantin livre à ce sujet une longue réflexion sur la nature du comique burlesque, lequel, on s'en doute, ne saurait être étranger à l'expérience de « reprise » tentée par le personnage lui-même.

Selon Constantin, les personnages de la farce, ses situations, son action, comme ses répliques, sont « tous dessinés à la mesure abstraite du *général* ». La farce est moins parfaite que le vaudeville, qui présente des caractères achevés. Mais celui-ci laisse, de ce fait, moins de place à la libre interprétation des acteurs et ne suscite, de la part du public, qu'une réaction uniforme et convenue. On assiste alors à une répétition figée, non à une reprise créatrice. La farce au contraire laisse jouer le hasard et la spontanéité, conditions de la re-création. C'est grâce à l'intervention du hasard en effet que l'idéal peut être approché : si l'on veut, au théâtre, « se faire une idée de l'homme », il faut choisir, pour la représenter sur scène, ou bien « une créature concrète incarnant parfaitement l'idéalité qu'elle représente », ou bien « une créature prise au hasard » (*op. cit.* : 103).

Alors que la tragédie, la comédie ou le vaudeville représentent des types figés et imposent un jugement esthétique convenu, la farce, pour atteindre la généralité et l'idéalité, a recours à leurs contraires. Constantin donne en exemple les « images de Nuremberg » (équivalent de nos images d'Épinal), qui suscitent l'émotion mieux qu'une peinture d'un art éprouvé, parce qu'elles représentent une abstraction (un paysage champêtre en général) par son contraire (un sujet concret pris au hasard), et réussissent là où la « manière artistique » échoue. En effet, une « représentation fidèle », ou une « reproduction idéale », peuvent fort bien laisser le spectateur de marbre. L'exactitude de l'imitation ne garantit pas sa réussite, ni dans son objet (représenter l'idéal), ni dans son effet (provoquer l'émotion). À l'opposé, la représentation « naïve » (l'image d'Épinal ou la farce) produit un effet « indescriptible », qui n'est aucunement imposé ni mécanique. Dépendant de « la tonalité affective de celui qui regarde », il peut se traduire par le rire comme par les pleurs.

Le propre des images de Nuremberg est aussi d'évoquer les représentations enfantines. Elles utilisent le concret et le particulier pour incarner l'abstrait et le général, à la façon d'un dessin d'enfant ou de ces silhouettes découpées dans une feuille de papier qui « étaient homme et femme en général, en un sens encore plus fort qu'Adam et Ève ». Stylisées jusqu'à devenir stéréotypes, ces représentations sont les plus aptes à figurer l'idéal. Elles permettent au spectateur de retrouver cette catégorie de la généralité, « venue du temps de son enfance ». Il importe là encore de remarquer que le stéréotype, si communément décrié par la *doxa,* puise sa puissance dans l'alliance des contraires : loin d'être pure réitération, il n'est pas davantage une représentation fidèle incarnant dans son dépouillement la vérité dénudée de l'objet. Unissant des catégories opposées (abstrait / concret, général / particulier), il autorise le libre jeu du hasard et de l'invention au sein même de la structure fixe et du type.

On voit comment cette analyse s'accorde avec celle de Deleuze, pour qui la répétition la plus stéréotypée et la plus mécanique ne saurait être exclue de l'œuvre d'art. Le fonctionnement de la farce en particulier, et du comique en général, repose sur l'utilisation du stéréotype, mais celui-ci ne se réduit pas à un procédé mécanique plaqué sur la richesse mouvante du vivant, comme le postule la théorie bergsonienne. Appelant sa reproduction, le stéréotype s'inscrit dans le circuit de la transmission et perpétue le modèle dont il est l'empreinte (*τυποσ:* empreinte d'un coup, marque, caractère d'écriture). Reflet et « cliché » d'un modèle, le stéréotype en assure la pérennité par delà son absence et sa perte. Cependant, s'il inaugure la reproduction et la série, le stéréotype ne se limite pas pour autant à la répétition fidèle de l'identique. Toujours imparfait et décalé, il manque la saisie de son objet, à la façon d'une copie parodique.

1.2. Répétition et renouveau

1.2.1. Recherche de l'origine

La ré-pétition, en tant qu'elle est re-demande, vise la restitution d'une situation initiale perdue. En littérature, la pratique systématique de la reprise littérale est rarement dissociable d'une quête autobiographique dont la répétition traduit la poursuite inlassable en même temps qu'elle s'en révèle l'instrument. Conçue comme une expérience originaire, et comme le principe même de l'existence humaine, la répétition apparaît aussi comme le moyen de retrouver et instaurer à nouveau un âge d'or indéfiniment recherché — âge d'or qui prend souvent l'apparence de l'enfance. Le « cycle de la mendiante indienne » auquel se rattachent nombre de romans de Duras, le « roman en vers » de Queneau (*Chêne et chien*), l'essai autobiographique de Leiris (*la Règle du jeu*), les listes de Perec (*Je me souviens*) ou son récit alternativement autobiographique et romanesque (*W ou le souvenir d'enfance*), manifestent cette obsession de la re-quête, que n'évite pas non plus un Robbe-Grillet (*le Miroir qui revient*, *Angélique ou l'enchantement*, *les Derniers Jours de Corinthe*).

C'est dans le langage que se mène cette entreprise. Michel Leiris a retracé avec une particulière acuité le lien noué, à travers la découverte du langage, entre l'expérience de l'origine et celle de la répétition. Dans le réseau des correspondances massivement engendrées par l'homophonie s'est faite pour lui l'appréhension du langage en même temps que se dévoilait — défiguré — le monde. Le premier volume de *la Règle du jeu* fait le récit de cette expérience primordiale, qui marque à chaque instant Leiris enfant, lui donnant à entendre d'autres mots sous les mots. Écoutant son frère chanter un air des *Dragons de Villars*, Leiris en transforme le second vers, passant de « Blaise qui partait / En guerre s'en allait » à « Blaise qui partait / En berçant la laisse » (1948 : 17). Un vers du duo d'adieu de *Manon*, chanté par sa sœur, fait l'objet d'une modification analogue, Leiris entendant résonner dans « Adieu notre petite table » un mystérieux « tetable » ou « totable », qui désigne un objet « à jamais incompréhensible » (*ibid* : 19). À l'annonce qu'un incendie venait d'avoir lieu « à Billancourt », l'enfant transpose aussitôt cet enchaînement de syllabes en « habillé en court » (*ibid.* : 38).

Loin d'être une particularité du monde de l'enfance, cette expérience a été par la suite indéfiniment répétée par Leiris, puisqu'elle a engendré un principe fondamental de création littéraire, analogue au procédé rousselien de la dislocation. En outre, c'est souvent sur le mode du refrain inlassablement repris que lui furent données ces suites de mots [9]. Ainsi le battement des pieds de Blaise qui partait est-il associé au marmonnement des « lèvres jamais lasses qui répétaient » :

> Blaise qui partait
> En berçant la laisse
> Blaise qui partait... (*ibid.* : 17)

La répétition détermine ainsi la perception initiale du monde et sa ressaisie dans le ressouvenir. Moteur essentiel de ces jeux de langage qui sont pour Leiris des « expériences cruciales » et un « moyen de révélation » plutôt qu'un obstacle, elle apparaît comme l'instrument d'un accès au passé :

---

9. Comme Leiris, Queneau lie étroitement musique et littérature : le roman « doit s'orienter vers des conditions musicales » et la poésie est la « forme majeure et originelle de toute littérature » (*le Figaro*, 14 mars 1940, cité par Souchier, 1991 : 152).

> C'est en me répétant certains mots, certaines locutions, les combinant, les faisant jouer ensemble, que je parviens à ressusciter les scènes ou tableaux auxquels ces écriteaux, charbonnés grossièrement plus souvent que calligraphiés, se trouvent associés ; c'est en disposant côte à côte (comme si je visais à les rajuster) ces signes épars ou épaves délavées, que je parviens à tirer de leur immatérialité de fantômes (auxquels c'est à peine si je croyais encore) ces souvenirs sans autre caractère commun que leur capacité d'être ainsi ressuscités, tels des morts se levant à l'appel de leur nom ou au seul énoncé d'une formule dépourvue de signification raisonnable mais par le fouet magique de laquelle ils sont revigorés. (1948 : 119)

Pourtant, la réminiscence manque toujours son objet. Leiris compare d'ailleurs ces mots qui formulent « le plus informulable » avec le souvenir que l'on croit toucher mais qui « à chaque coup, échappe » (*ibid.* : 22). Comme dans une interminable « quête de l'absolu », le rappel de ces messages constamment dédoublés ne livre qu'une énigme insoluble. Toujours ressaisi à travers cette « mascarade », ce n'est pas le Billancourt réel qui réapparaît, mais un Billancourt immémorial, dont le nom, bien des années après, fait encore résonner ses trois syllabes et les significations que leur associe, *sub specie aeternitatis*, la paronymie[10]. La répétition et la réminiscence fonctionnent ainsi de la même manière, présentant l'objet remémoré sous la forme de son oubli et de sa perte, dans un présent qui implique en soi le passé, mais qui l'implique comme tel sans l'annuler dans le présent de la ressaisie. Le Billancourt de Leiris revient à la manière du Combray proustien, selon un processus que Deleuze, dans *Différence et répétition*, a proposé d'analyser ainsi :

> Combray ne ressurgit pas comme il fut présent, ni comme il pourrait l'être, mais dans une splendeur qui ne fut jamais vécue, comme un passé pur qui révèle enfin sa double irréductibilité au présent qu'il a été, mais aussi à l'actuel présent qu'il pourrait être, à la faveur d'un télescopage entre les deux. [...] c'est *dans* l'Oubli, et comme immémorial, que Combray ressurgit. (1968 : 115)

10. Trois syllabes qui « s'entrechoquent tristement comme les quelques gros sous récoltés par un mendiant s'entrechoquent au fond de la sébile qu'il secoue dans l'espoir d'exciter la compassion des sourds » (*ibid.* : 37).

1.2.2. Histoire et répétition

Quand elle est appréhendée dans le temps, la répétition peut être perçue comme un obstacle au progrès historique. Entravant la marche en avant de l'histoire, elle lui oppose son piétinement inutile. On reconnaît là une réticence spécifique à l'interprétation matérialiste de l'histoire, pour laquelle la répétition ne saurait être qu'un échec, indice d'une régression conduisant à la restauration du passé.

La copie et la farce

Dans la téléologie historique, la répétition, intempestive, ne peut être que récusée ou bien récupérée. On sait que Marx hésita entre ces deux tactiques, et qu'il aborda le problème de la répétition historique tantôt en présentant celle-ci comme une apparence illusoire, tantôt en l'investissant d'une fonction propre, celle d'une ruse inhérente à la conscience historique. C'est la première de ces interprétations qui est utilisée dans *la Guerre civile en France* :

> C'est en général le sort des formations historiques entièrement nouvelles d'être prises à tort pour la réplique de formes plus anciennes, et même éteintes, de la vie sociale, avec lesquelles elles peuvent offrir une certaine ressemblance. (1871 : 65)

Dépourvue d'existence, la répétition est tout simplement annulée. Pure illusion, elle repose sur des analogies hâtives qui méconnaissent l'identité de l'événement historique. La Commune française de 1871 et les communes médiévales n'entretiennent qu'une relation de « ressemblance » superficielle et fictive qui ne rend pas compte du caractère inédit des forme historiques.

Pourtant, cette pseudo-répétition semble résister à l'analyse. Marx lui reconnaît une vigueur étonnante quand il la présente comme le « sort général » réservé à l'inédit. Bien qu'irréelle, elle joue, dans la conscience, à la façon d'une véritable loi historique. Or c'est précisément ainsi qu'elle était appréhendée dans *Le Dix-huit Brumaire de Louis Bonaparte*, à travers cette boutade célèbre :

> Hegel fait quelque part cette remarque, que tous les grands événements et personnages de l'histoire du monde se produisent pour ainsi dire deux fois. Il a oublié d'ajouter : la première fois comme une grande tragédie, la seconde fois comme une farce sordide. (1852 : 69)

La « remarque [11] » s'applique en l'occurrence au « grand personnage » qu'est Napoléon Ier et à son double grotesque, qui n'est pas encore Napoléon III. Le coup d'État du 2 Décembre 1851 reproduit en le caricaturant son modèle glorieux, l'événement premier, le coup d'État du 18 Brumaire an VIII par lequel Napoléon Bonaparte renversa le Directoire. Mais Napoléon III n'est que Napoléon le Petit et la répétition dégénère en balbutiement dérisoire et comique. Cette réplique relève de la farce dans la mesure même où elle ne peut s'accomplir. La reproduction du modèle originaire bute contre l'irréversibilité du procès historique et contredit l'ensemble des déterminations et représentations propres au moment de cette tentative.

Dans le système hégélien, la répétition traduit l'aspiration de l'Esprit à revivre un instant privilégié de sa genèse. Le « personnage historique » est l'une des figures de l'Esprit en devenir, il en constitue une détermination particulièrement riche parce qu'il signifie la fin d'un monde tout en annonçant un monde nouveau. Aussi l'Esprit tend-il à répéter cette détermination. D'autre part, une résistance matérielle oppose au processus du devenir la force d'inertie du réel qui est cause des piétinements de l'histoire. Ces deux formes de répétitions ne nuisent pas au processus du devenir. Aux yeux de Marx, au contraire, la duplication ne peut être que burlesque. Elle manifeste la volonté de réappropriation, par une classe sociale, d'un événement historique devant servir ses intérêts. Elle révèle, dans la conscience historique, une tendance à subir l'emprise de cette fausse répétition en enserrant l'événement inédit dans un réseau d'analogies inadéquates.

Or, selon Marx, il est impossible de contredire la marche en avant de l'histoire. La répétition ne peut être, là encore, qu'une répétition manquée [12] et le comique est la sanction de cet échec : le

---

11. C'est dans *les Leçons sur la philosophie de l'histoire* (troisième partie, fin de la deuxième section) que se trouve le passage auquel Marx fait allusion. Hegel y montre que l'assassinat de César a précipité le passage de la République à l'Empire et parachevé du même coup l'action de ce dernier, incarnation du principe anti-républicain. L'idée de répétition est introduite dans ce contexte. Une révolution politique, ajoute Hegel, est en général sanctionnée par l'opinion des hommes quand elle se renouvelle : Napoléon succomba deux fois ; on a chassé les Bourbons deux fois. La répétition inscrit l'événement dans la conscience historique et en fait apparaître la nécessité, elle « réalise et confirme ce qui au début paraissait seulement contingent et possible » (1837 : 242).

12. Analysant les fluctuations de l'interprétation marxienne, Assoun (1978)

retour d'une forme historique morte ne fait illusion qu'un moment. Lorsqu'un régime a perdu son caractère de vérité universelle dominante, il devient « le comédien d'un ordre du monde dont les héros véritables sont morts », écrit Marx dans sa *Critique de la philosophie du droit de Hegel* (1842 : 218). Cette seconde mort s'accomplit sur le mode comique, car « la dernière phase d'une forme de l'histoire universelle est sa comédie ». Il faut en effet à l'histoire bien des étapes, « quand elle conduit en terre une forme ancienne ». La première de ces étapes est la mort réelle, vécue sur le mode tragique. Mais, quand elle suspend et nie sa propre mort, une forme historique déjà condamnée peut survivre, en simulant les conditions de son ancienne existence. Cette comédie ne saurait se prolonger, mais elle est nécessaire, précise Marx, pour que l'humanité « prenne congé sereinement de son passé ». Le spectacle grotesque d'un monde cherchant sa propre résurrection dans le mime de son origine, signale et autorise du même coup sa disparition effective et son oubli.

Le sens de la Fin

On sait que, pour Hegel, la Nature apparaît comme le règne de la répétition. Les modifications qui s'y produisent ne sont que des répétitions uniformes du même mode d'existence, le mouvement s'y accomplit de façon circulaire. À l'« évolution » biologique s'oppose la « perfectibilité » spirituelle, le « changement abstrait » qui s'opère dans l'histoire. Les modifications de la Nature laissent intactes les espèces, et constituent « une répétition du même ». La répétition est alors une « progression graduelle » au cours de laquelle s'effectue la « transformation » d'un degré précédent, mais les moments de ce processus se séparent et « tous les échelons singuliers coexistent l'un à côté de l'autre ». Ainsi, affirme Hegel, il « ne se produit du nouveau que dans les changements qui ont lieu dans le domaine spirituel » (*la Raison dans l'histoire*, 1830 : 177). Dans l'Esprit, chaque changement sera un progrès dont les moments ne sont pas distincts. Chaque forme spirituelle est, non pas la « transformation », mais la « transfiguration » de la précédente. Cette « transition » ou « connexion » entre une forme

---

oppose la « vraie » répétition, qui accomplit la reprise du même, et la répétition historique, «pseudo-répétition» qui se heurte à l'événement inédit et ne peut à aucun titre en opérer la réduplication.

inférieure et celle qui la suit est comprise par « l'esprit pensant », au contraire des modifications de la Nature.

Ce mouvement de transfiguration (*Verklärung*) d'un moment ou d'une forme par et dans une autre qui lui succède et en accomplit la « relève » (*Aufhebung*) — et dont le système philosophique qui l'a exposé a profondément marqué un écrivain comme Queneau — pourrait rendre compte d'une forme de création littéraire. Entre les configurations spirituelles que sont les œuvres, comme entre les séquences qui les constituent, la répétition institue une relation qui les transfigure en autant d'étapes d'un déroulement historique. Chaque texte, par la surimpression en lui de tous les autres, se présente alors comme une configuration en progrès. « Relève » des étapes antérieures, la répétition se concevrait selon ce principe :

> Ce que l'esprit est maintenant, il l'était depuis toujours [...]. Les moments que l'esprit paraît avoir laissés derrière lui, il les possède toujours dans son actuelle profondeur. De même qu'il a passé par ses moments dans l'histoire, de même il doit les parcourir dans le présent — dans son propre concept. (*la Raison dans l'histoire*, 1830 : 214-5)

Temps de la répétition, le présent recueille et subsume en lui toutes les étapes du développement de l'esprit. C'est bien ainsi que l'on pourrait comprendre les trois *Aurélia Steiner* de Duras ou *les Fleurs bleues* de Queneau. La répétition inscrit en effet les textes de Duras dans un « éternel présent » qui pourrait être celui de l'écriture comme création continuée. Les différentes étapes ou modifications de l'histoire racontée, les états contrastés ou contradictoires des personnages sont autant de moments qu'un processus de répétition transfigure en les reversant les uns dans les autres, produisant une figure synthétique désignée du nom d'Aurélia Steiner. L'histoire fictive semble alors une représentation de l'histoire en progrès :

> Les mots Aurélia Steiner n'ont plus sonné dans le camp. Ils ont été repris ailleurs, dans d'autres étages, d'autres zones du monde. (*AS2* : 159)

L'effacement n'aurait lieu que pour que se produise en un autre temps, en un autre lieu, la reprise de ce qui fut effacé. La répétition agit ainsi sur une stratification préalable des événements : chaque événement, chaque forme seront répétés « ailleurs ». La fin de l'Histoire coïnciderait avec la suppression de la différence et de la contradiction :

> Nous devrions nous rapprocher ensemble de la fin. (*AS1* : 126)
> La différence inexistait. (*AS2* : 156)

Dans cette optique, les répétitions / transformations repérables en *AS1*, *AS2* et *AS3* agiraient comme des négations de chaque moment de l'histoire, de chaque état du sujet — négations nécessaires par lesquelles la fin du développement doit être atteint. À l'intérieur de chacune de ces étapes paraît bien se produire un mouvement dialectique capable de la faire passer dans un autre stade.

On peut voir de même, dans *les Fleurs bleues*, deux aspects du développement de l'Esprit représentés par le duc d'Auge et Cidrolin, qui ne constituent qu'un seul Être dans l'Histoire. La répétition détermine la construction des personnages et la structure narrative comme s'il s'agissait de mimer ce processus de développement historique. Dans *Bâtons, chiffres et lettres*, Queneau revendique d'ailleurs l'application au roman d'un procédé semblable à la rime, qui réglerait l'apparition et la disparition des personnages et « de même les lieux, les différents modes d'expression », rapprochant ainsi le roman du poème :

> On peut faire rimer des situations ou des personnages comme on fait rimer des mots, on peut même se contenter d'allitérations. (1965 : 42)

L'idée de cette application est inspirée de Joachim de Flore, et de sa théorie des concordances entre Ancien et Nouveau Testaments. Dans l'article qu'il a consacré à ce rapport entre la « rime » quenienne, telle qu'elle se manifeste dans *les Fleurs bleues*, et la « concordance » définie dans le *Concordia veteris et novi testamenti* de l'écrivain italien, Calame insiste sur la nécessité de circonscrire son étude aux rimes qui marquent un progrès — un « changement positif », une « inversion », un « passage du moins au plus » — entre les deux éléments qu'elles réunissent (1983 : 78). La notion de concordance, développée par Joachim dans le cadre d'une théologie de l'Histoire, suppose en effet un progrès de l'Ancien au Nouveau Testament, donc une ordonnance chronologique et hiérarchique entre les unités concordantes. Si *les Fleurs bleues* répondent au principe selon lequel

> les personnages des deux Testaments se regardent, semblables d'histoire ; et la ville correspond à la ville, le peuple correspond au peuple, l'ordre correspond à l'ordre, la guerre correspond à la guerre ; et de telles concordances unissent toutes les choses entre lesquelles la raison distingue logiquement une similitude naturelle. Et non seulement la personne correspond

à la personne, mais la foule à la foule... (*l'Évangile éternel*, Rieder, 1928, cité par Calame)

c'est en respectant une progression. Il ne s'agit pas d'une répétition de l'identique, mais d'une avancée dynamique. Elle révèle l'immense pouvoir de mutation que Jean Rousset — dans *Forme et signification* (1964 : 11) — ou Jean Ricardou — dans *Problèmes du Nouveau Roman* — attribuent à la plus infime des variations (de signifiant ou de signifié) au sein de l'invariant. Queneau signale d'ailleurs qu'une allitération — terme sous lequel on peut entendre ici non le retour d'un même élément consonantique, mais, simplement, une rime imparfaite — peut suffire à régler la marche du roman.

Le système d'interprétation des Écritures proposé par l'abbé de Flore, à la fin du XIIe siècle, présente avec la représentation hégélienne de l'Histoire des similitudes notables — en dépit de leurs enracinements historiques et théologiques tout différents. On sait que l'exposition de cette dernière par Kojève marqua profondément Queneau, comme tous ceux — Bataille, Lacan, Breton, Merleau-Ponty, Weil, Aron, Klossowski, etc. — qui suivirent, à l'École des Hautes Études, le séminaire que ce philosophe russe exilé en France consacra dans les années trente à *la Phénoménologie de l'esprit*. Mais Queneau suivit aussi le cours de Henri-Charles Puech sur la Gnose ; et le *Journal* de l'écrivain, publié en 1986, a par ailleurs révélé son mysticisme. Dans les deux systèmes revient l'idée d'un déroulement historique tendu vers une Fin de l'Histoire — l'avènement de l'Esprit — et la nécessité d'une synthèse capable de révéler et d'accomplir l'unité véritable des éléments que la concordance, ou la répétition, a mis en relation.

C'est peut-être le propre de la fiction, et, comme l'envisage Macherey dans *À quoi pense la littérature ?*, « l'effet proprement philosophique de la littérature » que de faire passer entre des systèmes apparemment exclusifs le « mouvement d'une réflexion polyphonique » : capable d'installer une distance interne dans la réflexion qu'elle opère de ses propres discours, la littérature rend impossible leur identification à « des système de pensée déterminés, définitivement refermés et repliés sur eux-mêmes » (1990 : 199). C'est aussi pourquoi les répétitions pratiquées par Queneau résistent à la double interpétation qui vient d'en être proposée.

Les « rimes » ou les « concordances » subtilement relevées par Calame ne sont d'ailleurs pas, *stricto sensu*, des répétitions mais des effets de symétrie, de reflet, d'écho établis par Queneau non seulement entre des personnages, des situations et des lieux, mais entre les récits des vies de Cidrolin et du duc d'Auge, le second voyageant à travers le temps, du XIIIe au XXe siècle, où il rejoint le premier. Calame rappelle ainsi que deux ecclésiastiques accompagnent le duc d'Auge (Onésiphore Biroton et Riphinte, qui passent respectivement du statut d'abbé à celui d'évêque, et de celui de diacre à celui d'abbé). Dans l'univers de Cidrolin, ils ont pour pendants un clergyman et le patron du Bar Biture, également prénommé Onésiphore. C'est dans Riphinte qu'il faudrait voir l'incarnation d'un état supérieur, l'abbé « ratiocineur » s'opposant à la sorte de Frère Jean toujours prêt à la bataille qu'est Onésiphore Biroton. Entre Russule et Lalix, qui entretiennent des relations amoureuses, l'une avec le duc d'Auge, l'autre avec Cidrolin, s'établit de même une concordance qui témoignerait, selon Calame, d'un progrès : Russule déçoit le duc, Lalix est pour Cidrolin la « médiatrice ».

Les situations et les lieux se répondent de façon analogue. On n'en retiendra qu'un exemple, pour sa relation avec la nature complexe de la répétition. Les chapitres XIII et XIV développent une séquence déjà relatée au chapitre II, au cours de laquelle un palefrenier découvre avec horreur les dons de Sthène, l'un des deux chevaux du duc d'Auge. Au chapitre II, la scène est située dans une auberge où se restaure le duc,

> lorsque surgit un personnage qui poussait des clameurs d'épouvantement.
> [...]
> — Son cheval parle ! se mit à hurler Hector. (1965 : 30-1)

Aux chapitres XIII et XIV, les personnages

> bâfraient en silence lorsqu'un postillon costumé en postillon surgit en manifestant avec ostentation une épouvante abjecte. Il gueulait :
> — Incroyable mais vrai ! Dans l'écurie, il y a... un cheval qui parle [13] !

Dans sa première occurrence, l'événement, qui a lieu au XIIIe siècle, provoque la colère de la foule contre le « vilain hobereau », et la mort de deux cent seize personnes, occises par Joachim d'Auge. Celui-ci échappe à la mort parce qu'« on ne prend pas la

13. *Ibid.* : 175-6. Il faut dire qu'Auge appelle son cheval Sthène, ou Démo, et, de son nom complet, Démosthène, et que ce dernier est particulièrement doué puisqu'il parvient à parler avec le mors entre les dents...

Bastille tous les jours, surtout au treizième siècle ». C'est en 1789 que se reproduit la scène et les personnages savent qu'une révolution se prépare (p. 165). Peut-être le page du duc s'inquiète-t-il de l'issue de l'incident, qui a déjà failli causer la mort d'Auge :

> [...] seul Pouscaillou, inquiet, demeura grave. (p. 176)
> Seul Pouscaillou, fort inquiet, demeurait grave. (p. 177)

Mais la scène s'achève dans les rires de l'assemblée. Calame rapproche cette hilarité de la « farce » qu'est, selon Marx, toute réitération d'un événement historique. On ne saurait le suivre sans rappeler que cette farce est qualifiée de « sordide » et qu'elle ne s'apparente nullement à une répétition de l'identique [14]. Bégaiement de l'histoire, elle est, selon Marx, la tentative de conservation d'un ordre ancien dont elle consacre pourtant la disparition définitive dans le ridicule. Si *les Fleurs bleues* illustrent ce modèle, c'est de manière paradoxale, ou inversée : la seconde séquence précède de peu la mise à bas de l'ordre féodal, et non une tentative de restauration. Quant à Auge, représentant de cet Ancien Régime, il est épargné par deux fois. Ce que la répétition de cette séquence fait apparaître, c'est plutôt la nécessité de ce lent déroulement historique qui conduit à 1789 — après une succession de répétitions imparfaites — et le développement de l'Esprit en la personne du duc, que son voyage dans le temps transporte d'un état à un autre, chacun constituant la subsomption du précédent.

Malgré leur mise en parallèle, le duc d'Auge et Cidrolin n'en sont pas moins deux personnages distincts. Caractère, actions, situations, rencontres, destin : suffisamment d'éléments les différencient pour qu'on ne puisse voir en eux les deux faces d'un personnage dédoublé — à moins de considérer qu'Auge est *rêvé* par Cidrolin. On ne peut pas davantage considérer comme une répétition véritable la reproduction de scènes analogues que le récit situe en des époques et des lieux différents, sans y distribuer les mêmes acteurs. Ainsi, pour l'épisode évoqué ci-dessus : Taverne

14. Cf. *Supra.* Contrairement à ce que semblent penser J.-Y. Pouilloux (*les Fleurs bleues* de Raymond Queneau, Paris, Gallimard, coll. « Folio », 1991 : 69) ou E. Souchier (*Raymond Queneau*, Paris, Seuil, coll. « Les contemporains », 1991 : 137) dans leurs études respectives. Si les romans de Queneau donnent une représentation contrastée de la répétition, on ne peut aucunement rattacher l'aspect monotone et cyclique de celle-ci à la pensée marxiste de l'Histoire, qui postule la non-répétition de l'événement.

des Trois Étoiles *vs* auberge de Saint Grenouillat-les-Trous, XIIIe siècle *vs* XVIIIe siècle, Mouscaillot *vs* Pouscaillou.

Ces « similitudes » contribuent à développer une configuration en partie hégélienne du temps — quoi qu'en dise Calame, qui présente Auge comme un personnage immuable et sans « rien d'hégélien » après avoir signalé son évolution, au cours du roman, de l'état de chrétien à celui de philosophe athée, et tout en proposant de lire dans la fin des *Fleurs bleues* la suppression de l'Histoire... Mais ces « rimes » ne sont pas des répétitions pures [15]. Témoignant de sa résistance à l'analyse, la répétition elle-même se laisse encore moins aisément enfermer dans une interprétation univoque.

1.2.3. Où l'on ne va nulle part

> *Se borner à la répétition : la parole est parole, comment cela peut-il nous mener plus loin ? Mais il ne s'agit pas d'aller plus loin. Nous aimerions seulement tenter d'arriver une fois là même où déjà nous avons séjour.*
>
> M. Heidegger

> *Il s'aperçoit alors que le sentier était heideggerien.*
>
> R. Queneau, *les Fleurs bleues*

Une médiation imparfaite

Loin de la totalisation hégélienne, de la parfaite médiation supposée s'accomplir dans l'*Aufhebung*, d'autres représentations de l'Histoire lisent dans la répétition [16] un mouvement qui n'opère pas nécessairement la sélection du « positif » et du « parfait », ni l'élimination des « formations antérieures » et « inférieures ».

---

15. On se rappelle que, pour Queneau, la rime peut aussi toucher les « modes d'expression », que Calame laisse entièrement de côté. Sous cette formule obscure, peut-être faut-il entendre une répétition qui affecterait plus directement le discours des personnages (qu'il s'agisse de la récurrence, chez un personnage, du même registre de langue ou, plus mystérieusement, de la reprise inlassable des mêmes paroles) et les énoncés narratifs.

16. Comme l'observe Ricœur, le développement de l'Esprit, s'il rompt avec la répétition monotone de l'identique qui règne dans la Nature, n'en suppose pas moins la conservation d'un trait majeur de la vie organique : la permanence des espèces fait pendant à celle des configurations spirituelles dans le temps (*Temps et récit III : le Temps raconté*, 1985 : 290).

Le développement historique est en effet censé introduire une hiérarchie entre les étapes, et opérer la suppression d'une forme inférieure au profit d'un état supérieur qui lui succède. Cette succession, postule Hegel dans *la Raison dans l'histoire*, est une progression ordonnée de l'imparfait au parfait — l'imparfait contenant lui-même son contraire « comme germe et comme tendance » (1830 : 187). Le travail de la négation aboutit à la suppression et à la résolution de la contradiction et de l'imparfait, la négation se trouvant ainsi au service de la perfectibilité.

On a vu que le procès de la répétition pouvait passer par une opération de négation. Mais si la répétition nie, c'est pour mieux inscrire, non pour supprimer. La négation n'opère pas l'exclusion du terme qu'elle affecte. Rompant avec le principe de non-contradiction, certains types de fiction maintiennent ainsi la coexistence des contraires. Puissant facteur de trouble, notamment quand il touche les personnages, le procédé agit au rebours du système hégélien qui pose la résolution finale des contradictions. Pour Deleuze, la contradiction hégélienne ne nie d'ailleurs jamais l'identité ou la non-contradiction. Elle accomplit « la circulation infinie de l'identique à travers la négativité » (*op. cit.* : 64).

Dans le troisième volume de *Temps et récit*, Ricœur revient sur le système temporel élaboré par Hegel et conteste le rapport établi entre passé, présent et futur. D'après lui, la notion de « présent éternel » annule de fait toute distinction entre le présent et le passé, parce qu'elle confond ce présent éternel avec « la capacité qu'a le présent actuel de retenir le passé connu et d'anticiper le futur dessiné dans les tendances du passé » (1985 : 296). La philosophie hégélienne « dissout » ainsi, « plus qu'elle ne résout, le problème de la *relation* du passé historique au présent » (*ibid.* : 292). L'assomption du temps historique dans l'éternel présent de la pensée spéculative abolit non seulement le passé en tant que tel, mais encore, selon Ricœur, sa manifestation sous la forme de la « trace ». Quant au recouvrement l'un par l'autre des termes « Esprit en soi », « développement », « différence », il aboutit à l'asservissement de la différence.

Après l'impossible totalisation hégélienne, Ricœur envisageait une « médiation ouverte, imparfaite, inachevée », qui puisse penser le temps comme un « réseau de perspectives croisées entre l'attente du futur, la réception du passé, le vécu du présent », un « déploiement où la différence ne cesse de prévaloir sur l'identité », une stratification dans une « structure feuilletée qui fait échapper le passé ainsi accumulé à la simple chronologie » (*op. cit.* : 300 *sq.*). Autant de métaphores qui cherchent à dépasser l'opposition entre passé révolu, présent pur et futur ; et qui s'inscrivent contre la conception d'un présent parfaitement synthétique ne retenant qu'une partie du passé, à l'exclusion du négatif. C'est à la relecture de Nietzsche, de Kierkegaard et de Heidegger qu'invite alors Ricœur, pour y découvrir une répétition apte à transgresser les relations opposant antériorité et postériorité, successivité et simultanéité, ou, comme on l'a vu, identité et altérité.

Ambiguïté

La répétition se perçoit, de façon contradictoire, comme l'instrument d'un salut ou d'un enfermement, comme l'occasion d'un renouveau ou d'une reprise à l'identique. Dans les romans de Queneau, la répétition des catastrophes que sont les guerres manifeste le « second aspect de l'Histoire », c'est-à-dire le retour cyclique d'éléments toujours semblables (*Une histoire modèle*, 1966 : 91). Il s'inscrit pourtant dans un processus historique où les événements, à la différence des phénomènes météorologiques, ne se répètent pas. Macherey observe à ce titre qu'un personnage comme Valentin Brû (*le Dimanche de la vie*, 1952) est l'incarnation du « Sage kojévien » qui considère toutes choses du point de vue de la fin de l'Histoire. Or l'Histoire est censée s'être accomplie le jour de la bataille d'Iéna en 1807, jour de victoire de celui que Hegel appelait « l'Âme du monde » — l'empire napoléonien représentant l'effectuation des virtualités humaines et l'avènement de l'esprit — et qui coïncide avec le moment où Hegel achève la *Phénoménologie de l'esprit*. Valentin Brû sait que dès lors tout ne peut que se répéter. Aussi peut-il prévoir en 1937 la venue de la nouvelle guerre « dont la nécessité est inscrite dans le cours d'une histoire déjà accomplie, qui n'a plus qu'à se répéter indéfiniment dans un temps devenu indifférencié » (*À quoi pense la littérature*, *op. cit.* : 59). Vivant après l'Histoire, Valentin Brû serait le représentant d'une humanité enfin parvenue à la conscience de soi et au Savoir absolu.

On peut s'étonner, avec Macherey, de l'emprise exercée sur les intellectuels français de l'avant et l'après-guerre par la doctrine kojévienne qui faisait de Hegel le dernier terme de l'histoire de l'Esprit. Pour Ricœur, la distance prise vis-à-vis du système hégélien s'explique précisément par le refus de « totaliser » les esprits des peuples dans un unique Esprit du monde dont tout ce qui est apparu dans l'histoire serait le développement. Nous n'avons certes pas à entrer dans cette entreprise de critique. Si nous avons rappelé à quel type de représentation du temps sont rattachés certains romans de Queneau, c'est surtout parce qu'ils témoignent de la persistance d'une contradiction, plutôt que de l'illustration d'un système déterminé.

Désir de la fin et nécessité de la répétition : c'est aussi cette alternance que représente l'œuvre de Queneau, comme celle de Beckett. *L'Innommable* désire la fin comme un accomplissement et une délivrance mais ne peut interrompre la répétition. Sa peine est de continuer indéfiniment, sans connaître ni sa faute ni son juge. Dans cette impossibilité (ou ce refus) d'interrompre la répétition, la parole tient une place essentielle. C'est elle qui garantit la poursuite de la répétition, dont elle est l'effectuation :

> On met des choses en branle sans se soucier du moyen de les faire cesser. Afin de parler. On se met à parler comme si l'on pouvait s'arrêter en le voulant. C'est bien ainsi. La recherche du moyen de faire cesser les choses, taire sa voix, est ce qui permet au discours de se poursuivre. (1953 : 25)

Muée en logorrhée, la parole est vouée à se poursuivre sans que le locuteur puisse jamais savoir « d'où » ni « de quoi » il parle. Conscient de parler « avec leur langage », il tente de s'approprier ses énoncés sans y parvenir, refusant toutefois de s'avouer « de leur tribu » (*op. cit.* : 76). Comme Mallarmé, Beckett fait état de la difficulté de parler avec les mots des autres. L'impropriété du langage ne tient pas seulement à son usure, mais au fait que l'énonciateur est pour ainsi dire chassé de son lieu, dépossédé de son acte. Ce sont « les autres » qui parlent à la place du personnage de Beckett, « muet ». Parlant de lui ou lui parlant (*ibid.* : 202), ils sont un obstacle à sa saisie comme *je*. D'où ce regret :

> [...] j'aurais voulu me taire avant d'être mort, pour être un peu enfin ce qu'ayant toujours été je n'ai jamais pu être, sans peur de pire encore tranquillement là où ayant toujours été je n'ai jamais pu reposer [...]. (*op. cit.* : 225)

Mais ce personnage tout à la fois muet et d'une saisissante prolixité avoue avoir constamment buté sur une double impossibilité, « l'impossibilité de parler » et « l'impossibilité de [se] taire » (*ibid.* : 224). L'usage de la parole lui interdit d'être pleinement un sujet, mais il l'empêche aussi de n'être « rien » — comme il lui en prend tantôt l'envie, tantôt la crainte. Paradoxes dont Queneau a également fait l'épreuve et qu'il formule dans *Chêne et chien* :

> Cependant je revins ! j'étais devenu muet.
> Le silence est donc double et j'essaie de cet autre,
> mais si dire est pénible, encore bien plus se taire.
> L'analyse reprend son cours interrompu. (1937 : 74)

C'est à la même dualité du langage que se trouvent ainsi confrontés Beckett et Queneau. La parole peut en effet se dissoudre en palilalie ou en bégaiement inepte, ce dont les personnages queniens donnent maints exemples. Mais sa répétition est aussi le moyen de sortir du temps. Apprendre quelque chose par cœur et le répéter, tel est le rêve du personnage de *l'Innommable*, qui en serait « sauvé » (p. 223). Tel est aussi l'exercice quotidien auquel s'astreignait Queneau, qui le relie à l'épreuve du temps (*Journal 1939-1940*, 1986 : 134). La répétition devient alors un idéal littéraire. Saluant le goût de Gertrude Stein pour la répétition, Queneau observe que

> lorsque rien ne change, lorsque rien ne se passe, il n'y a qu'à réitérer la formule « parfaite » déjà trouvée, qui est bonne tout le temps du moment qu'elle a été bonne une fois. (*les Écrivains célèbres*, Mazenod éd., 1951-1953 : 252)

Étrange paradis littéraire, incarné dans le ressassement et la psalmodie, et qui n'est pas sans présenter certaines affinités avec la représentation heideggerienne de la parole. Définie comme un déploiement perpétuel et comme l'union (« l'intimité ») du monde et des choses, la parole ne résout aucune contradiction, et n'opère pas de « médiation après coup » entre les termes qu'elle met en relation.

> Qu'en est-il de son parler ? où trouver un tel parler ? Ne sera-ce pas là où a été parlé ? Là en effet parler s'est accompli. Où a été parlé, parler ne cesse pas. Où a été parlé, parler reste à l'abri. Où a été parlé, la parole rassemble la manière dont elle continue de se déployer, et cela qui continue de se déployer à partir d'elle — le perpétuel de son déploiement. (*Acheminement vers la parole*, 1950 : 18)

De même, la pratique littéraire d'un Queneau se caractérise par une volonté de reproduction et de recueil des discours avec et après lesquels elle s'inscrit, mais aussi par le recours systématique à la contradiction. Loin de toute écriture « transcendentale », qui maintiendrait quelque archétype unificateur, la répétition (des autres et de soi) devient alors le principe d'une langue philosophale, pour une glose du monde qui se produit et se dénie elle-même indéfiniment.

2. FORMES

2.1. La répétition hors du temps

Robbe-Grillet a évoqué la grande place tenue par la description au sein du Nouveau Roman. S'attachant à des objets insignifiants, ou qu'elle cherche à rendre tels, la description n'a plus la valeur authentifiante du roman balzacien. Elle place au premier plan des objets inutiles, des détails superflus, qui ne semblent pas avoir de rapport avec l'action, et dont l'évocation ne vise pas un effet de réel. Au lieu de « faire voir » les choses, elle les rend confuses. La « déception inhérente aux œuvres d'aujourd'hui » tient pour beaucoup à la nature et à l'étendue de séquences descriptives qui suspendent le temps du récit. Dans le roman balzacien, le temps jouait le premier rôle, accomplissant l'homme, réalisant un devenir, inscrivant dans un développement temporel les étapes d'une vie : naissance, croissance, paroxysme, déclin, chute. Au contraire,

> Dans le récit moderne, on dirait que le temps se trouve coupé de sa temporalité. Il ne coule plus. Il n'accomplit plus rien. Et c'est sans doute ce qui explique cette déception qui suit la lecture d'un livre d'aujourd'hui, ou la représentation d'un film. Autant il y avait quelque chose de satisfaisant dans un « destin », même tragique, autant les plus belles œuvres contemporaines nous laissent vides, décontenancés. [...] La description piétine, se contredit, tourne en rond. L'instant nie la continuité. [...]
> Or, si la temporalité comble l'attente, l'instantanéité la déçoit ; de même que la discontinuité spatiale *déprend* du piège de l'anecdote. Ces descriptions dont le mouvement enlève toute confiance dans les choses décrites, ces héros sans naturel comme sans identité, ce présent qui s'invente sans cesse, comme au fil de l'écriture, qui se répète, se dédouble, se modifie, se dément, sans jamais s'entasser pour constituer un passé — donc une histoire au sens traditionnel — tout cela ne peut que convier le lecteur (ou le spectateur) à un autre mode de participation que celui dont il avait l'habitude. (Robbe-Grillet, 1963 : 133)

Pour un Nouveau roman souligne donc dès les années soixante la disparition de ce que Ricœur appelle, à la suite de Kermode, le « récit de la Fin ». Négation de la successivité, la description ainsi menée instaure une éternisation de l'instant, une sorte de simultanéité suspendue — et fictive — de la perception spatio-temporelle. L'essence de la description est en effet de considérer les êtres et les choses dans leur simultanéité. Les situant dans l'espace et non dans le temps, elle présente les procès eux-mêmes comme des spectacles. Supplantant leur narration par leur représentation en tableaux figés, l'œuvre de Robbe-Grillet apparaît, selon Genette,

> comme un effort pour constituer un récit (une *histoire*) par le moyen presque exclusif de descriptions imperceptiblement modifiées de page en page, ce qui peut passer à la fois pour une promotion spectaculaire de la fonction descriptive, et pour une confirmation éclatante de son irréductible finalité narrative. (1969 : 59)

Suspendre le cours du temps, étaler le récit dans l'espace, figer une scène en tableau, puis animer ce tableau en scène, tels sont, remarque Genette, les effets de ces répétitions-variations (1966 : 88). Cette description qui « se contredit, se répète, se reprend, bifurque » (*Pour un Nouveau Roman*, 1963 : 127) s'accompagne de l'emploi systématique du présent de l'indicatif. Ce présent qui « se répète », selon la formule de Robbe-Grillet, vaut pour tous les temps. Dans *la Jalousie* se confondent ainsi un passé reconstruit par le narrateur, un futur imaginé, un présent peut-être transformé par le délire. Mais ce temps dans lequel se fondent passé et futur semble bien différent du présent défini par Derrida dans *l'Écriture et la différence*. Si « un présent qui ne répète pas » est un présent hors du temps, un non-présent (*op. cit.* : 364), tel est bien le temps de l'univers robbe-grilletien. En témoigne l'analyse de *l'Année dernière à Marienbad*, qui présente l'univers dans lequel se déroule le film comme « celui d'un présent perpétuel qui rend impossible tout recours à la mémoire », comme « un monde sans passé qui se suffit à lui-même à chaque instant et qui s'efface au fur et à mesure » (1963 : 131). Pas d'*ailleurs*, pas d'*autrefois* dans ce monde où règne une répétition purement statique.

2.2. Récit et répétition

Les récits où se manifestent une pratique systématique de la répétition présentent une similitude : les personnages centraux y sont souvent inactifs. Parasites aux moyens de subsistance mystérieux, ils se livrent volontiers à la rêverie — tel Montès, absorbé par le spectacle des pigeons, dans *le Vent* — voire au sommeil — comme le Cidrolin des *Fleurs bleues*, très soucieux de sa sieste : activités d'essence philosophique qui suscitent selon les cas incompréhension, étonnement, exaspération suspicieuse [17] ou

17. Le narrateur du *Vent* signale « cet incompréhensible attrait qu'il [Montès] exerçait sur les gens à son insu, cet ahurissement, cette exaspération, cette fascination par lesquels on passait successivement » (1975 : 106).

encore admiration [18]. Étroitement liée à cet intense désœuvrement, l'activité théorique (à laquelle se livre le garçon de café des *Derniers Jours*) ou la compulsion narrative (qui tient en vie « l'Innommable ») font accéder ces personnages à une forme d'éternité, leur immobilisme étant la marque de leur commune immutabilité.

L'action est néanmoins présente dans ces récits, ne serait-ce qu'à l'état de projet et quand bien même les personnages n'en auraient pas vraiment l'initiative ni la maîtrise [19]. La répétition touche donc aussi les situations et les actes, dont la relation peut être littéralement reproduite. On distinguera à ce titre le *répété* de la répétition elle-même : ce n'est pas parce qu'une situation, une action ou un événement se répète qu'il y a nécessairement répétition. Celle-ci suppose une répétition d'énoncés, dont les occurrences soient (presque) identiques. Pas plus que le récit singulatif (raconter une fois ce qui s'est passé une fois), le récit itératif (raconter une fois ce qui s'est passé *n* fois) n'implique de répétition textuelle [20]. Le récit

18. « Il trouve toujours quelque chose à ne rien faire [...]. Il sait très bien ne pas s'occuper », observe Lamélie à propos de Cidrolin (1965 : 62).

19. Montès, obsédé par « cette chose qu'il savait qu'il devait faire, ou qu'il voulait faire, ou qu'il fallait faire » (*op. cit.* : 85), savait toutefois que « même en restant immobile sur son banc il ne changerait rien à ce qui devait arriver » (*ibid.* : 156). Cette hésitation devant l'action vient aussi de ce que celle-ci est perçue comme la cause d'un déséquilibre et, partant, comme la source du mal (*ibid.* : 155). À l'instar de Claude Simon, Queneau caractérise négativement l'action humaine : « Est bien ce qui existe. Toute action est négative — et mauvaise » (*Journal*, 26 mars 1936, cité par Pouilloux).

20. Les procédés relevant du « dire itératif » ou du récit anaphorique, dont Andrès a pu signaler, par exemple, la prégnance dans les romans de Claude Simon traduisent l'omniprésence de la répétition sans la manifester littéralement. L'anaphore a pour résultat d'ôter toute originalité, toute singularité aux gestes du personnage, qui sont présentés dans leur similitude avec ceux d'autrui ou avec ceux qu'il a lui-même déjà accomplis maintes fois. L'énonciation itérative accentue cet aspect, « noyant l'acte le plus isolé dans la répétition » (1992 : 117). Cependant, si la reprise inlassable de scènes ou de gestes similaires produit un effet de ressassement et de gratuité (dans la mesure où elle n'apporte souvent aucune information supplémentaire), on ne peut véritablement parler de répétition : les séquences au cours desquelles Montès entre en relation avec sa famille (citées par Andrès, p. 112) s'intègrent dans un récit non pas répétitif, mais bien singulatif (le narrateur raconte une fois ce qui s'est passé une fois) et comportent plus que des « variantes stylistiques ». À vrai dire, les récits de Claude Simon peuvent aussi frapper le lecteur par leur extraordinaire capacité de variation. La répétition a sa place dans l'Histoire plutôt que dans le récit ou la narration et c'est par un réseau

anaphorique instaure une autre relation de fréquence entre les événements narrés et les énoncés narratifs : raconter *n* fois ce qui s'est passé *n* fois, c'est faire correspondre les répétitions du récit (énoncé) aux répétitions de l'histoire (contenu). Mais, comme l'indique Genette dans *Figures III*, ce type de récit est en fait singulatif (1972 : 146), dans la mesure où des événements à chaque fois singuliers font l'objet de relations à chaque fois distinctes.

Qu'elle touche les personnages, les situations ou les actes, cette multiplication ne constitue pas une répétition en soi. Dans les contes étudiés par Propp, les triplements peuvent porter sur les personnages (trois fils de roi), les attributs (un dragon à trois têtes) ou les séquences narratives (une épreuve triplée). Mais la reprise d'une séquence s'inscrit toujours dans un processus transformationnel et ne se manifeste pas sous la forme d'une répétition littérale. Ainsi que le remarque J.-M. Adam, cette multiplication recouvre une opposition : ou bien les tâches proposées au héros peuvent croître progressivement en difficulté, ou bien le résultat, après avoir été par deux fois négatif, peut devenir enfin positif (1985 : 81).

Sous le terme *répétition*, on retiendra donc ici deux phénomènes :

• Le récit répétitif, tel que l'a défini l'auteur de *Figures III* (raconter *n* fois ce qui s'est passé une fois), présente une récurrence d'énoncés sans récurrence d'événements. On obtient ainsi, comme Genette s'est plu à l'imaginer, des énoncés de cet ordre :

> Hier je me suis couché de bonne heure, hier je me suis couché de bonne heure, hier je me suis couché de bonne heure, etc.

avec ou sans variantes stylistiques du type :

> Hier je me suis couché de bonne heure, hier je me suis couché tôt, hier je me suis mis au lit de bonne heure, etc. (*op. cit.* : 147)

Ce « rejeton mal formé de l'esprit combinatoire », qui semble n'avoir « aucune pertinence littéraire », Genette le rattache à la « capacité de répétition du récit » sur laquelle reposent certains textes modernes. Les deux exemples donnés associent répétition et

---

d'analogies que se manifeste au niveau de l'énoncé le sentiment de « la lente et identique succession des heures, des jours, sur le décor inchangé, immuable, l'antique et vénérable terre, le vieux monde souillé sans cesse ressurgissant à chaque aube dans son originelle virginité » (*le Vent*, 1975 : 239).

variation : dans *la Jalousie*, Robbe-Grillet accompagne l'épisode récurrent de la mort du mille-pattes de « variantes stylistiques », dans *le Bruit et la fureur* les répétitions s'expliquent par des « variations de point de vue » (c'est sur ce dernier principe, signale encore Genette, que reposent le roman épistolaire du XVIIIe siècle ou le film de Kurosawa, *Rashômon*). Prolepses et analepses peuvent aussi être tenues pour des répétitions par anticipation ou par rétrospection : il s'agit là d'« anachronies répétitives » qui réalisent « de manière plus ou moins fugitive » le principe du récit répétitif en proposant plusieurs fois la relation d'un même événement (1972 : 147). Genette relie enfin ces procédés au plaisir que prennent les enfants à s'entendre raconter plusieurs fois la même histoire. Si le goût des hommes pour les récits s'expliquent, comme le pensait Barthes, par leur désir d'interrompre la répétition, en imaginant et en écoutant des histoires où rien ne se répète, le désir inverse s'exprime dans cette attente de la réitération. La répétition revient ainsi à une autre place, non dans l'histoire mais dans son énonciation, dans la reprise de son récit.

• Le récit anaphorique (raconter *n* fois ce qui s'est passé *n* fois) peut aussi avoir pour objet des événements qui se répètent identiquement, entraînant la répétition d'énoncés eux aussi identiques. Ce dernier cas est plus rare car il suppose une représentation de l'Histoire humaine comme cycle. Queneau, Beckett, Simon, Duras appliquent ainsi aux événements historiques (qu'il s'agisse de la « micro-histoire » ou de « l'histoire universelle », selon les expressions de Queneau) le même traitement qu'aux faits naturels. Abolissant les différences et ne considérant que les similitudes, ils peuvent répéter le récit de la répétition elle-même. D'après Genette, le récit anaphorique relève du type singulatif parce qu'il fait correspondre, en nombre égal, les répétitions du récit aux répétitions de l'histoire. Dans sa grille ne figure donc pas, parce qu'il reste à sa connaissance sans exemple, le cas des récits qui raconteraient plusieurs fois ce qui s'est passé plusieurs fois aussi, « mais un nombre différent (supérieur ou inférieur) de fois » (*op. cit.* 146, n. 1). Pourtant, quand Duras répète plusieurs fois « on a tué ici » en précisant que cet événement s'est produit « Une fois. Mille fois. Cent mille » (*Aurélia Steiner*), il s'agit bien de raconter *n* — x fois ce qui s'est produit *n* fois, répétition historique dont le récit singulatif excède les possibilités humaines. Quant au cas inverse (raconter *n* + x fois ce qui s'est passé *n* fois), il relève en fait du récit répétitif, puisqu'il produit nécessairement au moins une fois une répétition d'énoncé sans occurrence d'événement.

Ce qui fait l'objet de notre attention, c'est en somme la répétition (quasi [21]) littérale d'un énoncé, qu'elle corresponde ou non à une récurrence d'événements. Il arrive que cette répétition-là ne soit l'objet d'aucune justification (par exemple par la variation du point de vue) : qu'il s'agisse de la construction du personnage ou de celle du récit, la répétition ne satisfait pas nécessairement le goût — supposé — du lecteur pour la cohérence. Quel effet produit-elle alors sur la constitution du récit, comment joue-t-elle des modalités de la narration ?

2.2.1. Non-respect du principe de succession

Selon Bremond, tout récit consiste en un discours intégrant une succession d'événements d'intérêts humains dans l'unité d'une même action. « Où il n'y a pas succession, il n'y a pas récit », tel est le postulat de son article consacré à « La logique des possibles narratifs » (1966 : 62). La description implique, au contraire, un suspens temporel puisque les objets y sont saisis dans leur

---

21. On a vu que la littéralité même d'une répétition d'énoncé ne garantissait nullement l'identité des occurrences répétées. La différence des énoncés tient alors à leur énonciation, qui n'est pas susceptible d'une reproduction identique. Ainsi, paradoxalement, le récit répétitif lui-même comporte somme toute peu, voire pas du tout, de répétition « pure », malgré la fascination que ses praticiens semblent éprouver à l'égard de ce phénomène. Au sens strict, il n'y a dans l'énoncé « Hier je me suis levé de bonne heure, hier je me suis levé de bonne heure, hier je me suis levé de bonne heure » ni répétition d'événement, ni répétition discursive. Numériquement, ces énoncés sont distincts : ils peuvent correspondre à différentes façons de percevoir ce à quoi ils s'appliquent (c'est le cas dans *la Jalousie*, on le verra). Leur similitude matérielle (phonétique et graphique) ne peut être totale : seule une voix de synthèse reproduirait sans variation cette expression, mais ces manifestations n'en resteraient pas moins différentes car proférées successivement. Distinctes dans l'espace et dans le temps, les occurrences d'un même énoncé ne peuvent en outre présenter les mêmes qualités, dans la mesure où toute énonciation affecte *de facto* l'énoncé lui-même. Ainsi, le propre du récit répétitif est de ne connaître la répétition que manquée. Hors énonciation, en revanche, les expressions sont identiquement répétables : les énoncés qui, par exemple, servent de support à l'analyse dans l'étude syntaxique correspondent à des structures saisies *in abstracto*, à des modèles linguistiques appréhendés hors de tout cadre énonciatif. En tant que tels on peut les considérer comme des énoncés à la fois répétés, et coupés de toute répétition en acte.

contiguïté spatiale. Au principe de succession s'ajoute une dynamique transformationnelle dont Bremond a décrit le mécanisme dans *Logique du récit*. Si « tout récit raconte un devenir », les conditions minimales pour qu'un message puisse être considéré comme communiquant un récit sont donc les suivantes :

> Que par ce message, un sujet quelconque (animé ou inanimé, il n'importe) soit placé dans un temps t, puis t + n et qu'il soit dit ce qu'il advient à l'instant t + n des prédicats qui le caractérisaient à l'instant t. (1973 : 99-100)

Outre cette succession d'événements survenant en un temps t puis t + n, selon un ordre chronologique, le récit doit relater des événements distincts, suffisamment différents pour qu'on puisse les discerner — de même que selon Todorov les actions d'un même personnage doivent être suffisamment différentes pour que leur mention se justifie (1972 : 288). Enfin, cette linéarité est nécessairement orientée vers une fin.

Pour autant, on le sait, la succession dans le temps des événements de l'histoire n'implique pas que la mise en intrigue respecte strictement le seul ordre chronologique. Comme le soulignait Barthes dès 1966 dans son *Introduction à l'analyse structurale des récits*, le « temps narratif » ne se résout pas dans « l'illusion chronologique » (1966 : 26). Tout récit détermine une re-configuration du temps, dont les analepses / prolepses, ou encore les effets d'entrelacement / emboîtement sont la marque. Dans cette « mise en intrigue » que constitue tout récit, quel rôle la répétition joue-t-elle ? En reproduisant plusieurs fois un élément littéral (mot, phrase, ensemble de propositions, séquence narrative), elle engendre un effet de bégaiement qui suspend la linéarité de la lecture. La répétition d'une situation ou d'une action interrompt de même la succession des événements dans le récit, brisant l'enchaînement des séquences ou celui des propositions internes à la séquence.

L'analepse et la prolepse, quoiqu'elles déterminent aussi des répétitions dans le récit, ne nuisent cependant pas à sa cohésion : elles ont souvent une fonction explicative, respectent le déroulement temporel, introduisent la causalité sous l'enchaînement chronologique, à la différence des répétitions littérales que manifestent certains textes modernes. Ainsi, l'analepse proustienne éclaire un événement passé et met en relief le flux temporel qui permet son interprétation nouvelle. La répétition autorise alors l'émergence d'un sens demeuré méconnu : l'attitude de Gilberte dans le raidillon de Tansonville ne signifiait pas le mépris mais le désir, comme le héros l'apprend quinze années plus tard. La prolepse tend le récit vers sa fin, conforte sa cohérence et souligne la nécessité des enchaînements en imposant leur relecture *a posteriori*. Comme l'observe Andrès, la rupture qu'elle provoque dans l'élan narratif n'a paradoxalement « pour but que de présenter le récit comme une suite » (*op. cit.* : 100).

Succession, distinction, finalité : la répétition contredit ces principes par un emploi particulier des composantes du discours narratif. À la différence de l'analepse et de la prolepse, elle peut susciter un effet de déréglage.

2.2.2. Répétition au sein de la séquence

Barthes a pu définir la séquence narrative comme une suite de « noyaux, unis entre eux par une relation de solidarité[22] ». L'ouverture en est marquée par l'absence d'antécédent solidaire de l'un des termes de la séquence, et la fermeture par l'absence de conséquent. Cette suite d'actions forme un tout « logique », un ensemble « homogène » que le lecteur peut désigner d'un nom. Pour constituer une séquence, une suite d'actions doit être « nommable ». C'est ainsi que Propp et Bremond ont été amenés à nommer certaines séquences « Fraude », « Trahison », « Lutte », « Contrat », etc. Barthes donne pour sa part l'exemple d'une séquence « Consommation » qui s'ouvrirait sur la commande, se poursuivrait par la réception / consommation, et s'achèverait sur le paiement. Les séquences peuvent s'imbriquer les unes dans les autres, une séquence (Salutation) pouvant constituer le terme d'une autre séquence (Rencontre). Mais cette relation d'inclusion du plus petit au plus grand est perçue par le lecteur comme une « suite linéaire de termes ».

Ainsi conçue, la « séquence » narrative n'est censée présenter aucune répétition. Si les romans de Fleming — auxquels Barthes, tout comme Eco, emprunte ses exemples — peuvent illustrer cet idéal, il n'en va pas de même pour tout récit. Le modèle appelle son dérèglement, qui est une autre manière d'en éprouver l'efficacité. Pour examiner plus précisément la place de la répétition dans la

---

22. Dans un article déjà cité (1966 : 29).

séquence, on peut retenir les analyses d'Adam, qui propose de voir dans la séquence un réseau relationnel hiérarchique, décomposable en éléments reliés entre eux et au tout qu'ils constituent. Un texte narratif se compose de séquences elle-mêmes constituées de cinq macro-propositions (situation initiale, complication, action, résolution, situation finale [23]) à leur tour décomposables en *n* propositions — une macro-proposition pouvant être actualisée par une ou plusieurs propositions (1992 : 28 et 54). La répétition peut donc intervenir au niveau des propositions ou des macro-propositions.

Répétition des propositions

À l'intérieur d'une macro-proposition, plusieurs propositions peuvent se répéter. On prendra pour exemple le début du roman de Robbe-Grillet, *Dans le labyrinthe*, dont Genette a observé qu'il se construisait par une « modulation du sélectif en successif ». Pour le poéticien, l'art de Robbe-Grillet consiste à étaler « horizontalement, dans la continuité spatio-temporelle, la relation verticale qui unit les diverses variantes d'un thème », à transposer « une *concurrence* en *concaténation*, comme un aphasique qui déclinerait un nom, ou conjuguerait un verbe, en croyant construire une phrase ». Les premières pages du *Labyrinthe* évoquent ainsi une situation (« Je suis seul ici, maintenant, bien à l'abri »), puis entrent dans le cycle des répétitions et des variantes en proposant trois « versions différentes (mais parallèles) de la situation inverse », soit : « Dehors il pleut... Dehors il fait froid... Dehors il y a du soleil ».

Si l'on considère comme un tout homogène les ving-quatre premières pages formant l'incipit de ce roman, on peut y discerner une réalisation, incomplète et détournée, du modèle quinaire d'Adam. Même si la description prend une large place et tend à présenter les procès comme des spectacles, les linéaments d'une action sont représentés, sans que le lecteur puisse pour autant les situer clairement dans le temps ni savoir par qui l'action est accomplie. Le texte présente ainsi une situation (p. 9, première phrase) dont le lecteur ne sait s'il peut la considérer comme initiale

23. Selon Adam, ce modèle quinaire rend compte (par développement de la définition aristotélicienne de l'action comme un « tout » ayant « un commencement, un milieu et une fin ») des cinq moments de tout procès à l'intérieur d'une séquence ou d'un texte entier.

(état d'équilibre d'un narrateur isolé dans un lieu clos et protégé) ou finale (l'adverbe de temps « maintenant » pouvant suggérer l'apaisement). Entre l'évocation de cette situation et la reprise de la description d'un lieu où se trouve (peut-être) le narrateur (p. 22), le texte sugère le déroulement d'une action dont il se borne à décrire les phases statiques : présence d'un « paquet enveloppé de papier brun » sous « le bras gauche » d'un soldat (p. 20) ou « sous son bras droit » (p. 22) ; présence « maintenant sur la commode » (p. 22) de « la boîte enveloppée de papier brun ».

En reproduisant et modifiant les éléments de cet ensemble de données, Robbe-Grillet y introduit la contradiction et la confusion. C'est le cas dans l'évocation des trois situations possibles :

> Dehors, il pleut, dehors on marche en courbant la tête, s'abritant les yeux d'une main tout en regardant quand même devant soi, à quelques mètres devant soi, quelques mètres d'asphalte mouillé ; dehors, il fait froid, le vent souffle entre les branches noires dénudées ; le vent souffle dans les feuilles [...]. Dehors, il y a du soleil, il n'y a pas un arbre, [...] et l'on marche en plein soleil, s'abritant les yeux d'une main tout en regardant devant soi, à quelques mètres seulement devant soi, quelques mètres d'asphalte poussiéreux, où le vent dessine des parallèles, des fourches, des spirales. (1959 : 9)

La reprise des mêmes termes peut souligner une contradiction dans une même proposition : dans la deuxième situation (« Dehors, il fait froid »), « le vent souffle » dans des branches tantôt nues tantôt feuillues. Elle peut aussi favoriser le rapprochement de deux propositions différentes : la description d'une même attitude (« s'abritant les yeux d'une main...») face à deux situations distinctes (pluie et soleil) neutralise leur différence au profit d'une similitude. Le texte poursuit de façon systématique l'application du même principe, qui perpétue la confusion des trois situations.

Par cet artifice, plusieurs possibles sont rendus co-présents au lieu de faire l'objet d'une sélection. La répétition dérègle ainsi le récit en rendant difficile la restitution d'un ordre chronologique ; mais elle sert aussi de lien entre les parties du récit puisqu'elle joint deux séquences différentes, par un effet de tuilage.

Répétition des macro-propositions

Dans la même séquence narrative, une ou plusieurs macro-propositions peuvent faire l'objet d'une répétition.

Le chapitre IV des *Fleurs bleues* relate ainsi une scène en partie dialoguée, dont certaines phases se répètent :

> Vint la minute de séparation ; l'ératépiste commença lentement les travaux de décollement et, lorsqu'il fut parvenu à ses fins, cela fit flop. Il s'essuya du revers de la main et dit :
> — Faut que je me tire.
> Et il répandit un peu de bière sur ses muqueuses asséchées.
> Hagarde, Lamélie le regarde.
> Il tire des francs de sa poche et tape avec sur la table. Il dit d'une voix assez haute :
> — Garçon.
> Lamélie, hagarde, le regarde.
> Le garçon s'approche pour encaisser. À ce moment, Lamélie se jette sur son ératépiste et repique au truc. [...] Le garçon ramasse la monnaie. [...] L'ératépiste entreprend un nouveau décollement. Il y parvient en douceur et cela fait de nouveau flop. Il s'essuie les lèvres du revers de la main et dit :
> — Cette fois-ci, il faut que je me tire.
> Il assèche son demi et se lève prestement.
> Lamélie le regarde, hagarde. (*ibid.* : 44-45)

La séquence se laisse décomposer de la façon suivante :

• situation initiale (Pn1) : l'état d'équilibre est réalisé ici par le baiser des protagonistes (évoqué à l'imparfait dans le premier paragraphe du chapitre), dont Lamélie concevrait sans peine qu'il se poursuive indéfiniment. C'est d'ailleurs elle qui va chercher à reproduire cette situation.

• complication (Pn2) : l'ératépiste joue le rôle de déclencheur en interrompant la séance de « languistique » (macro-proposition au passé simple).

• (ré)action (Pn3) : l'ératépiste entreprend de régler l'addition. La réaction (passive) de Lamélie aux deux moments de l'action (Pn2 et Pn3) indique clairement qu'elle ne souhaite pas quitter l'équilibre initial. La répétition littérale de la proposition joue un rôle de frein.

• résolution (Pn4) : le début en est réalisé par l'encaissement de la monnaie. Mais la résolution complète (départ de l'ératépiste) est différée par la réaction, cette fois-ci active, de Lamélie, qui entreprend de retrouver la situation initiale.

La séquence ne peut se clore, et le récit répète une partie des propositions narratives déjà énoncées. Mais celles-ci ne se décomposent pas exactement de la même façon :

• complication (Pn2') : « nouveau décollement » tenté par l'ératépiste.

• (ré)action (Pn3') : l'ératépiste achève de boire.

• résolution (Pn4) : il se lève.

• situation finale (Pn5) : elle est manifestée par le départ conjoint de Lamélie, qui « suit le mouvement ».

L'action ayant partiellement trouvé sa résolution au cours du premier cycle, le second s'accomplit de façon accélérée : abandon du passé simple pour le présent, attraction de Pn2 dans Pn3, qui se distinguent difficilement.

Dans le cas que nous venons de voir, la répétition des propositions narratives est déclenchée par le désir qu'a l'un des personnages de maintenir ou de reproduire une situation d'équilibre. Celle-ci le fait en quelque sorte échapper au temps et gagner une autre forme de répétition, coupée de tout devenir. Au sein de la séquence narrative, la reprise d'une macro-proposition peut déclencher, comme c'est le cas ici, la répétition, partielle ou totale, de la séquence elle-même, reproduisant au niveau du récit l'aspect cyclique de l'histoire.

Des répétitions de macro-propositions peuvent aussi survenir sans entraîner la répétition de la séquence entière. Le chapitre IX des *Fleurs bleues* présente par exemple, emboîtée dans la macro-séquence « Repas », une micro-séquence « Réservation » qui comprend une suite d'actions assumées par Cidrolin (donner son nom par téléphone, l'épeler) et par le serveur du restaurant (recevoir le message, en vérifier la nature). Cette séquence est suivie d'une autre qu'on pourrait nommer « Accueil », au cours de laquelle Cidrolin prend place à la table qui lui a été réservée. La répétition porte sur l'une des macro-propositions de la séquence précédente, où la résolution de l'action se fait au prix d'une confusion. La séquence « Accueil » répète cette confusion en la distribuant sur plusieurs macro-propositions (Pn3, Pn4 et Pn5). Soit :

Pn4 de la première séquence :

> On lui demanda son nom.
> — Dicornil. Monsieur Dicornil. D comme duc, I comme Joachim, C comme capétien, O comme Onésiphore, R comme Riphinte, N comme N et le reste à l'avenant.
> — Dupont. C'est bien cela ? Pour monsieur Dupont ? [Pn4]
> — Vous m'avez compris [Pn5]. (*op. cit.* : 119)

répétée dans la séquence suivante :

> Un maître d'hôtel demanda cependant avec hauteur si l'on avait retenu sa table [Pn2]. Cidrolin répondit que oui. À quel nom ?
> — Dupont. Monsieur Dupont. [Pn3]
> — Si vous voulez venir par ici, monsieur Dicornil [Pn4]. (*ibid.*)

C'est à un double niveau que s'exerce la répétition : reprise du nom énoncé par le premier serveur et répétition de la non-coïncidence entre l'émission et la réception du message.

Intégrées dans le récit, les paroles font l'objet d'un traitement identique. Le phénomène se reproduit fréquemment dans les scènes dialoguées des *Fleurs bleues*. Le chapitre V présente ainsi, au cours d'une longue scène, un ensemble de répliques répété de façon quasi identique.

— À la tévé, on ne baise guère, remarqua Lucet.
— On ne baise même pas du tout, dit Yoland.
— Vous êtes bêtes, dit Bertrande, c'est parce qu'il y a les mômes qui regardent.
— Les tiens, demande Sigismonde, tu les laisseras regarder tant qu'ils voudront ?
— Rien que ce qui est instructif, répond Yoland. Surtout les actualités. Ça leur apprendra l'histoire de France, l'histoire universelle même.
— Comment ça ? dit Lucet.
— Eh bien oui, les actualités d'aujourd'hui, c'est l'histoire de demain. C'est ça de moins qu'ils auront à apprendre à l'école puisqu'ils la connaîtront déjà.
(1965 : 58-59)

— À la tévé, dit Lucet, on ne baise guère.
— On ne baise même pas du tout, dit Yoland.
— Vous êtes bêtes, dit Bertrande, c'est parce qu'il y a des mômes qui regardent.
— Les tiens, demande Sigismonde, tu les laisseras regarder tant qu'ils voudront ?
— Rien que ce qui est instructif, dit Yoland. Surtout les actualités. Ça leur apprendra l'histoire de France, l'histoire universelle même.
— Comment ça, dit Lucet.
— Eh bien oui, les actualités d'aujourd'hui, c'est l'histoire de demain. C'est ça de moins qu'ils auront à apprendre à l'école puisqu'ils le connaîtront déjà.
— C'est marrant, dit Cidrolin. Il me semble que ça recommence, que j'ai déjà entendu tout ça autre part.
(*ibid.* : 61)

Une telle répétition transgresse un des principes fondamentaux du récit : la succession des événements est en effet censée introduire un changement. Le passage de la situation initiale à la situation finale implique une transformation minimale, qui se traduit par une modification des prédicats caractérisant le sujet (cf. Bremond, 1973 : 100). Or la répétition fait, au contraire, patiner le récit, rendant difficile la distinction des différents moments qui constituent, *in abstracto*, la séquence narrative. Elle peut empêcher la clôture d'une séquence, par une répétition interne qui détermine à l'occasion la répétition de la séquence complète. Elle peut aussi produire un effet de superposition ou de coïncidence entre des séquences distinctes, grâce à la reprise d'une phase commune. Cet effet de frein ou d'écho perturbe le déroulement du récit, mais sert aussi de liant.

2.2.3. Répétition de séquences

Quelle serait, dans le récit, la répétition la plus « pure » ? Il faut imaginer une reprise s'effectuant à la fois au niveau de l'histoire, du récit et de la narration. Soit la relation, répétée par un même narrateur, d'une même scène se produisant dans le même lieu, avec les mêmes objets et les mêmes personnages répétant les mêmes paroles. Cette répétition peut s'effectuer selon un ordre de succession rectilinéaire dans le temps. C'est le cas dans la scène dialoguée des *Fleurs bleues*, où la reprise des répliques se produit à un moment T + n de l'échange. Cette inscription dans le temps justifie la répétition : d'un point de vue psychologique, elle s'explique par le goût que manifestent les amis de Cidrolin pour les stéréotypes. En outre, la variation temporelle entraîne *de facto* une variation dans l'énonciation : chacune des répliques répétées par un même locuteur est énoncée une première fois par un *je*, puis une seconde par un *je*'. La répétition de l'histoire (en l'occurrence, le retour des clichés dans la conversation) donne alors lieu à une répétition d'énoncé, selon les règles du récit anaphorique. Quand Queneau reproduit à nouveau, au chapitre XVI, les conseils de Bertrande sur l'achat d'une tévé, il ne fait donc que raconter à chaque fois une fois ce qui se produit à chaque fois une fois.

Le récit répétitif, quant à lui, ne correspond à aucune répétition d'événement dans l'histoire. Voilà pourquoi la répétition d'une séquence peut trouver une motivation dans la variation des points de vue sur ce même événement : multiplication des voix narratives ou variation du point de vue au sein d'une même voix. C'est dans les œuvres de Robbe-Grillet que l'on peut trouver les manifestations les plus ambiguës de cette reprise littérale. L'auteur joue en effet des composantes du récit pour tantôt motiver la répétition, tantôt la rendre inexplicable.

Variation des points de vue

Robbe-Grillet construit son œuvre romanesque sur un principe simple, dont la mise en pratique et les effets sont cependant fort complexes. *La Jalousie* (1957), *Dans le labyrinthe* (1959), *la Maison de rendez-vous* (1965), présentent des répétitions de l'énoncé narratif où la variation touche l'acte narratif lui-même. La répétition trouve alors une explication rationnelle dans la multiplicité des instances d'énonciation, ou dans la succession des points de vue émanant d'une même instance. Favorisant tour à tour la confusion et la distinction de ces éléments, l'auteur impose en fait des relectures répétées de ces répétitions inhabituelles.

Les changements de points de vue d'un seul et même narrateur motivent en partie les séquences répétitives de *la Jalousie*. On peut les interpréter comme un effet du ressassement obsessionnel des mêmes scènes, ou des mêmes détails, par un narrateur maladivement jaloux qui les revit et les interprète d'une façon différente. Dans *la Maison de rendez-vous*, ce principe joue de manière particulièrement perverse. Certaines reprises textuelles s'expliquent par l'évolution d'un narrateur anonyme qui se remémore une scène observée puis découvre progressivement ses erreurs de perception et d'interprétation. Ainsi, au tout début du roman, ce narrateur extradiégétique entreprend de raconter *a posteriori* son arrivée à la Villa Bleue et la scène à laquelle il a assisté au cours de sa promenade dans le jardin (pp. 23-29). Mais « la nuit est trop noire, dans cette partie du jardin, pour permettre de distinguer avec précision » la plupart des détails (p. 28). Cette scène fait ensuite l'objet d'une reprise (pp. 56-57) qu'il est difficile de situer dans le temps. Le narrateur apporte alors quelques rectifications, qui concernent l'identité supposée des trois personnages en jeu (Lauren, son fiancé et Johnson). Le narrateur « constate » qu'il a confondu Jonhson avec le « jeune homme insignifiant » auquel Lauren est fiancée. Selon un procédé cher à Robbe-Grillet, la description fige la scène en tableau et nous présente par deux fois un personnage dans la même posture :

> À trois mètres environ dans la direction que cette main semble condamner [...] se tient un homme en spencer blanc qui paraît sur le point de s'écrouler, [...] l'homme qui a seulement fléchi sur ses jambes, le dos un peu courbé, une main crispée sur la poitrine et l'autre étendue de côté, vers l'arrière, ayant l'air de chercher un appui où se raccrocher. (p. 26)
>
> Sous le coup d'un congé aussi catégorique, qui vient d'être prononcé contre lui d'une voix sans appel, il semble maintenant s'affaisser sur lui-même : ses jambes fléchissent, son dos se courbe, sa main gauche se crispe sur la poitrine, l'autre main, étendue de côté, vers l'arrière, a l'air de chercher à tâtons un appui où se retenir, comme s'il craignait de perdre l'équilibre sous la violence du choc. (p. 57)

Si le lecteur prend au sens littéral les indications fournies par le narrateur (« En m'approchant de quelques mètres encore [...] », p. 56), il peut considérer ce passage comme une suite donnée à la séquence précédente, où le narrateur n'aurait qu'imparfaitement distingué les protagonistes (« En me retournant, j'ai aperçu d'un seul coup la scène », p. 25). C'est sa progression dans le jardin qui lui permettrait d'avoir une vision plus précise et d'identifier le fiancé dans ce personnage qu'il avait d'abord pris pour Johnson (« l'homme, dont une branche basse dissimulait en partie les traits, n'est pas Johnson comme je l'avais cru d'abord », p. 56). La répétition serait justifiée par cette information ultérieure. Toutefois, la confrontation des deux passages fournit peu d'indices à l'appui de cette hypothèse. La substitution du présent de l'indicatif au passé composé et au participe passé permettrait tout aussi bien l'inversion chronologique des deux séquences : avec sa valeur d'accompli du présent, le passé composé peut en effet marquer la postériorité du premier passage par rapport au second. Robbe-Grillet contredit ainsi, par des indices minimes, la tendance naturelle du lecteur à déduire de l'enchaînement des énoncés narratifs celui des événements narrés [24].

En outre, c'est bien l'ensemble de la promenade dans le jardin qui fait l'objet d'une narration répétée. Au cours de sa déambulation, le narrateur rencontre d'abord un couple, dont il décrit successivement les deux partenaires, puis, « un peu plus loin, dans la même allée », un « homme seul assis sur un banc de marbre » (p. 27). Or la seconde évocation du couple (qui se focalise alors sur l'élément masculin) est à nouveau suivie de la description de l'homme seul (« Poursuivant mon chemin, je rencontre non loin de là, dans la même allée, un homme seul, assis sur un banc de pierre », p. 57). Le lecteur peut dès lors interpréter cette répétition non comme l'effet d'un récit anaphorique (le narrateur racontant en deux fois ce qui s'est passé en deux fois) mais comme celui d'un récit répétitif (le ressouvenir changeant la scène et son interprétation).

Le récit de ce narrateur qui, sans narrataire identifiable, reste apparemment extérieur à l'action, se caractérise par l'absence ou la

---

24. Selon la formule de Morrissette, « avec *la Maison de rendez-vous*, il ne s'agit plus de choisir entre diverses possibilités [...] mais d'accepter et de comprendre l'agencement non linéaire d'événements ouvertement "impossibles" dans une intrigue conventionnelle » (*les Romans de Robbe-Grillet*, 1963 : 246).

discrétion des embrayeurs. Les marques des personnes de discours sont effacées, à l'exception du *je* (cf. p. 23 : « Je vais donc essayer maintenant de raconter cette soirée chez Lady Ava ») qui disparaît toutefois fréquemment, de telle sorte que le lecteur est porté à se demander « qui parle ? » sans toujours disposer des éléments qui lui permettraient d'en décider. Les indicateurs de la deixis, par définition, n'effectuent de repérage que par rapport au seul énonciateur. Le récit en fournit peu : « sans doute cette scène a-t-elle eu lieu un autre soir ; ou bien, si c'est aujourd'hui, elle se place en tout cas un peu plus tôt, avant le départ de Johnson », « j'ai obliqué vers la gauche ». Le repérage spatio-temporel ancre partiellement le récit dans la subjectivité de l'énonciateur : le lecteur rattache alors le foyer narratif à la conscience de ce personnage anonyme. Mais ces marques fort imprécises produisent un effet de flou. Et leur rareté ainsi que leur effacement sur de longs passages — ajouté à la disparition de la première personne — font sans cesse glisser le récit vers la focalisation externe. C'est la prédominance de ce dernier mode — largement majoritaire d'un point de vue quantitatif — qui va permettre de rattacher successivement le même énoncé à des narrateurs différents, tout en entretenant leur confusion.

Variation des voix narratives

Le film de Kurosawa, *Rashômon*, libre adaptation de la nouvelle d'Akutagawa [25], joue clairement de ce principe : motiver la

25. Cette nouvelle s'intitule *Dans le fourré* (in *Rashômon et autres contes*, 1921). Elle présente les « dépositions » de plusieurs individus (un bûcheron, un moine itinérant, un mouchard, une vieille femme) qui répondent aux questions d'un « lieutenant criminel » et donnent quelques éléments d'information au sujet d'un assassinat. Ces dépositions sont suivies des aveux de Tajômaru, le meurtrier supposé, de la confession de la femme qu'il a violentée avant de tuer son mari, et du récit posthume de ce dernier, rapporté par une sorcière. Chacun de ces trois personnages donne du meurtre une version à son avantage : combat loyal et valeureux entre les deux hommes, meurtre commis par l'épouse pour laver l'honneur de son mari, suicide de celui-ci. Kurosawa ajoute à cela le récit d'un témoin oculaire, dissimulé pendant la scène. Son témoignage mêle les points de vue des protagonistes, tout en les dépouillant des ornements qu'avait introduits l'amour-propre. La brutalité de son récit prend alors l'allure de la vérité, mais peut-être n'est-ce là qu'un autre effet subjectif, celui de la peur. La répétition rend ainsi sensible la complexité de l'événement, dont la réalité tient dans la multiplicité de ces regards sans lesquels il ne se serait pas produit.

répétition des énoncés narratifs par la variation des voix narratives. La littérature permet de jouer sur des réalisations moins transparentes, puisqu'elle ne plaque aucun visage sur ces voix. Dans *la Maison de rendez-vous*, les répétitions du récit (qui ne correspondent à aucune répétition de l'histoire) coïncident ainsi en partie avec la multiplication des instances d'énonciations. Mais Robbe-Grillet joue constamment de leur relative indistinction.

Le récit de l'arrivée à la Villa Bleue est répété, soixante-dix pages plus loin, avec quelques variantes, par un autre narrateur. Un certain nombre d'indices tendent du moins à justifier cette reprise par un changement de voix narrative. Au premier narrateur (extradiégétique, anonyme, qui dit reconnaître Johnson l'Américain dans l'un des personnages de la scène observée) succède un narrateur intradiégétique, qui se nomme Johnson et répond aux questions d'un policier. Soit, dans un premier état :

> Je suis arrivé à la Villa Bleue vers neuf heures dix, en taxi. Un parc à la végétation dense entoure de tous les côtés l'immense maison de stuc, dont l'architecture surchargée, la juxtaposition d'éléments en apparence disparates, la couleur inhabituelle surprennent toujours, même celui qui l'a contemplée déjà souvent, lorsqu'elle apparaît au détour d'une allée dans son encadrement de palmiers royaux. Comme j'avais l'impression d'être un peu en avance, c'est-à-dire de me trouver parmi les premiers invités à franchir la porte, sinon le premier puisque je ne voyais personne d'autre, ni dans les voies d'accès ni sur le perron, j'ai préféré ne pas entrer tout de suite et j'ai obliqué vers la gauche pour faire quelques pas dans cette partie du jardin, la plus agréable. Seuls les alentours immédiats de la maison sont éclairés, même les jours de réception ; très vite, d'épais massifs viennent couper la lumière des lanternes, et jusqu'à la lumière bleue renvoyée par les parois de stuc. On ne distingue bientôt plus que le contour des allées de sable clair, puis, les yeux s'habituant à l'obscurité, la forme générale des bosquets et des arbres les plus proches. (1965 : 23)

Puis, relaté à nouveau par Johnson :

> Johnson, qui a eu le temps de se préparer à cette question, commence aussitôt le récit de sa soirée : « Je suis arrivé à la Villa Bleue vers neuf heures dix, en taxi. Un parc à la végétation dense entoure de tous les côtés l'immense maison de stuc, dont l'architecture surchargée, la répétition exagérée de motifs ornementaux non fonctionnels, la juxtaposition d'éléments disparates, la couleur inhabituelle surprennent toujours, lorsqu'elle apparaît au détour d'une allée dans son encadrement de palmiers royaux. Comme j'avais l'impression d'être un peu en avance, c'est-à-dire de me trouver parmi les premiers invités à franchir la porte, sinon le premier puisque je ne voyais personne d'autre, j'ai préféré ne pas entrer tout de suite et j'ai obliqué vers la gauche pour faire quelques pas dans cette

partie du jardin, la plus agréable. Seuls les alentours immédiats de la maison sont éclairés, même les jours de réception ; très vite, d'épais massifs viennent couper la lumière des lanternes, et jusqu'à la lumière bleue renvoyée par les parois de stuc. On ne distingue bientôt plus que la forme générale des..., etc. » (*ibid* : 96)

L'interruption subite du récit évite d'en venir au moment où Johnson relaterait des événements qui lui sont advenus. Il prendrait alors ouvertement la position de narrateur autodiégétique, puisqu'il est censé avoir tenu dans cette scène l'un des rôles principaux. Mais l'usage des points de suspension et de l'abréviation *etc.* suggère à l'inverse une identité totale entre les relations des deux narrateurs. La confusion de ceux-ci est en outre favorisée par la réapparition du narrateur extradiégétique. Ce dernier prend la relève de Johnson et poursuit le récit, se dispensant de certaines répétitions : « Je passe aussi sur le bruit des insectes, déjà signalé, et sur la description des statues. J'en arrive tout de suite à la scène de rupture entre Lauren et son fiancé » (*ibid.*). Ce narrateur anonyme est soudainement placé dans la même situation que Johnson : tout en restant à la source du récit (position initiale), il devient un personnage racontant, dans le récit, une partie de ce même récit. À l'instar de Johnson, il a en outre pour interlocuteur un lieutenant de police : « Et, comme le lieutenant me demande le nom de ce personnage, qui n'a pas encore été mentionné, je réponds à tout hasard qu'il s'appelle Georges ». Robbe-Grillet joue de surcroît sur la similarité des relations qu'entretiennent personnage et policier d'une part, écrivain et lecteur de l'autre : dans les deux cas, un éventuel suspect est soumis à la question. Ce glissement n'autorise cependant pas l'identification complète du « je » et de Johnson [26].

L'anonymat du (ou des) narrateur(s) et la persistance de la focalisation externe facilitent la libre reprise des énoncés, et

26. Jean Alter décide un peu vite que le nom de Georges Marchat (hypothétique fiancé de Lauren), sa nationalité et sa profession « sont inventés par Johnson à la page 97 » (*la Vision du monde d'Alain Robbe-Grillet*, 1966 : 75). Le passage de la troisième à la première personne ne justifie pas leur indifférenciation. C'est le « je » de la page 97 qui relate encore une fois une partie de la scène observée dans le jardin et en présente un nouvel élément (« je m'aperçois que le jeune homme tient un pistolet dans sa main droite », p. 98). On ne peut l'assimiler exactement ni au « je » de la page 57 (qui est passé devant l'homme assis sur le banc « sans tourner la tête vers lui, sans le voir »), ni au personnage nommé Johnson (la succession des deux dialogues, pp. 96-97, n'implique pas que les interlocuteurs soient identiques).

maintiennent le doute sur l'identité des voix narratives. *Je* et Sir Ralph Johnson peuvent être clairement différenciés (« Je reconnais [...] Lauren, en compagnie d'un certain Johnson », p. 53). Mais la répétition des mêmes énoncés rend aléatoire la distinction des instances d'énonciation. L'emploi des guillemets autour du récit de Johnson signale qu'il s'agit d'un discours rapporté au style direct, mais il marque aussi, dans ce contexte très particulier, une possibilité d'autocitation de la part du narrateur anonyme. Même lorsque le foyer de la perception est directement rattaché au narrateur extradiégétique, le point de vue demeure non orienté. Où que soit situé cet observateur sans deixis, il pourrait raconter et décrire la même chose. Cette particularité de la focalisation externe dans le récit robbe-grilletien permet de la sorte la confusion des narrateurs. Un même énoncé narratif peut être aisément rattaché à ces instances sans subjectivité, qui n'ont pas de discours propre.

On a pu voir dans la prolifération de ces voix narratives tantôt distinctes, tantôt confondues, une manière de tenir le lecteur dans une incertitude permanente, en l'attente d'une « résolution » qui n'arrive jamais. Morrissette oppose cette « narration à perspectives constamment changeantes » au système traditionnel de la « multiplicité des points de vue » (*op. cit.* : 240). Il ne s'agit pas, en effet, d'exposer distinctement les différentes interprétations d'un même événement, comme dans un roman policier (dont *la Maison de rendez-vous* est en partie une parodie), où les témoins fournissent leur version des faits. Les répétitions ne sont que très imparfaitement motivées par l'existence supposée de narrateurs distincts : des contradictions et des incompatibilités font que le lecteur ne peut rattacher de manière assurée tel énoncé à tel énonciateur. Dans les « masques et les métamorphoses du narrateur », dont Morrissette a tenté de dresser une liste simple, Jean Alter est allé jusqu'à voir une représentation de l'« ubiquité de l'auteur qu'on retrouve dans la peau de tous les protagonistes » (*op. cit.* : 72). Si l'on suit cette lecture [27], sans toutefois confondre auteur et narrateur, on peut rattacher les répétitions d'un même énoncé à une variation du statut du narrateur : le premier narrateur,

27. Justifiée, par exemple, par la reprise et la variation du nom propre (R. Jonestone / Jonstone / Sir Ralph Johnson, Marchat / Marchant / Manneret), par le partage des mêmes caractéristiques (Johnson et Manneret auteurs des portraits de Lady Ava) ou par leur participation commune à l'élaboration de l'histoire (cf. chapitre VII, *op. cit.* : 65-87).

extradiégétique — récit homodiégétique de la soirée, p. 23 — et le second, intradiégétique — reprise du récit homodiégétique par Johnson, p. 96) n'en feraient qu'un (« je » relatant à nouveau la scène, sous le nom de Johnson).

Diffraction de la séquence

Outre ces manipulations des voix narratives, les romans de Robbe-Grillet présentent des distorsions de séquences, obtenues selon le même principe. La répétition d'un élément de la séquence fait éclater celle-ci et la reproduit partiellement en un autre lieu et une autre époque, avec d'autres personnages, les mêmes paroles se trouvant parfois placées dans la bouche d'un autre locuteur. C'est le cas dans *la Maison de rendez-vous*, où une même scène (une querelle entre un homme et une femme) a d'abord pour décor le jardin de la Villa, puis le salon de Lady Ava. L'attitude de la femme est décrite une première fois :

> La femme est en robe longue, blanche, à jupe très bouffante, avec les épaules et le dos nus ; elle est debout, le corps assez rigide, mais la tête détournée et les bras esquissant un mouvement ambigu d'adieu, ou de dédain, ou d'expectative : la main gauche à peine écartée du corps, à la hauteur de la hanche, et la droite levée jusqu'au niveau des yeux, le coude à demi plié et les doigts étendus, disjoints, comme si elle s'appuyait à une paroi de verre. (*op. cit.* : 26)

Ce tableau est ensuite reproduit une seconde fois, sans que le lecteur puisse rapporter l'énoncé répété au même narrateur. L'absence d'indices discriminants détache la scène décrite de son énonciateur :

> Le bras nu de la jeune femme en robe blanche esquisse un geste de dédain, ou d'adieu, la main levée jusqu'au milieu du front, le coude à demi replié, les cinq doigts étendus et disjoints, comme si la paume s'appuyait à une invisible paroi de verre. (*ibid.* : 56)

La répétition s'accompagne ici d'une variation qui touche le lieu et la nature même de la scène, puisqu'il s'agit cette fois d'une « représentation » théâtrale : la scène présentée se situe « à la fin du premier acte » et « l'héroïne » y prononce les mêmes paroles [28] que

---

28. Celles-ci sont énoncées une première fois par la jeune femme (Lauren, p. 25) et reprises par lady Ava sur un ton ironiquement interrogateur (p. 30) ; on

la jeune femme dans le jardin : « Jamais ! Jamais ! Jamais ! » Les événements relatés dans le roman sont reproduits sous forme de saynètes jouées par des comédiens chez Lady Ava — comédiens dont le lecteur découvre d'ailleurs qu'ils sont les protagonistes mêmes du drame. Lauren joue-elle sur la scène de ce petit théâtre « le rôle de l'héroïne » de la pièce de Jonestone intitulée « L'assassinat d'Édouard Manneret » (p. 84). Or ce titre pourrait aussi bien convenir au roman, puisque Lauren en est l'un des personnages principaux, avec Manneret, dont le meurtre est annoncé dès les premières pages. Cette mise en abyme peut à l'occasion reposer sur une répétition d'énoncé, comme on vient de le voir.

Non-motivation de la répétition

Robbe-Grillet définit lui-même l'esthétique de ses œuvres quand il évoque « l'architecture surchargée, la répétition exagérée de motifs ornementaux non fonctionnels, la juxtaposition d'éléments disparates » de la Villa Bleue. De fait, la répétition n'assure pas, dans ces romans, les fonctions qu'on lui reconnaît traditionnellement. Chez les écrivains qui ont recours à la répétition littérale comme à un principe d'engendrement du texte, il est difficile de rattacher à celle-ci les rôles et les effets qu'on attend du procédé : retarder l'action, représenter l'échec d'un personnage, susciter un sentiment de monotonie et d'ennui, mettre en parallèle des personnages ou des situations, solliciter une interprétation par un effet de symétrie ou d'opposition, tirer l'enseignement d'une ressemblance ou d'une différence. Les écrivains français de la seconde moitié du XXe siècle semblent précisément exercer la répétition non comme un *procédé* mais comme un *principe.* Dûment répertoriés, les effets du procédé s'exercent dans un champ restreint et ne jouent pas sans raison précise. Employée à l'excès, la répétition devient en revanche un principe dont les écrivains revendiquent au besoin la gratuité, l'inutilité, la non-motivation. Dans *les Vies parallèles de Boris Vian*, Noël Arnaud rapporte qu'Yves Gibeau, l'auteur d'*Allons enfants...*, avait chargé Vian de relire ses manuscrits pour y relever toutes les répétitions qui pouvaient se trouver dans la même page, voire dans le même

---

les retrouve dans la bouche de la comédienne, qui se révèle être Lauren elle-même. La répétition s'accompagne ainsi d'une série de variations affectant les locuteurs, les modalités et les circonstances de l'énonciation.

chapitre. « C'était de la paranoïa », précise Arnaud : « deux fois le même mot dans le même chapitre et Gibeau s'effondrait » (1981 : 276). Aussi Vian se moquait-il de ce « super-académisme chez un homme qui écrivait un livre sur les enfants de troupe ». C'est pourtant à l'impact d'une discipline militaire imposée à un enfant que l'on peut relier cette hantise de la répétition. Sans doute faut-il y voir un refus du désordre que ce retour non maîtrisé suppose et génère. On retrouve la même prévention chez Garcia Marquez, rêvant de proscrire de son œuvre toute répétition *inconsciente*. La fascination de Gibeau pour les prix Goncourt et leur style « bien écrit » s'explique par cette volonté d'expurgation.

Rappelant l'anecdote rapportée par Arnaud, Dupriez y voit la raison du plaisir que prendra par la suite Boris Vian à accumuler, à l'inverse, des répétitions « gratuites » (cf. l'article « Répétition » du dictionnaire des *Procédés littéraires*, 1984). L'exemple cité par Dupriez porte sur la reprise des propositions incises introductrices du discours direct, avec mention du même locuteur : « C'est compliqué, dit Chick. [...] C'est merveilleux !, dit Chick. » (*l'Écume des jours*, 1947 : 13). Comme Queneau, Vian s'insurge ainsi contre le bon usage, qui prescrit la recherche de synonymes et fustige les « facilités ».

Quand elle dépasse le domaine de la proposition, la répétition peut s'exercer avec la même « gratuité ». Le vertige qu'elle suscite tient au fait qu'on ne peut lui associer une justification rationnelle. Dans *la Maison de rendez-vous*, les répétitions d'énoncés ne sont qu'en partie explicables par la variation du point de vue d'un narrateur ou par la multiplicité des voix narratives. La répétition y est la source d'une énigme qui n'est jamais résolue. De même, les répétitions et les variantes de *la Jalousie* ne peuvent être entièrement motivées par les caractéristiques psychologiques d'un mari jaloux : Jean Alter a insisté sur la possibilité d'interpréter les affirmations incompatibles comme un effet du délire du protagoniste ; Bruce Morrissette a voulu discerner une « création » psychologique et un ordre chronologique sous une « *apparence* d'acausalité » ; Jean Rousset a vu dans *la Jalousie* une « passion sans personnage », un roman dont le narrateur, privé de pronom personnel, n'est plus qu'« un vide qui pense » (1972 : 144). Mais le texte est agencé de telle manière que deux interprétations ne cessent de se faire concurrence, comme l'ont observé Genette puis Dällenbach. Les reprises et les variations peuvent être motivées par l'état du narrateur qui compare, réexamine et modifie mentalement certaines scènes (le projet de départ de A… et Franck, la conversation sur le roman africain, l'écrasement du mille-pattes). C'est la perspective narrative qui justifie alors la confusion chronologique du récit. Comme dans *l'Année dernière à Marienbad*, les différentes versions d'une même scène peuvent en effet appartenir « soit à un passé réel, soit à un passé mythique, soit encore à un présent hallucinatoire ou onirique, soit même à un avenir hypothétique » (Genette, 1966 : 87).

De cette psychologie Genette a pu dire qu'elle était « fausse » (*ibid.* : 81). On conviendra, au juste, qu'elle n'est introduite dans l'œuvre que pour s'y trouver aussitôt contredite et délaissée. Si « un souvenir est généralement vécu au passé » et « une image comme absence », le délire paranoïaque du personnage peut expliquer que les épisodes de *la Jalousie* soient revécus au présent et que leur ressouvenir se confonde avec la réalité. En revanche, si le lecteur ne peut restituer la chronologie du roman, ce n'est pas seulement à cause de la confusion mentale du personnage principal. Morrissette a ainsi relevé une « contradiction absolue » dans la description de la parcelle de bananeraie ; ou encore des « impasses chronologiques », par exemple dans les reprises de la scène de l'écrasement du mille-pattes : en l'absence de sa femme, le narrateur en a une vision qui comporte déjà certains des éléments d'explication qu'elle lui fournira à son retour (*les Romans de Robbe-Grillet*, *op. cit.* : 123). Ces contradictions, voulues par le romancier [29], maintiennent l'ambivalence du texte et la possibilité d'une double lecture [30]. D'où cette impression d'« incohérence » et de « gratuité », contrebattue, selon Morrissette, par la tendance qu'aurait tout lecteur à projeter sur cette expérience déroutante une *Gestalt*

29. L'auteur a lui-même déclaré qu'il était impossible de reconstituer la chronologie de son roman, parce qu'il l'avait « voulu ainsi » (*les Nouvelles littéraires*, 22 janv. 1959, cité par Morrissette).

30. Le même principe est systématiquement appliqué à *la Maison de rendez-vous*, où les dénégations de Lady Ava (« elle n'est jamais allée en Chine, le bordel de luxe, à Honk-Kong, c'est seulement une histoire qu'on lui a racontée », p. 186) peuvent être comprises comme un effet de son délire (« je me demande […], si elle n'est pas déjà en train de délirer », p. 187) ou comme une contradiction en accord avec les deux exergues incompatibles du roman. Ainsi, tout ne s'anéantit pas, ce qui avait été affirmé ne disparaît pas, contrairement à l'interprétation de certains lecteurs (cf. Bishop, « Géographie de Robbe-Grillet », *Robbe-Grillet*, colloque de Cerisy, UGE, 1976, vol. 2, p. 61). Les contradictions sont maintenues face à des fragments d'explication rationnelle.

unifiée, une forme continue. De même que dans les textes de Duras (cf. chapitre 2), les répétitions ne peuvent être expliquées par une simple variation de la perspective narrative. Ce n'est pas l'absence de motivation psychologique qui perturbe ici le lecteur ou le critique, comme le regrettait Dällenbach, mais la persistance d'une contradiction et la nécessité d'une lecture constamment alternative. La répétition engendre des incohérences mais, ce faisant, elle éprouve le fonctionnement du récit à travers ses différents constituants (temporalité, mode de représentation, voix narrative), qu'elle dérègle et fait jouer les uns contre les autres : contradiction entre la focalisation adoptée et la position des narrateurs, discordances introduites, entre le temps de l'histoire et celui du récit, par des répétitions en apparence de type analeptique / proleptique mais, de fait, impossibles à situer dans l'ordre de succession rectilinéaire des événements ; emploi du discours rapporté pour transcrire les paroles d'un personnage, identiques au discours du narrateur extradiégétique ; non-motivation du récit répétitif par la traditionnelle variation des points de vue [31]... Cet ensemble de perturba-

31. On trouve dans *la Maison de rendez-vous* plusieurs répétitions d'une même séquence. Jouée sur une scène, dans le salon de Lady Ava, elle s'intitule « L'assassinat d'Edouard Manneret ». Par un procédé de mise en abyme, cette représentation reflète l'intrigue du roman. En outre, au niveau du récit, les répétitions de cette séquence donnent lieu à autant de versions différentes du meurtre, entre lesquelles les reprises (décor, objets, personnages) maintiennent une similitude : fausse piste du suicide (p. 94), agression d'un chien brisant la nuque de Manneret d'un claquement de mâchoires (159), mort accidentelle annoncée dans le journal (165), chute malencontreuse sur les débris d'un verre brisé qui lui transpercent la gorge (177), chute qui est en fait un meurtre déguisé en accident mortel par un maître-chanteur policier (168), assassinat de Manneret par les communistes sous le prétexte qu'il était un agent double au service de Formose (202), assassinat par Johnson armé d'un revolver (211). Soient sept versions — sans compter les narrations interrompues (celle de Lady Ava, par exemple, p. 140) ou l'énoncé du résultat final (« Manneret est mort », p. 59) — qui constituent les réalisations diverses et incompatibles d'un même noyau narratif. Ces récits sont parfois rapportés par un narrateur anonyme (« je »), parfois par un autre personnage (Lady Ava), mais ils peuvent aussi avoir pour source « l'acteur qui tient le rôle de Manneret [...] assis dans son fauteuil » et qui « écrit que [...] » (p. 66) ou bien Manneret lui-même, dans la même situation. Pas de motivation par la subjectivité dans ces variations, mais une mise en abyme et une métalepse qui servent l'auto-représentation du récit. Bien qu'on ait pu caractériser le « nouveau Nouveau Roman » des années soixante-dix par l'abandon de la mise en abyme (Dällenbach, *op. cit.* : 175-208), Robbe-Grillet demeure attaché à ces procédés et la répétition y sert le plus souvent cette visée réflexive. Le *Projet pour une révolution à New-York* en constitue peut-être l'aboutissement (et le terme). Vide et

tions déclenche une suractivité interprétative chez le lecteur de ce type d'œuvres.

Répétition de l'histoire dans le récit

> *... cette répétition sans fin et dont la perception échappe aux sens, à la vue, précipitant l'esprit dans une sorte de vertigineuse angoisse.*
>
> C. Simon, *l'Herbe*

Tel que le pratique un Robbe-Grillet, le récit répétitif génère, selon l'expression de Genette, un vertige « fixé ». Cette impression de fixité tient au fait que « les dernières pages nous ramènent à la situation initiale », toute transformation semblant s'être abolie. Si les répétitions y semblent « fausses » (Genette, 1966 : 89), ce n'est pas tant parce qu'elles impliquent à chaque fois une variation minimale — ce qui constitue la nature même de la répétition discursive — que parce qu'elles ne correspondent à aucune répétition historique et ne sont pas logiquement explicables. Le récit anaphorique (raconter *n* fois ce qui s'est passé *n* fois) engendre un vertige du même ordre. Il place le lecteur face aux répétitions de l'Histoire et pose la question de leur identité. Les reprises d'énoncés établissent alors un réseau d'analogies entre des époques différentes et soulignent l'aspect monotone du déroulement historique. Dans *les Géorgiques,* le récit prend ainsi pour objet la répétition des saisons et des travaux, le retour des révolutions et des guerres (Révolution française en 1789, Révolution espagnole en 1936 et campagne des Flandres en 1940), dont il rend la distinction difficile. *Le Palace* atténue de même les différences irréductibles qui séparent les années de la révolution espagnole et les années cinquante. Mettant l'accent sur ce qui revient, le récit anaphorique semble exclure de son orbe tout devenir.

En ce sens, la répétition constitue bien, comme l'observe Klinkenberg, une « violation énorme » du principe même de l'organisation du récit, qui doit présenter « successivement des choses au moins un peu distinctes » (1983 : 88). Aux « concordances » relevées par Calame dans *les Fleurs bleues* le linguiste oppose les « répétitions pures ». Les premières sont « dynamiques », parce qu'elles introduisent une nouveauté, une

---

intemporelle, la répétition y marque le retour obsessionnel d'une même réalité imaginaire, celle du fantasme érotique, figé en tableaux.

altérité sur un fond de ressemblance. Mais le roman de Queneau présente de véritables répétitions : « à quelques pages de distance », une même scène est reproduite avec la même action, les mêmes paroles, les mêmes personnages. À propos des discussions entre Cidrolin et le Passant et des conversations répétitives sur la télévision et l'histoire, Klinkenberg s'interroge : faut-il voir dans cette relation répétée des mêmes événements « le parangon de la suppression de l'histoire » ? Les repas de Cidrolin, qui se terminent par la même remarque fataliste (chapitres I, II), ses rencontres avec la Canadienne (III, VI) ou avec le clergyman, ses efforts pour effacer des graffiti qui réapparaissent sans cesse (III, VI), semblent de fait manifester la répétition d'un même événement dans l'histoire. Mais le récit anaphorique ménage une relation à chaque fois différente d'un événement à chaque fois unique et Queneau, *via* Cidrolin, laisse cette question ouverte, plaçant, encore une fois, le lecteur face à une alternative :

> Combien y a-t-il de passants ? Le fait est qu'il y a beaucoup plus de passants qu'il n'en faudrait ou bien alors c'est le même passant qui se répercute de jour en jour. Et le quasi-clergyman sur sa mobylette, c'est bien le même... autant qu'on en puisse juger ; mais les Canadiennes ? toutes différentes sans doute puisqu'il y en a d'iroquoises et de babéliennes. [...] après tout elles sont peut-être toutes identiques. Comme les passants. (*op. cit.* : 73)

Le récit anaphorique peut ainsi faire état d'une répétition de l'identique dans l'Histoire (qu'il s'agisse de la « micro-histoire » ou de l'histoire « universelle »), et la reproduire dans un contenu narratif tout en maintenant une variation au niveau du récit : modification de l'ordre des événements dans une séquence, de leur durée, de l'énoncé narratif. Dans *les Fleurs bleues*, les scènes évoquées se répètent toujours différemment : l'événement reproduit varie (le repas de Cidrolin n'est jamais le même), mais le personnage souligne son inscription dans un cycle.

Acausalité ?

Barthes a proposé de placer le ressort de l'activité narrative dans la confusion de la consécution et de la conséquence : « ce qui vient *après* étant lu dans le récit comme *causé par* ; le récit serait, dans ce cas, une application systématique de l'erreur logique dénoncée par la scolastique sous la formule *post hoc, ergo propter hoc* » (1966 : 22). Un ordre causal se donne ainsi à lire sous l'ordre chronologique. Derrière cet « alibi causaliste » se dissimule tout l'arbitraire du récit et la détermination finaliste qui est le propre de la fiction, le *parce que* se trouvant chargé de faire oublier le *pour quoi*, selon l'expression de Genette (1969 : 97).

Sous le terme « consécution » s'entendent deux ordres de phénomènes : la succession chronologique des événements dans l'histoire, la succession linéaire des énoncés narratifs dans le récit. Ces deux ordres de succession peuvent coïncider ; mais la mise en intrigue peut aussi engendrer des discordances, des anachronies. Celles-ci, dans la perspective dessinée par la définition de Barthes, ne font que conforter cet « *écrasement* de la logique et de la temporalité » (*ibid.*) ; elles répètent le récit pour le compléter (rétrospections) ou en souligner la cohérence (anticipations).

À la suite des réflexions de Sartre sur les œuvres de Dos Passos et de Camus, on a parfois défini le roman moderne par « l'abandon du *post hoc, ergo propter hoc* des anciens » (Adam, 1992 : 52). *L'Étranger* se caractériserait ainsi par l'absence de ces « liaisons causales, qui introduiraient dans le récit un embryon d'explication et qui mettraient entre les instants un ordre différent de la succession pure » (Sartre, *Situations I*, 1947 : 142). Pourtant, l'effacement de l'ordre causal n'est rien d'autre qu'un effet de la mise en intrigue, il ne fait que souligner *a contrario* l'absolu déterminisme des actions de Meursault. La succession des instants et des événements s'y présente comme un ordre immuable où ce qui suit est strictement déterminé par ce qui précède, selon une règle encore renforcée par la narration rétrospective.

La pratique systématique de la répétition est particulière à certains récits modernes, où elle peut jouer de manière « non fonctionnelle », selon le mot de Robbe-Grillet. Dans les romans de celui-ci, elle se déploie en dépit de toute vraisemblance et sa non-motivation (par la psychologie des personnages, par la variation des voix narratives, etc.) ainsi que la confusion qu'elle génère dans le récit (indistinction des personnages, perturbation de l'ordre chronologique) la font paraître au mieux « ludique », au pire « gratuite ». Beckett, Simon, Duras, présentent de même des récits dont certains critiques ont pu souligner qu'ils ne paraissent pas tendus vers une fin. Le récit n'aurait donc plus besoin de justifier son issue par des « déterminations rétrogrades » (Genette, 1969), puisque sa clôture même se voit contestée. Les personnages n'étant plus les supports privilégiés d'une action dont le récit classique rapportait successivement les différentes phases, la confusion de l'ordre causal et de l'ordre chronologique ne serait plus de mise :

l'abandon de l'analyse psychologique, le trouble introduit dans l'identité même du personnage, la disparition de l'action, rendraient cette motivation inutile.

Quel que soit le récit, et quelle qu'en soit la réception — elle-même déterminée par un ensemble de présupposés idéologiques — il reste que la narration donne à tout contenu narré un ordre régi par le principe du *post hoc, ergo propter hoc*. C'est ainsi que Claude Simon définit la nature de l'acte de raconter :

> [...] et maintenant, maintenant que tout est fini, tenter de rapporter ce qui s'est passé, c'est un peu comme si on essayait de recoller les débris dispersés, incomplets d'un miroir, [...] n'obtenant qu'un résultat incohérent, dérisoire, idiot, où peut-être seul notre esprit, ou plutôt notre orgueil, nous enjoint sous peine de folie et en dépit de toute évidence de trouver à tout prix une suite logique de causes et d'effets là où tout ce que la raison parvient à voir, c'est cette errance, nous-mêmes ballotés de droite et de gauche, comme un bouchon à la dérive, sans direction, sans vue, essayant seulement de surnager et souffrant, et mourant pour finir, et c'est tout [...]. (*le Vent*, 1957 : 10)

Dans cette perspective, les multiples répétitions d'un même énoncé narratif peuvent jouer un double rôle. Elles manifestent un effacement partiel des « liaisons causales », dans la mesure où elles n'ont pas de valeur explicative. Quand elles correspondent à une récurrence de l'acte, elles présentent celui-ci sous le seul aspect de cette capacité de reproduction. Dans *le Palace*, la simple lecture des journaux fait ainsi l'objet de plusieurs mentions : l'étudiant cherche à « déchiffrer machinalement une fois de plus (depuis la veille il l'avait déjà lu un peu partout un millier de fois) le même gros titre s'étendant en haut et sur toute la largeur de la première page et répétant avec de légères variantes la même sanglante interrogation » (1962 : 29) ; plus loin dans le texte, il aperçoit le journal qu'il « avait trimballé toute la journée de la veille plié dans sa poche (et même pas lu, une fois la manchette et le sous-titre parcourus d'un seul coup d'œil machinal, l'achat lui-même purement machinal puisqu'il avait déjà pu lire à l'étalage du kiosque non seulement cette manchette-là mais encore les diverses variantes qu'en présentaient celles des autres journaux qu'il aurait encore tout le temps de relire un peu partout pendant le reste de la journée » (*ibid.* :144). En « sérialisant l'acte », observe Andrès (1992 : 114), la répétition lui ôte toute singularité et le dissout « dans une temporalité passée ou à venir qui lui refuse toute présence *hic et nunc* ». De la sorte, le personnage tend à s'évanouir « tel un motif musical dans une composition sérielle », (*op. cit.* : 117). L'inscription des gestes et des actes dans une série n'abolit pas pour autant toute causalité, mais elle la détache du vouloir humain. En rattachant les mêmes paroles ou les mêmes actes à des personnages différents, le récit souligne le déterminisme reliant ce qui suit à ce qui le précède : *la Route des Flandres* présente la mort touchant de Reixach comme une répétition de « ce que cent cinquante ans plus tôt un autre de Reixach avait fait en se tirant volontairement une balle dans la tête » (1960 : 84). Ces répétitions cycliques s'accomplissent sur une toile de fond immuable, qui fait que cinquante ans après, l'étudiant vieilli et revenu à Barcelone retrouve « exactement la même odeur, les mêmes relents d'huile rance et de lavabos, et par delà la vitre exactement la même place, les mêmes massifs de lauriers, les mêmes palmiers, les mêmes pigeons ventrus » (*le Palace*, *op. cit.* : 22).

L'absence apparente de causalité tient pour partie à ces répétitions qui n'apportent aucune information supplémentaire et qui perturbent la chronologie. Mais leur fonction est précisément de faire éprouver l'enchaînement des événements et d'y donner à lire une causalité qui est de l'ordre du *fatum* : au terme de son séjour à Barcelone, le personnage du *Palace* s'en retourne, « sachant simplement que, bien ou mal, les choses ne pouvaient être autrement » (*ibid.* : 227). En ce sens, le *post hoc, ergo propter hoc* apparaît bien, comme l'entendait Barthes, « la devise du Destin, dont le récit n'est en somme que la *langue* » (*op. cit.* : 22). De ce destin la figure ne se discerne toutefois qu'*a posteriori*, dans une saisie rétrospective en dehors de laquelle il n'a pas d'existence.

2.2.4. Progression par disjonction

La répétition constitue une entorse à la linéarité du récit, mais elle n'en empêche pas toujours pour autant la progression. La reprise d'un énoncé peut s'inscrire dans une continuité où sont reproduits des éléments similaires. Elle peut aussi servir de pivot, établissant, entre plusieurs niveaux diégétiques, une conjonction-disjonction. Dans un chapitre consacré à *la Bataille de Pharsale*, Ricardou (1971) a évoqué cet enchaînement disjonctif qui procède par « jointures analogiques » entre différentes séries d'événements :

> Toute disjonction s'y accompagne d'une conjonction analogique qui l'autorise et la contredit. Tandis qu'on a changé de segment, la répétition

> du commun élément tend à laisser croire qu'on y demeure et qu'il n'y a donc point lieu de chercher déjà une quelconque reprise. (1971 : 148)

À la différence du traditionnel récit alterné, le récit simonien ne cherche pas pour autant à combiner deux linéarités. L'alternance de l'histoire de Cécile de Volanges et de la Présidente de Tourvel dans *les Liaisons dangereuses* n'entraîne à aucun moment leur confusion. Le récit épistolaire souligne nettement leurs différences. Les romans de Simon multiplient à l'inverse les séries d'événements et favorisent leur confusion. Dès lors, observe Ricardou, « incapable de contrôler cette dispersion, la lecture est aux aguets de tout retour à l'un des segments abandonnés. Ainsi devient-elle singulièrement sensible aux impacts du similaire et du répétitif » (*ibid.*). Si dans la suite des phrases aucun « détail irrémédiablement distinctif » n'est proposé, la différenciation des événements devient difficile et le lecteur peut procéder à un « raccordement inexact ». Raccorder les segments d'une même série ne préserve d'ailleurs pas la linéarité : celle-ci se voit prise au « piège du cycle » puisque, selon Ricardou, l'impression de « déjà lu » suscitée par la répétition « tend à lover la ligne jusqu'à la première occurrence ».

Les éléments susceptibles de jouer ce rôle de connecteur sont de nature variable. On a vu qu'un simple pronom pouvait servir de support à la permutation des personnages (cf. chap. 2, 2.1.1). Dans *les Fleurs bleues*, le pronom personnel « il » désigne ainsi d'une phrase à l'autre Cidrolin, puis Auge :

> Il [*Cidrolin*] déguste ensuite trois verres et demi d'essence de fenouil, et, en fin de compte, il se couche et s'endort. Il se trouve face à face avec un mammouth, un vrai. Le duc jauge froidement l'animal. (*op. cit.* : 99)

Le premier chapitre des *Géorgiques* fait alterner de la même manière le récit d'événements liés à des temporalités — Révolution française et Empire, Révolution espagnole, campagne des Flandres — et à des personnages distincts — L.S.M. (Jean-Pierre Lacombe Saint-Michel), O. (Orwell), le cavalier de 1940 — que la répétition du pronom *il* conjoint. Les séquences en italique ou en romain présentent en outre deux de ces personnages à différentes époques de leur vie : L.S.M. vieilli, le cavalier feuilletant « maintenant » les archives de L.S.M., ou se remémorant son enfance.

> *Il bat en retraite avec son régiment à travers la Belgique. Pendant quatre jours il est impossible de desseller les chevaux.* En Poméranie il se plaint

du froid, de sa santé et de ses blessures. Il est membre du premier Comité militaire de l'Assemblée législative. [...] *À son arrivée à Barcelone il s'engage dans les milices populaires. Il combat pendant l'hiver sur le front d'Aragon.* Il fait la campagne de Belgique. Il fait la campagne de Hollande. Il fait la campagne de Suisse. [...] Il fait ajouter une aile à son château sur une terrasse orientée au Midi. *Il a onze ans. Il est assis à l'orchestre à côté de sa grand-mère.* [...] Il fait part à Hoche du blâme que lui adresse le Comité de salut public pour avoir laissé partir sans escorte une diligence dans une région infestée de Chouans. *Il cesse de feuilleter les cahiers et regarde sa main dans le soleil qui fait ressortir les milliers de rides* [...]. (1981 : 22-28)

La répétition d'informations communes à des séries différentes, l'usage déceptif des caractères italiques (utilisés pour des segments se rapportant à deux personnages différents) et romains (qui permutent dans la suite du chapitre avec l'italique) ne favorisent pas l'identification des personnages. L'absence de nom propre dans ces pages initiales accentue la confusion et joue le même rôle que ce procédé dont le narrateur des *Géorgiques* se moque quand il évoque ces auteurs « qui se divertissent à plonger le lecteur dans la confusion en attribant plusieurs noms au même personnage, ou, inversement le même nom à des protagonistes divers » (*ibid.* : 340). Le nom propre peut en effet remplir la fonction de connecteur : *les Derniers Jours* ou les trois *Aurélia Steiner* exploitent largement cette possibilité (voir chap. 2, 2.6). Des segments textuels de plus grande ampleur sont aussi investis de cette tâche :

— Ma parole, dit le duc d'Auge, vous parlez comme un livre.
— Il me semble avoir lu ça dans un livre, dit Cidrolin [...]. (*ibid.* : 72)

Le principe peut encore s'appliquer à l'échelle de la phrase. Dans *la Jalousie*, la reprise sur le mode négatif de la phrase précédente permet un glissement métadiégétique :

Le personnage principal du livre est un fonctionnaire des douanes. Le personnage n'est pas un fonctionnaire, mais un employé supérieur d'une vieille compagnie commerciale. Les affaires de cette compagnie sont mauvaises, elles évoluent rapidement vers l'escroquerie. Les affaires de la compagnie sont très bonnes. Le personnage principal — apprend-on — est malhonnête. Il est honnête, il essaie de rétablir une situation compromise par son prédécesseur, mort dans un accident de voiture. Mais il n'a pas eu de prédécesseur, car la compagnie est de fondation toute récente ; et ce n'était pas un accident. Il est d'ailleurs question d'un navire (un grand navire blanc) et non de voiture. (*op. cit.* : 216)

L'incompatibilité manifeste des propositions suggère une variation du référent : le « personnage » de la première phrase (celui du « roman africain ») et celui de la seconde ne semblent pas identiques. En outre, si ces contradictions peuvent être interpétées comme l'indice d'une « soudaine explosion affective du protagoniste qui ne peut s'empêcher de mêler ses obsessions personnelles à sa réflexion sur le roman africain[32] », la reprise du terme « personnage » marque malgré tout, par un commentaire décalé, l'intrusion d'un narrateur de rang supérieur. L'intervention de ce méta-narrateur amène à reconsidérer la position du narrateur jusqu'alors saisi comme extradiégétique (le personnage du mari jaloux, source du récit) : il devient un personnage-narrateur, une instance énonciative subalterne, inscrite dans un récit englobant.

2.2.5. *Clôtures*

Départ, arrivée, départ.
R. Queneau

La fréquence et l'importance des répétitions littérales dans les œuvres de Queneau, Duras ou Robbe-Grillet n'empêchent pas que ces récits progressent vers une fin. Comme le souligne Morrissette, les anticipations, récapitulations, répétitions et variantes de *la Maison de rendez-vous* recouvrent « une sorte d'intrigue virtuelle » (*op. cit.* : 261), qui procède d'un début (Sir Ralph amoureux de Lauren) vers un dénouement (mort de Manneret) et une fin (mort ou évanouissement de Lauren). L'effet de *continuum* provoqué — selon Morrissette — par les répétitions reste relatif : le lecteur peut distinguer des scènes et des événements différents, dont au moins un ne se répète pas. La mort de Lauren (ou du moins sa description dans un état d'immobilité proche de la mort ou du sommeil) intervient en effet à la fin du récit et ne fait l'objet d'aucune reprise.

32. Alter, *op. cit.* : 30. Selon un principe déjà rencontré (cf. *supra*, chap. 2, 2.3.2), « le personnage » se voit ainsi doté de prédicats qui lui sont aussitôt retirés. Pour conjurer le malaise qu'engendre cette pratique, Alter choisit de résoudre la contradiction et lui trouve une motivation psychologique. Morrissette, hésitant devant ces « structures littéraires morcelées, sans causalité », présente *la Jalousie* comme un piège de la mimesis, doué de « l'attirante gratuité d'un charme ». Ces pièges formels n'en questionnent pas moins les notions mêmes d'identité et de causalité. Dans *Lecture politique du roman* la Jalousie *d'A. Robbe-Grillet*, Jacques Leenhardt propose pour sa part une interprétation plus originale de ces contradictions (1973 : 178 sq.).

Les répétitions d'énoncés, qu'elles correspondent ou non à des récurrences d'événements, n'impliquent pas que toute transformation soit absente du récit. Celle-ci peut se manifester par un passage du malheur au bonheur ou du bonheur au malheur, selon le principe de l'inversion de contenu censé, depuis Aristote, définir le récit. *Le Palace* ou *les Fleurs bleues* en donnent l'exemple : acceptation du passé par l'ancien étudiant revenu cinquante ans plus tard sur le théâtre de la guerre d'Espagne, disparition de Cidrolin et de Lalix qui semblent avoir atteint la félicité. Mais le recours à la répétition excède ce modèle strictement binaire et linéaire.

Si Genette a pu observer la manière dont le récit tente de dissimuler son arbitrarité, tout entière appuyée sur la détermination des causes par les effets, derrière un « alibi causaliste » (1969 : 94), on peut difficilement faire entrer la pratique de la répétition dans ce cadre. Celle-ci se manifeste en effet dans des récits qui ne cherchent pas à faire oublier le *pour quoi* à l'aide du *parce que*. Prenant pour objet l'être dans le temps, l'être-pour-la-mort, ces récits mettent en question la clôture même de l'œuvre. La terminaison textuelle s'y présente comme une répétition de l'origine ou comme une ouverture sur un possible narratif indéfiniment poursuivi.

La mise en relation du début et de la fin peut se traduire par un effet de boucle, l'excipit reproduisant l'incipit de manière littérale. Dans *la Bataille de Pharsale*, « O. écrit : Jaune et puis noir temps d'un battement de paupière et puis jaune de nouveau. » (1969 : 271). Le texte s'achève ainsi sur une phrase identique à celle qui le commençait, et qui évoque, de surcroît, un procès répétitif : apparition, disparition et réapparition de la couleur jaune, cachée puis redécouverte par les paupières qui se lèvent et s'abaissent. L'adverbe « de nouveau » marque — par contraste avec « à nouveau » — l'aspect monotone de ce procès qui se reproduit sans variation. *Le Palace* signale cette construction en cercle par une définition qui, placée en exergue, joue sur le double sens astronomique et politique du terme *révolution*. « Mouvement d'un mobile qui, parcourant une courbe fermée, repasse successivement par les mêmes points. » (1962 : 8), la révolution apparaît dans le roman sous plusieurs formes : objet de réminiscence d'un personnage qui a vécu la guerre d'Espagne à Barcelone en 1936 et qui tente de ressaisir et de comprendre ce passé, processus même de la réminiscence qui lui fait revivre ces instants et terminer sa quête sur la simple acceptation de leur enchaînement, destin de la révolution espagnole qui n'a pas su échapper au cercle de l'échec, principe d'organisation du récit qui s'ouvre et se ferme sur la description d'un mouvement de va-et-vient, celui de pigeons se posant puis s'envolant, ou décrivant un cercle au-dessus de Barcelone.

Les Fleurs bleues répondent au même principe de rappel. Au chapitre XXI, « le duc » s'apprête à considérer à nouveau « un tantinet soit peu, la situation historique », depuis le sommet d'un donjon. Rien n'assure pourtant qu'il s'agisse du duc d'Auge et le spectacle des fleurs bleues s'épanouissant à travers la couche de vase qui couvrait encore la terre est aussi l'indice d'un renouveau. Si la répétition traduit ainsi l'aspect cyclique du déroulement historique, elle introduit aussi la variation dans ce procès. L'accomplissement de ce parcours strictement circulaire en permet dans le même temps l'annulation : il délivre les personnages (Cidrolin et Lalix accèdent à une sorte de Paradis retrouvé) et ouvre le récit sur une nouvelle ré-pétition, située à un niveau différent. Selon l'hypothèse de Klinkenberg, *les Fleurs bleues* suggèrent ainsi que « la possibilité de réécrire, donc la possibilité des histoires, commence au moment où l'histoire réelle est supprimée », comme si c'était cette « suppression de l'histoire comme réalité qui donnait la possibilité de la naissance de l'histoire comme récit, comme narration » (1983 : 88). Cette proposition peut s'entendre en deux sens indissociables : c'est le caractère révolu de l'événement qui appelle et rend possible son récit, et c'est le récit qui lui donne le statut d'événement historique. Comme le déclare un personnage des *Fleurs bleues*, « l'Histoire, c'est quand c'est écrit » (*op. cit.* : 60).

Dans les œuvres de Queneau, Beckett, Simon, Duras, Robbe-Grillet, l'origine du récit n'est pas à situer dans la volonté d'échapper à la répétition mais dans l'effectuation de celle-ci. Si la répétition discursive s'accompagne toujours, au niveau de l'énoncé, d'une variation, même infime, il semble que l'histoire prenne pour objet principal l'éternel retour du Même. C'est dans cet état contradictoire que Beckett place le personnage de *l'Innommable*. Ni vif ni mort, ni silencieux ni maître de la parole, il lui faut poursuivre une activité narrative alors même que l'objet de ce procès s'est évanoui, en balançant entre la répétition de l'identique et une répétition dynamique :

> [...] il faut dire des mots, tant qu'il y en a, il faut les dire, jusqu'à ce qu'ils me trouvent, étrange peine, étrange faute, il faut continuer, c'est peut-être déjà fait, ils m'ont peut-être déjà dit, ils m'ont peut-être porté jusqu'au seuil de mon histoire, ça m'étonnerait, si elle s'ouvre, ça va être moi, ça va être le silence, là où je suis, je ne sais pas, je ne le saurai jamais, dans le silence on ne sait pas, il faut continuer, je ne peux pas continuer, je vais continuer.

d'organisation du récit qui s'ouvre et se ferme sur la description d'un mouvement de va-et-vient, celui du [illegible] se posant puis s'envolant, [illegible] au-dessus de l'homme.

Les [illegible] répondent au même principe de [illegible]. Au chapitre XXI [illegible] à considérer à nouveau un [illegible] la situation [illegible] depuis le sommet [illegible] et le [illegible] vers la conduite [illegible] l'un [illegible]. Si la répétition traduit aussi l'aspect cyclique du déroulement historique [illegible]

[illegible]

CONCLUSION

> *Ce m'est tout un par où je commence, car là même à nouveau je viendrai en retour.*
>
> Parménide
>
> *Mais qu'allait-il faire dans cette galère ?*
>
> Molière, *les Fourberies de Scapin*

C'est dans un ensemble d'écrits postérieurs à la première guerre mondiale — des années trente (Queneau) à aujourd'hui (Robbe-Grillet) — que nous avons évalué l'impact de la répétition littérale sur les composantes du roman français contemporain. Elle semble y avoir progressivement pris une place de plus en plus importante, comme en témoignent, notamment, les œuvres de Duras et de Robbe-Grillet.

Intervenant dans la construction du personnage, la répétition y introduit le trouble. Instabilité des instances d'énonciation (investissement d'une même instance par des sujets différents ou glissement non motivé d'un même sujet d'une instance à une autre), reprise des mêmes traits individuants, des mêmes rôles ou d'un même nom pour caractériser et désigner des personnages par ailleurs distincts ou, inversement, attribution de traits incompatibles et de noms différents à une même entité : la répétition littérale d'énoncés n'est pas sans effet sur la figure du personnage, dont elle rend l'identification difficile. Elle témoigne d'une interrogation sur les modalités — et sur la possibilité même — d'une représentation de l'être dans le récit. Si ces jeux ne sont pas propres au roman moderne et contemporain (Lévi-Strauss a montré leur importance dans les mythes), sans doute peut-on y voir l'indice d'une conception particulière de la *personne*. La « dissolution » du personnage, la disparition du « caractère » témoignent peut-être moins d'une « crise » du roman contemporain que d'un renouveau de ses instruments. De *la Princesse de Clèves* à *Aurélia Steiner* persiste bien la volonté d'exploration d'une identité paradoxale, aux prises avec l'autre et avec soi-même, même si les formes classiques de l'investigation psychologique ont changé. Au monologue intérieur, à la prédominance des focalisations interne ou zéro, au récit d'une intrigue succèdent ou se superposent d'autres tactiques d'écriture qui soulignent la présence de l'altérité au sein de l'identité.

Les expérimentations du Nouveau Roman, puis celles du « nouveau Nouveau Roman » dans les années cinquante et soixante-dix, ont pu être rattachées à une disparition progressive du « récit de la Fin ». L'œuvre de fiction ne met plus nécessairement en scène un Destin. Dans les romans de Robbe-Grillet, le lecteur se voit même mis au défi de retrouver une succession d'événements susceptibles de représenter un devenir. Déréglant ce principe de succession, la répétition propose au lecteur le récit d'événements toujours semblables, que n'oriente aucune fin. La variation des voix narratives (*la Maison de rendez-vous*) ou celle des points de vue au sein d'une même voix (*la Jalousie*) justifient parfois ce ressassement. Les répétitions d'énoncés peuvent aussi correspondre à la répétition effective — ou présentée comme telle — d'un événement : dans *les Fleurs bleues* ou *les Géorgiques*, le récit, anaphorique plutôt que répétitif, traduit une perception cyclique de l'Histoire. Ces reprises peuvent encore s'expliquer par le caractère crucial de l'événement, indéfiniment relaté (*Aurélia Steiner*, ou tout autre roman de Duras). Mais une cohérence psychologique ou un ordre chronologique ne sous-tendent pas toujours le récit répétitif : Robbe-Grillet a plus que nul autre pratiqué la répétition pour elle-même, la rendant délibérément inexplicable.

À cette manie, quelles raisons trouver ? Les difficultés inhérentes à toute tentative de représentation éclairent en partie l'irruption de la répétition dans le discours. C'est au « défaut » du langage qu'un Ponge se voit en effet confronté. La « différence des mots et des choses » inscrit l'objet et le signe dans un rapport de présence / absence et fait du second un substitut du premier. Décevante, toujours provisoire, cette substitution déclenche le mouvement de la répétition. Rendre le signe moins arbitraire, « tenter » à nouveau l'objet, retourner vers cette origine mythique (étymologique) du langage où mots et choses ne faisaient qu'un, tel est l'irréalisable projet du poète[1]. Sisyphe encore, un Leiris entièrement adonné à la répétition de mots, d'expressions ou de refrains sous lesquels s'entendent d'autres mots. Moins soucieux de remédier à leur inadéquation foncière, l'écrivain consent au mirage d'une homophonie généralisée qui lui fait revivre, mais toujours partiellement, une expérience vécue dans l'enfance. À la source de sa découverte du langage, la répétition est un émerveillement et une déception puisqu'elle ne livre le monde qu'à travers un « message chiffré », au sens à jamais insaisissable. Lié à l'appréhension du langage et du monde, le goût de la répétition est ainsi indissociable d'une quête autobiographique.

Paradoxale, cette pratique littéraire associe constamment les contraires et peut-être témoigne-t-elle d'une volonté de les concilier. Il n'est pas anodin qu'un des premiers lecteurs de Duras ait décelé chez elle un « souci de renouvellement » d'après lui peu courant chez les « femmes-écrivains ». Ce jugement porté en 1955 lors de la remise du manuscrit du *Square*, alors qu'il était membre du comité de lecture de la maison Gallimard, Queneau le réitère — citant les « conclusions » de son propre rapport — dix ans plus tard (1966 : 5). Nul doute qu'il avait pu apprécier, aussi, le goût déjà prononcé de l'écrivain pour la répétition, sans voir là motif à réviser son jugement. Deux ordres de raisons peuvent l'expliquer. D'une part, la répétition peut être considérée comme la condition même de l'émergence et de la réception d'un « style ». Queneau relie l'une à l'autre lorsqu'il présente les « influences » de Beckett et Ionesco sur Duras comme des « prétextes » à la recherche par celle-ci de sa propre originalité. Une *caractéristique* ne se perçoit en effet que sur un fond d'identité et de répétition. C'est pourquoi Molinié voit dans cette dernière « le plus puissant outil dont nous disposons » pour repérer des faits stylistiques (1993 : 33).

Si nous avons insisté sur la place de la variation *dans* la répétition (et non simplement à côté d'elle), il faut bien reconnaître d'autre part l'importance de ce *répété* que nous avons situé hors de l'énonciation proprement dite. Réécrire, et redire des passages entiers d'un livre ou d'un chapitre dans un autre, c'est qu'on le veuille ou non se confronter à ce retour du même. Désir de variation, mais aussi désir que rien ne varie, tel est le double fond de cette fascination commune à Duras et à Queneau. Le modèle

1. Voir notre ouvrage sur *Francis Ponge ou la fabrique de la répétition* (1999).

littéraire de cette litanie est donc en un sens le *Texte des Morts*, ce texte « où on ne peut changer un mot » (Barthes, 1975 : 152), d'où toute imprévisibilité est exclue. Le contenu latent de cette obsession avouée tient dans le refus du devenir, dans un désir de retour au non-organique. Caractéristique d'une pensée obsédée par le temps, la répétition est perçue de façon contradictoire, tantôt comme ce qui en fait entendre le « cheminement » (Simon, *la Route des Flandres*, 1960 : 30), tantôt comme ce qui l'« annule » (Queneau, *Journal*, 1986 : 64). Résister à la continuité du changement, conjurer l'entropie par la répétition, c'est tenter de se placer hors du temps, rêver d'un état posthistorique où ne règne que l'identique. Absente du discours et de la vie, la répétition pure échappe en effet à la connaissance et la saisie du phénomène ne permet pas celle de son être. Désirer de toutes ses forces « d'être mort pour de bon, une bonne fois, et que tout soit fini » (Simon, *le Vent*, 1975 : 74), voilà aussi ce que cache l'amour de la répétition.

Grand amateur de Bach et de *l'Art de la fugue*, Barthes ne supportait pas la répétition lorsqu'elle se manifeste hors du langage musical, dans le domaine littéraire ou dans le discours. De fait, la répétition ne trouve pas dans la littérature une place équivalente à celle que la musique lui donne. La poésie seule propose des formes fixes exigeant la reprise d'un énoncé : *Harmonie du soir* obéit aux règles du pantoum, et la répétition y est une contrainte inhérente au code. Le récit de fiction, en revanche, a fort peu exploité ces possibilités : presque rien qui s'en approche avant Robbe-Grillet, comme l'a remarqué Genette (1982 : 443). Loin des traditionnels effets d'écho produits par la reprise d'un thème ou la réapparition d'un personnage dans le roman, Queneau, Duras, Simon ou Perec ont également donné à la répétition un caractère de contrainte formelle analogue à la reprise *da capo*. Mais ces expérimentations ne sont guère poursuivies aujourd'hui. Indispensable à l'oreille, la répétition pure continue d'être insupportable pour l'esprit.

BIBLIOGRAPHIE

ADAM (Jean-Michel), 1985 : *Le Texte narratif. Précis d'analyse textuelle.* Paris, Nathan, coll. « Nathan-université », 240 p.

— 1992 : *Les Textes : types et prototypes.* Paris, Nathan, coll. « Nathan-université », 224 p.

AKUTAGAWA (Ryûnosuke), 1921 : « Dans le fourré », in *Rashômon et autres contes.* Trad. fr. de Arimasa Mori, Paris, Gallimard, coll. « Connaissance de l'Orient », 1986, pp. 84-94.

ALTER (Jean), 1966 : *la Vision du monde d'Alain Robbe-Grillet. Structures et significations.* Genève, Droz, 124 p.

ANDRÈS (Bernard), 1992 : *Profils du personnage chez Claude Simon.* Paris, Minuit, coll. « Critique », 284 p.

ARISTOTE, 1932 : *Poétique.* Trad. fr. de J. Hardy, Paris, Les Belles Lettres, 102 p.

ARRIVÉ (Michel), 1978 : « Le texte », in *Grand Dictionnaire de la langue française.* Paris, Larousse, pp. 6042-6046.

ARNAUD (Noël), 1981 : *les Vies parallèles de Boris Vian.* Paris, Bourgois, 5e éd., 512 p.

ASSOUN (Paul-Laurent), 1978 : *Marx et la répétition historique.* Paris, PUF, 222 p.

— 1985 : « Pour une histoire philosophique de la répétition », *Corps écrit* n° 15, Paris, PUF, sept. 1985, pp. 75-87.

AYMÉ (Marcel), 1938 : *Derrière chez Martin.* Paris, Gallimard, coll. « Biblos », 1988, pp. 197-350.

— 1943 : *le Passe-muraille.* voir ci-dessus, pp. 353-536.

BAKHTINE (Mikhaïl), 1963 : *la Poétique de Dostoïevski.* Paris, Seuil, 1970, 350 p.

BAL (Mieke), 1978 : « Mise en abyme et iconicité », *Littérature* n° 29, févr. 1978, pp. 116-128.

BARDÈCHE (Marie-Laure), 1995 : « L'inénarrable. Des effets de la répétition sur la narration », *Protée*, vol. 23, n° 3, nov. 1995, pp. 29-38.

— 1996 : *la Répétition : un principe de production littéraire.* Thèse EHESS (dir. G. Genette).

— 1997 : « Répétition, Récit, Modernité », *Poétique* n° 111, septembre 1997, pp. 259-287.

— 1998 : « Ponge ou le parti pris des gloses », *Poétique* n° 115, septembre 1998, pp. 369-383.

— 1999 : *Francis Ponge ou la fabrique de la répétition.* Lausanne, Delachaux et Niestlé, coll. « Science des discours ».

BARTHES (Roland), 1965 : « La voyageuse de nuit », Préface de *la Vie de Rancé*, Paris, UGE, coll. « 10/18 », pp. 5-22.

— 1966 : « Introduction à l'analyse structurale des récits », *Communications* n° 8, repris in *Poétique du récit.* Paris, Seuil, coll. « Points », 1977, pp. 7-58.

— 1967 : « Proust et les noms », in *Nouveaux essais critiques*. Paris, Seuil, 1972, pp. 121-34.

— 1970 : *S/Z*. Paris, Seuil, coll. « Points », 1976, 278 p.

— 1971 *a* : « Réponses », *Tel Quel* n° 47, automne 1971, pp. 89-107.

— 1971 *b* : « Écrivains, intellectuels, professeurs », *Tel Quel* n° 47, repris in *le Bruissement de la langue*, Paris, Seuil, 1984, pp. 345-68.

— 1973 : « Théorie du texte », *Encyclopædia universalis*, t. XV, Paris, art. « Texte ».

— 1975 : *Roland Barthes par Roland Barthes.* Paris, Seuil, coll. « Écrivains de toujours », 190 p.

— 1980 : *la Chambre claire. Note sur la photographie.* Paris, Cahiers du cinéma / Gallimard / Seuil, 194 p.

BAUDELAIRE (Charles), 1861 : *les Fleurs du mal,* in *Œuvres complètes.* Paris, Gallimard, coll. « Bibliothèque de la Pléiade », 1975, vol 1.

BAYARD (Pierre), 1994 : *Maupassant, juste avant Freud.* Paris, Minuit, coll. « Paradoxe », 230 p.

BECKETT (Samuel), 1953 : *l'Innommable*. Paris, Minuit, 262 p.

BELLOUR (Raymond), 1972 : « Entretien avec Claude Lévi-Strauss », in *Claude Lévi-Strauss.* Paris, Gallimard, coll. « Idées », 1979, pp. 157-209.

BLANCHOT (Maurice), 1979 : « Détruire », in *Marguerite Duras*. Paris, Albatros, coll. « ça / cinéma », pp. 139-42.

BORGES (Jorge Luis), 1954 : *Histoire universelle de l'infamie. Histoire de l'éternité.* Trad. fr. de R. Caillois et L. Guille, Paris, UGE, coll. « 10 / 18 », 1994, 252 p.

— 1956 : « Pierre Ménard, auteur du *Quichotte* », in *Fictions*. Trad. fr. de P. Verdevoye et Ibarra, Paris, Gallimard, coll. « Folio », 1981, pp. 63-74.

BORGOMANO (Madeleine), 1981 : « L'histoire de la mendiante indienne. Une cellule génératrice de l'œuvre de Marguerite Duras », *Poétique* n° 48, nov. 1981, pp. 479-493.

— 1986 : « *L'Amant* : une hypertextualité illimitée », *Revue des sciences humaines* n° 202, avril-juin 1986, pp. 67-77.

BREMOND (Claude), 1966 : « La logique des possibles narratifs », *Communications* n° 8, pp. 60-76.

— 1973 : *Logique du récit*. Paris, Seuil, coll. « Poétique », 350 p.

BUTOR (Michel), 1950 : « Sur les procédés de Raymond Roussel », in *Répertoire I*. Paris, Minuit, pp. 173-85.

CALAME (Alain), 1983 : « Les Fleurs bleues : rime et concordance », *Temps mêlés* n°150 + 17-18-19, avril 1983, pp. 77-92.

CALVINO (Italo), 1984 : *Collection de sable*. Trad. fr. de J.-P. Manganaro, Paris, Seuil, coll. « Points », 1990, 158 p.

CANTILLON (Alain), 1991 : « Aux amis de Blaise Pascal », *Quai Voltaire, revue littéraire* n° 2, pp. 29-37.

COMBETTES (Bernard), 1992 : *l'Organisation du texte*. Université de Metz, coll. « Didactique des textes », 180 p.

COMPAGNON (Antoine), 1979 : *la Seconde Main ou le travail de la citation*. Paris, Seuil, 416 p.

COUÉGNAS (Daniel), 1992 : *Introduction à la paralittérature*. Paris, Seuil, 208 p.

COURTÉS (Joseph), Voir GREIMAS (A. J.).

DÄLLENBACH (Lucien), 1977 : *le Récit spéculaire. Essai sur la mise en abyme*. Paris, Seuil, 254 p.

DELEUZE (Gilles), 1968 : *Différence et répétition*. Paris, PUF, 416 p.

DERRIDA (Jacques), 1967 : *l'Écriture et la différence*. Paris, Seuil, 440 p.

— 1972 : *MARGES de la philosophie*. Paris, Minuit, 398 p.

DRAGONETTI (Roger), 1987 : *le Mirage des sources : l'art du faux dans le roman médiéval*. Paris, Seuil, 271 p.

DUBOIS (Jean) *et al.*, 1973 : *Dictionnaire de linguistique*. Paris, Larousse.

DUCROT (Oswald), 1984 : *le Dire et le dit*. Paris, Minuit, coll. « Propositions », 240 p.

— et TODOROV (Tzvetan), 1972 : *Dictionnaire encyclopédique des sciences du langage*. Paris, Seuil, coll. « Points ». Nouvelle édition en collaboration avec J.-M. Schaeffer *et al.*, 1995.

DUMARSAIS (César CHESNEAU DU MARSAIS, *dit*), 1730 : *Des Tropes ou des différents sens dans lesquels on peut prendre un même mot dans une même langue*. Paris, Flammarion, 1988, 442 p.

DUPRIEZ (Bernard), 1984 : *Gradus. Les procédés littéraires (Dictionnaire)*. Paris, UGE, coll. « 10/18 ».

DURAS (Marguerite), 1950 : *Un barrage contre le Pacifique*. Paris, Gallimard, 366 p.

— 1964 : *le Ravissement de Lol V. Stein*. Paris, Gallimard, coll. « Folio », 192 p.

— 1965 : *le Vice-consul*. Paris, Gallimard, coll. « L'imaginaire », 212 p.

— 1969 : *Détruire, dit-elle.* Paris, Minuit, 140 p.

— 1970 : *Abahn, Sabana, David.* Paris, Gallimard, 150 p.

— 1971 : *l'Amour.* Paris, Gallimard, 144 p.

— 1979 : *Aurélia Steiner.* Paris, Mercure de France, pp. 115-36.

— 1979 : *Aurélia Steiner.* Paris, Mercure de France, pp. 137-66.

— 1979 : *Aurélia Steiner.* Paris, Mercure de France, pp. 167-200.

— 1980 : « Les yeux verts », *Cahiers du cinéma* n° 312 / 313, juin 1980, 94 p.

— 1986 : *les Yeux bleus cheveux noirs.* Paris, Minuit, 156 p.

— et PORTE (Michelle), 1977 : *les Lieux de Marguerite Duras.* Paris, Minuit, 116 p.

FAULKNER (William), 1929 : *le Bruit et la Fureur.* Trad. fr. de M. E. Coindreau, Paris, Gallimard, coll.« Folio », 1972, 376 p.

FONTANIER (Pierre), 1823-1827 : *Manuel classique pour l'étude des tropes,* suivi de *Des Figures du discours autres que les tropes,* in *les Figures du discours.* Paris, Flammarion, 1968, 505 p.

FRÉDÉRIC (Madeleine), 1984 : *la Répétition et ses structures dans l'œuvre de Saint-John Perse.* Paris, Gallimard, Publications de la Fondation Saint-John Perse, 254 p.

— 1985 : *la Répétition. Étude linguistique et rhétorique.* Tübingen, Max Niemeyer, 284 p.

FREUD (Sigmund), 1895 : *Esquisse d'une psychologie scientifique,* in *la Naissance de la psychanalyse.* Trad. fr. de A. Berman, Paris, PUF, 1956, pp. 309-96.

— 1913 : « Le Thème des trois coffrets », in *Essais de psychanalyse appliquée.* Trad. fr. de M. Bonaparte, Paris, Gallimard, coll. « Idées », 1980, pp. 87-104.

— 1914 : « Remémoration, répétition, perlaboration », in *la Technique psychanalytique.* Trad. fr. de A. Berman, Paris, PUF, 1981, pp. 105-115.

— 1920 : *Au-delà du principe de plaisir,* in *Essais de psychanalyse.* Trad. fr. de J. Laplanche et J.-B. Pontalis, Paris, Payot, coll. « Petite Bibliothèque Payot », 1981, pp. 41-116.

— 1925 *a* : « La négation », in *Résultats, idées, problèmes II.* Trad. fr. de J. Laplanche, Paris, PUF, 1987, pp. 135-9.

— 1925 *b* : « Note sur le *Bloc-notes magique* ». Trad. fr. de J. Laplanche et J.-B. Pontalis, in *Résultats, idées, problèmes II,* pp. 119-124.

GENETTE (Gérard), 1966 : « Vertige fixé », in *Figures I.* Paris, Seuil, coll. « Points », pp. 69-90.

— 1969 : « Frontières du récit », in *Figures II.* Paris, Seuil, coll. « Points », pp. 49-70.

— 1972 : *Figures III.* Paris, Seuil, 286 p.

— 1982 : *Palimpsestes. La littérature au second degré.* Paris, Seuil, 472 p.

— 1983 : *Nouveau Discours du récit.* Paris, Seuil, 124 p.

— 1985 : « L'autre du même », *Corps écrit* n° 15, Paris, PUF, sept. 1985, pp. 11-16.

— 1987 : *Seuils.* Paris, Seuil, 394 p.

— 1994 : *L'œuvre de l'art. Immanence et transcendance.* Paris, Seuil, 302 p.

GIDE (André), 1948 : *Journal 1889-1939.* Paris, Gallimard, « La Pléiade », 1380 p.

GOODMAN (Nelson), 1968 : *Langages de l'art.* Trad. fr. de J. Morizot, Nîmes, Jacqueline Chambon, 1990, 320 p.

GRACQ (Julien), 1961 : « Les yeux bien ouverts », in *Préférences.* Paris, Corti, pp. 51-70.

GREIMAS (Algirdas Julien) et COURTÉS (Joseph), 1979 et 1986 : *Sémiotique. Dictionnaire raisonné de la théorie du langage.* Paris, Hachette, 2 vol.

GUEUNIER (Nicole), 1974 : « La production littéraire : métaphore, concept ou champ problématique ? », *Littérature* n° 14, mai 1974, pp. 3-74.

GUILLAUME DE Lorris et JEAN DE MEUN, 1983 : *le Roman de la Rose.* Paris, Champion, coll. « CFMA », éd. Lecoy, 3 vol.

GUIRAUD (Pierre), 1967 : « Langage et théorie de la communication », in *le Langage.* Paris, Gallimard, coll. « Bibliothèque de la Pléiade », 1968, pp. 145-168.

HAMON (Philippe), 1972 : « Pour un statut sémiologique du personnage », *Poétique du récit.* Paris, Seuil, coll. « Points », 1977, pp. 115-67.

— 1983 : *le Personnel du roman. le Système des personnages dans* Les Rougon-Macquart *d'Émile Zola.* Genève, Droz, 326 p.

HEGEL (G. W. F.), 1830 : *la Raison dans l'histoire.* Trad. fr. de K. Papaioannou, Paris, UGE, coll. « 10/18 », 1979, 314 p.

— 1837 : *Leçons sur la philosophie de l'histoire.* Trad. fr. de J. Gibelin, Paris, Vrin, 1963, 350 p.

HEIDEGGER (Martin), 1949 : *Chemins qui ne mènent nulle part.* Trad. fr. de W. Brokmeier, Paris, Gallimard, coll. « Idées », 1980, 464 p.

— 1950 : *Acheminement vers la parole.* Trad. fr. de J. Beauffret, W. Brokmeier et F. Fédier, Paris, Gallimard, coll. « Tel », 1976, 262 p.

HUGO (Victor), 1864 : *William Shakespeare.* Paris, le Club français du livre, 1969, t. 12, pp. 151-448.

HYPPOLITE (Jean), 1966 : « Commentaire parlé sur la *Verneinung* de Freud », in *Écrits*, de J. Lacan, Paris, Seuil, pp. 879-87.

IONESCO (Eugène), 1954 : *la Cantatrice chauve, anti-pièce.* Paris, Gallimard, coll. « Folio », 152 p.

JARRY (Alfred), 1894 : *les Minutes de sable mémorial*, in *Œuvres complètes.* Paris, Gallimard, coll. « Bibliothèque de la Pléiade », 1972, vol. 1, pp. 169-246.

JOACHIM DE FLORE, 1928 : *l'Évangile éternel.* Trad. fr. de E. Aegerter, Paris, Rieder, 2 vol.

KIERKEGAARD (Sören), 1843 *a* : *la Répétition.* Trad. fr. de P.-H. Tisseau, Paris, Éd. de l'Orante, 1972, 232 p.

— 1843 *b* : *la Reprise.* Trad. fr. de N. Viallaneix, Paris, Garnier-Flammarion, 1990, 276 p.

KLINKENBERG (Jean-Marie), 1983 : « Queneau structuraliste ¡ », *Temps mêlés* n°150 + 17-18-19, avril 1983, pp. 103-115.

KRIPKE (Saul), 1972 : *la Logique des noms propres.* Trad. fr. de P. Jacob et F. Recanati, Paris, Minuit, coll. « Propositions », 1982, 177 p.

KRISTEVA (Julia), 1969 : *Σημειωτικῄ. Recherches pour une sémanalyse.* Paris, Seuil, 382 p.

— 1974 : *la Révolution du langage poétique.* Paris, Seuil, 646 p.

LACAN (Jacques), 1965 : « Hommage fait à Marguerite Duras, du ravissement de Lol V. Stein », *Cahiers Renaud Barrault*, Paris, Gallimard, pp. 7-15.

LAFON (Michel), 1990 : *Borges ou la réécriture.* Paris, Seuil, coll. « Poétique », 342 p.

LAUTRÉAMONT (Isidore DUCASSE, comte DE), 1869-1874 : *Œuvres complètes.* Paris, Corti, 1979, 432 p.

LEENHARDT (Jacques) , 1973 : *Lecture politique du roman* la Jalousie *d'A. Robbe-Grillet*, Paris, Minuit, 1973, 233 p.

LEIRIS (Michel), 1939 : *Glossaire j'y serre mes gloses*, in *Mots sans mémoire*, Paris, Gallimard, 1969, pp. 72-116.

— 1948 : *Biffures.* Paris, Gallimard, coll. « L'imaginaire », 1975, 304 p.

LÉVI-STRAUSS (Claude), 1958 : *Anthropologie structurale.* Paris, Plon, 452 p.

— 1964 : *Mythologiques I : le Cru et le cuit.* Paris, Plon, 404 p.

— 1966 : *Mythologiques II : Du miel aux cendres.* Paris, Plon, 452 p.

— 1972 : Voir BELLOUR (R.).

LYOTARD (Jean-François), 1980 : *Au juste.* Paris, Bourgois, 192 p.

MACHEREY (Pierre), 1966 : *Pour une théorie de la production littéraire.* Paris, Maspéro, 332 p.

— 1990 : *A quoi pense la littérature ?* Paris, PUF, 256 p.

MARIN (Louis), 1971 : « Les femmes au tombeau. Essai d'analyse structurale d'un texte évangélique », *Langages* n° 22, juin 1971, pp. 39-50.

— 1974 : « Pour une théorie du texte parabolique », *in* C. Chabrol et L. Marin, *le Récit évangélique.* Paris, Aubier Montaigne / Éd. du Cerf / Delachaux et Niestlé / Desclée de Brouwer, coll. « Bibliothèque de sciences religieuses », 1974, pp. 165-92.

MARX (Karl), 1842 : *Critique de la philosophie du droit de Hegel.* Paris, Aubier-Montaigne, 1971, 128 p.

— 1852 : *le Dix-huit Brumaire de Louis Bonaparte.* Paris, Éditions sociales, 1984, 230 p.

— 1871 : *la Guerre civile en France (1871).* Paris, Éditions sociales, 1975, 128 p.

MOLIÈRE (Jean-Baptiste POQUELIN, dit), 1682 : *Impromptu de Versailles.* Paris, Gallimard, coll. « La Pléiade », 1971, pp. 675-98.

MOLINIÉ (Georges), 1986 : *Éléments de stylistique française.* Paris, PUF, coll. « Linguistique nouvelle », 212 p.

— 1992 : *Dictionnaire de rhétorique.* Paris, le Livre de poche, coll. « Les usuels de poche », 1 vol.

— et VIALA (Alain), 1993 : *Approches de la réception. Sémiostylistique et sociopoétique de Le Clézio.* Paris, PUF, 306 p.

MORRISSETTE (Bruce), 1963 : *les Romans de Robbe-Grillet.* Paris, Minuit, coll. « Arguments », 310 p.

MUSIL (Robert), 1933 : *l'Homme sans qualités.* Trad. fr. de P. Jaccottet, Paris, Seuil, 1956, 2 vol.

NICOLE (Eugène), 1983 : « Onomastique littéraire », *Poétique* n° 54, avr. 83, pp. 233-254.

OLLIER (Claude), 1958 : *la Mise en scène.* Paris, Minuit, 248 p.

PARMÉNIDE, 1955 : *le Poème.* Trad. fr. et présentation de J. Beaufret, Paris, PUF, 1986, 96 p.

PEREC (Georges), 1975 : *W ou le souvenir d'enfance.* Paris, Denoël, 220 p.

— 1978 *a* : *la Vie mode d'emploi.* Paris, Hachette, 700 p.

— 1978 *b* : *Je me souviens.* Paris, Hachette, 154 p.

— 1989 : *Vœux.* Paris, Seuil, coll. « La librairie du XXe siècle », 192 p.

POUILLOUX (Jean-Yves), 1991 : *les Fleurs bleues de Raymond Queneau.* Paris, Gallimard, coll. « Foliothèque », 254 p.

QUENEAU (Raymond), 1933 : *le Chiendent.* Paris, Gallimard, coll. « Folio », 432 p.

— 1936 : *les Derniers Jours.* Paris, Gallimard, 234 p.

— 1937 : *Chêne et chien.* Paris, Gallimard, coll. « Poésie », 186 p.

— 1947 : *Exercices de style.* Paris, Gallimard, 162 p.

— 1950 : *Bâtons, chiffres et lettres.* Paris, Gallimard, 366 p.

— 1952 : *le Dimanche de la vie.* Paris, Gallimard, coll. « Folio », 244 p.

— 1959 : *Zazie dans le métro.* Paris, Gallimard, coll. « Folio », 192 p.

— 1961 : *Cent mille milliards de poèmes.* Paris, Gallimard.

— 1965 *a* : *les Fleurs bleues.* Paris, Gallimard, 274 p.

— 1965 *b* : « Un lecteur de Marguerite Duras », *Cahiers Renaud Barrault,* Paris, Gallimard, pp. 3-5.

— 1966 : *Une histoire modèle.* Paris, Gallimard, 122 p.

— 1986 : *Journal 1939-1940, suivi de Philosophes et voyous.* Paris, Gallimard, 260 p.

RICARDOU (Jean), 1967 : *Problèmes du nouveau roman.* Paris, Seuil, 210 p.
— 1971 : *Pour une théorie du nouveau roman.* Paris, Seuil, 270 p.
— 1973 : *le Nouveau Roman.* Paris, Seuil, coll. « Écrivains de toujours », 190 p.
— 1975 : « La population des miroirs. Problèmes de la similitude à partir d'un texte d'Alain Robbe-Grillet », *Poétique* n° 22, pp. 196-226.
— 1978 : *Nouveaux Problèmes du roman.* Paris, Seuil, 360 p.
RICŒUR (Paul), 1983 : *Temps et récit I.* Paris, Seuil, 322 p.
— 1984 : *Temps et récit II : la configuration du temps dans le récit de fiction.* Paris, Seuil, 238 p.
— 1985 : *Temps et récit III : Le temps raconté.* Paris, Seuil, 430 p.
— 1990 : *Soi-même comme un autre.* Paris, Seuil, 430 p.
RIFFATERRE (Michael), 1971 : « Modèles de la phrase littéraire », *in* P. Léon, H. Mitterand, P. Nesselroth et P. Robert, *Problèmes de l'analyse textuelle.* Paris, Didier, pp. 133-51.
ROBBE-GRILLET (Alain), 1955 : *le Voyeur.* Paris, Minuit, 256 p.
— 1957 : *la Jalousie.* Paris, Minuit, 224 p.
— 1959 : *Dans le Labyrinthe.* Paris, Minuit, 224 p.
— 1963 : *Pour un Nouveau Roman.* Paris, Minuit, 148 p.
— 1965 : *la Maison de rendez-vous.* Paris, Minuit, 220 p.
— 1970 : *Projet pour une révolution à New-York.* Paris, Minuit, 216 p.
Robbe-Grillet (Colloque de Cerisy). Paris, UGE, coll. « 10/18 », 1976.
ROUSSEL (Raymond), 1910 : *Impressions d'Afrique.* Paris, Pauvert, 1963, 316 p.
— 1914 : *Locus solus.* Paris, Gallimard-Sté nvlle des Éditions Pauvert, coll. « L'imaginaire », 1979, 268 p.
— 1935 : *Comment j'ai écrit certains de mes livres.* Paris, UGE, coll. « 10/18 », 318 p.
ROUSSET (Jean), 1972 : « La restriction de champ : les deux jalousies de Robbe-Grillet et de Prévost », in *Narcisse romancier.* Paris, Corti, pp. 139-57.
SARTRE (Jean-Paul), 1944 : « L'homme et les choses », in *Situations I. Essais critiques.* Paris, Gallimard, 1947, rééd. 1973, pp. 226-70.
SAUSSURE (Ferdinand DE), 1916 : *Cours de linguistique générale.* Édition critique par Tullio de Mauro. Paris, Payot, 1972, 509 p.
SIMON (Claude), 1957 : *le Vent. Tentative de restitution d'un retable baroque.* Paris, Minuit, 244 p.
— 1960 : *la Route des Flandres.* Paris, Minuit, 228 p.
— 1962 : *le Palace.* Paris, Minuit, 230 p.
— 1967 : *Histoire.* Paris, Minuit, 404 p.
— 1969 : *la Bataille de Pharsale.* Paris, Minuit, 272 p.
— 1981 : *les Géorgiques.* Paris, Minuit, 480 p.

— 1989 : *l'Acacia.* Paris, Minuit, 380 p.

SOUCHIER (Emmanuël), 1991 : *Raymond Queneau*. Paris, Seuil, coll. « Les contemporains », 320 p.

TODOROV (Tzvetan), voir DUCROT (O.).

VAUGELAS (Claude FAVRE DE), 1647 : *Remarques sur la langue française, utiles à ceux qui veulent bien parler et bien écrire.* Paris, Slatkine, 1970, 772 p.

VIAN (Boris), 1947 : *l'Écume des jours*. Paris, rééd. UGE, coll. « 10/18 », 1974, 184 p.

INDEX DES NOMS ET DES NOTIONS

600175 - Mars 2015
Achevé d'imprimer par